Origens Culturais
da Aquisição do
Conhecimento Humano

Michael Tomasello é professor de psicologia e neurociência da Universidade Duke, diretor emérito do Instituto Max Planck de Antropologia Evolucionária e, em 2017, foi eleito para a Academia Nacional de Ciências. É autor de *First Verbs, Becoming Human – a Theory of Ontogeny* e coautor de *Primate Cognition*.

Michael Tomasello

Origens Culturais da Aquisição do Conhecimento Humano

Tradução
CLAUDIA BERLINER

SÃO PAULO 2019

Esta obra foi publicada originalmente em inglês com o título
THE CULTURAL ORIGINS OF HUMAN COGNITION
por Harvard University Press.
Copyright © 1999 by Michael Tomasello.
Copyright © 2003, Livraria Martins Fontes Editora Ltda.,
São Paulo, para a presente edição.

1ª edição *2003*
2ª edição *2019*

Tradução
CLAUDIA BERLINER

Preparação do original
Luzia Aparecida dos Santos
Revisões
Maria Regina Ribeiro Machado
Célia Regina Camargo
Produção gráfica
Geraldo Alves
Paginação
Studio 3 Desenvolvimento Editorial

Dados Internacionais de Catalogação na Publicação (CIP)
(Câmara Brasileira do Livro, SP, Brasil)

Tomasello, Michael
  Origens culturais da aquisição do conhecimento humano / Michael Tomasello ; tradução Claudia Berliner. – 2ª ed. – São Paulo : Editora WMF Martins Fontes, 2019. – (Biblioteca do pensamento moderno)

  Título original: The cultural origins of human cognition.
  Bibliografia.
  ISBN 978-85-469-0294-1

  1. Cognição e cultura 2. Cognição em crianças I. Título. II. Série.

19-30685   CDD-153

Índices para catálogo sistemático:
1. Conhecimento e cultura : Psicologia   153

Cibele Maria Dias – Bibliotecária – CRB-8/9427

Todos os direitos desta edição reservados à
Editora WMF Martins Fontes Ltda.
Rua Prof. Laerte Ramos de Carvalho, 133 01325-030 São Paulo SP Brasil
Tel. (11) 3293-8150 e-mail: info@wmfmartinsfontes.com.br
http://www.wmfmartinsfontes.com.br

ÍNDICE

Agradecimentos VII

1. Um enigma e uma hipótese 1
2. Herança biológica e cultural.................................. 17
3. Atenção conjunta e aprendizagem cultural 77
4. Comunicação lingüística e representação simbólica 131
5. Construções lingüísticas e cognição de eventos.. 187
6. Discurso e redescrição representacional............. 225
7. Cognição cultural 281

Referências bibliográficas 305
Índice analítico 331

AGRADECIMENTOS

Cada ser humano só é capaz de criar artefatos culturalmente significativos se receber, de outros seres humanos e de instituições sociais, um montante significativo de assistência. No meu caso, só pude escrever este livro – sejam quais forem suas falhas e por mais limitada que seja sua importância cultural – porque recebi assistência direta das seguintes pessoas e instituições (e, obviamente, assistência indireta de todas as outras pessoas que, nos últimos 2.500 anos da civilização ocidental, ensinaram e escreveram sobre os enigmas básicos da cognição humana).

A licença de um ano, durante o qual escrevi a maior parte do livro, foi custeada pela Fundação Guggenheim, pela Emory University (dr. Steven Sanderson, deão do Emory College), e pela Max Planck Gesellschaft. Minhas pesquisas empíricas na última década ou mais foram patrocinadas pela Spencer Foundation, pela National Science Foundation (Departamento de Comportamento Animal) e pelo National Institute of Child Health and Human Development. Gostaria de expressar minha mais profunda gratidão a todas essas pessoas e instituições. Espero que elas sintam ter feito um bom emprego de seu dinheiro.

Tirei imenso proveito de discussões sobre muitos dos temas deste livro com vários amigos e colegas. De especial importância foram as discussões que tive com Philippe Rochat, Josep Call, Malinda Carpenter, Nameera Akhtar, Gina Conti-Ramsden, Elena Lieven, Tricia Striano, Holger Diessel, Nancy Budwig e Ann Kruger. Todas essas pessoas também leram partes do manuscrito ou todo ele e fizeram comentários extremamente úteis. Agradeço também a Michael Cole e Katherine Nelson, que revisaram o manuscrito para a Harvard University Press, e cujas observações também foram muito proveitosas e oportunas.

Finalmente, gostaria de agradecer a Katharina Haberl e Anke Förster seu apoio editorial na frente doméstica em Leipzig, e a Elizabeth Knoll e Camille Smith seu apoio editorial na Harvard University Press.

1. UM ENIGMA E UMA HIPÓTESE

> Todas as maiores realizações da mente vão muito além do poder de um indivíduo só.
>
> CHARLES SANDERS PEIRCE

Em algum lugar da África, há uns 6 milhões de anos, num evento evolucionário rotineiro, uma população de grandes macacos tornou-se isolada quanto à reprodução de seus co-específicos. Esse novo grupo evoluiu e dividiu-se em outros grupos, levando ao surgimento de várias espécies diferentes de macacos bípedes do gênero *Australopithecus*. Todas essas novas espécies acabaram morrendo, exceto uma, que sobreviveu até cerca de 2 milhões de anos atrás, época em que já tinha mudado tanto que precisava não só de uma nova designação de espécie mas de uma nova designação de gênero: *Homo*. Comparado com seus ancestrais australopitecos – que tinham 1,20 m de altura, cérebros do tamanho do cérebro do macaco e não dispunham de ferramentas de pedra –, o *Homo* era fisicamente maior, tinha um cérebro maior, e fazia ferramentas de pedra. Não demorou muito para que o *Homo* começasse a viajar pelo mundo afora, embora em nenhuma de suas incursões para fora da África tenha conseguido estabelecer populações que sobrevivessem de modo permanente.

Então, ainda em algum canto da África, há cerca de 200 mil anos, uma população de *Homo* deu início a uma nova e diferente trajetória evolucionária. Começou a viver na África de uma maneira nova e depois se espalhou pelo mundo, sobrepondo-se a todas as outras populações de *Homo* e deixando descendentes hoje conhecidos como *Homo sapiens* (ver Figura 1.1). Os indivíduos dessa nova espécie tinham uma certa quantidade de características físicas inéditas, dentre as quais cérebros um pouco maiores, mas o mais notável foram as novas habilidades cognitivas e os produtos que eles criaram:

- Começaram a produzir uma pletora de novas ferramentas de pedra adaptadas a fins específicos, sendo que cada população da espécie criou sua própria "indústria" no uso de ferramentas – a ponto de algumas populações criarem coisas como processos computadorizados de manufatura.
- Começaram a usar símbolos para se comunicar e para estruturar sua vida social, incluindo não só símbolos lingüísticos mas também símbolos artísticos na forma de pedras talhadas e pintura de cavernas – a ponto de algumas populações criarem coisas como linguagem escrita, dinheiro, notação matemática e arte.
- Inauguraram novos tipos de práticas e organizações sociais, do enterro cerimonioso dos mortos à domesticação de plantas e animais – a ponto de algumas populações criarem coisas como instituições religiosas, governamentais, educacionais e comerciais formalizadas.

O enigma básico é este. Os 6 milhões de anos que separam os seres humanos de outros grandes macacos é

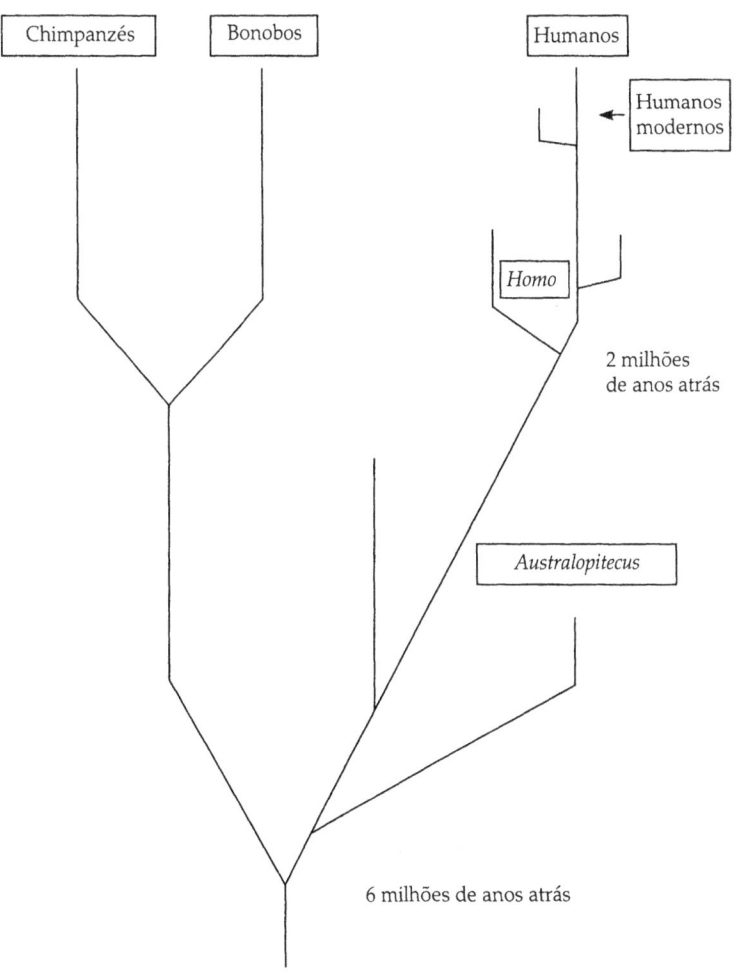

Figura 1.1 Diagrama simplificado da escala temporal da evolução humana.

um tempo muito curto do ponto de vista da evolução, sendo que os humanos e os chimpanzés têm em comum algo em torno de 99% de seu material genético – o mesmo grau de parentesco de outros gêneros irmãos como leões e tigres, cavalos e zebras, e ratazanas e camundongos (King e Wilson, 1975). Nosso problema é portanto um problema de tempo. O fato é que simplesmente não houve tempo suficiente para que os processos normais de evolução biológica que envolvem variação genética e seleção natural criassem, uma por uma, todas as habilidades cognitivas necessárias para que os humanos modernos inventassem e conservassem complexas aptidões e tecnologias no uso de ferramentas, complexas formas de comunicação e representação simbólica, e complexas organizações e instituições sociais. E o enigma só aumentará se levarmos a sério as pesquisas atuais em paleoantropologia segundo as quais (a) foi apenas nos últimos 2 milhões de anos que a linhagem humana deixou de apresentar apenas habilidades cognitivas típicas de grandes macacos, e (b) os primeiros sinais contundentes de habilidades cognitivas únicas da espécie surgiram apenas no último quarto de milhão de anos com o moderno *Homo sapiens* (Foley e Lahr, 1997; Klein, 1989; Stringer e McKie, 1996).

Há uma única solução possível para esse enigma. Ou seja, há um único mecanismo biológico conhecido que poderia ocasionar esse tipo de mudanças no comportamento e na cognição em tão pouco tempo – quer pensemos esse tempo em termos de 6 milhões, 2 milhões, ou um quarto de milhão de anos. Esse mecanismo biológico é a transmissão social ou cultural, que funciona em escalas de tempo de magnitudes bem mais rápidas do que as da evolução orgânica. Em termos gerais, a transmissão cultural é um processo evolucionário razoavelmente comum que permite que cada organismo poupe muito tempo e esforço, para não falar de riscos, na exploração do conhecimento e das habilidades já existentes dos co-específicos. A transmissão cultural inclui coisas como um filhote de passarinho imitar o canto típico da espécie cantado por seus pais, filhotes de rato comerem apenas os alimentos comidos por suas mães, formigas localizarem comida seguindo os rastros de feromônio dos co-específicos, jovens chimpanzés aprenderem as práticas de uso de ferramentas dos adultos com que convivem, e crianças humanas adquirirem as convenções lingüísticas dos outros membros de seu grupo social (Mundinger, 1980; Heyes e Galef, 1996). Contudo, a despeito do fato de todos esses processos poderem ser agrupados sob a rubrica geral de transmissão cultural, os mecanismos comportamentais e cognitivos precisos implicados nos diferentes casos são vários e diversos, incluindo tudo, desde os pais provocarem padrões fixos de ação em seus rebentos até a transmissão de habilidades por aprendizagem por imitação e educação – o que sugere a possibilidade de subtipos significativos de processos de transmissão cultural (Tomasello, 1990; 1994). Uma hipótese razoável seria, portanto, que o incrível conjunto de habilidades cognitivas e de produtos manifestado pelos homens modernos é o resultado de algum tipo de modo ou modos de transmissão cultural únicos da espécie.

Existem evidências irrefutáveis de que os seres humanos têm de fato modos de transmissão cultural únicos da espécie. Um fato ainda mais importante é que as tradições e os artefatos culturais dos seres humanos acumulam modificações ao longo do tempo de uma maneira que não ocorre nas outras espécies animais – é a chamada evolução cultural cumulativa. Basicamente, nenhum dos mais complexos artefatos ou práticas sociais humanos – incluindo fabricação de ferramentas, comunicação simbólica e instituições sociais – foi inventado num único momento, ao mesmo tempo e de uma vez por todas por algum indivíduo ou grupo de indivíduos. Pelo contrário, o que aconteceu foi que algum indivíduo ou grupo de indivíduos primeiro inventou uma versão primitiva do artefato ou prática, e depois um usuário ou usuários posteriores fizeram uma modificação, um "aperfeiçoamento", que outros então talvez adotaram sem nenhuma alteração por muitas gerações, até que algum outro indivíduo ou grupo de indivíduos fez outra modificação, que então foi aprendida e usada por outros, e assim por diante ao longo do tempo histórico de acordo com o que às vezes é denominado "efeito catraca" (Tomasello, Kruger e Ratner, 1993). O processo de evolução cultural cumulativa exige não só invenção criativa mas também, e de modo igualmente importante, transmissão social confiável que possa funcionar como uma catraca para impedir o resvalo para trás – de maneira que o recém-inventado artefato ou prática preserve sua forma nova e melhorada de modo bastante fiel pelo menos até que surja uma outra modificação ou melhoria. Talvez cause surpresa saber que para muitas espécies animais o feito dificultoso não é o componente criativo, e sim o componente estabilizador da catraca. Por isso, muitos primatas não-humanos produzem regularmente inovações e novidades comportamentais inteligentes, mas seus companheiros de grupo não participam do tipo de aprendizagem social que possibilitaria à catraca cultural fazer seu trabalho no transcurso do tempo (Kummer e Goodall, 1985).

Portanto, o fato básico é que seres humanos são capazes de combinar seus recursos cognitivos de maneiras diferentes das de outras espécies animais. Nesse sentido, Tomasello, Kruger e Ratner (1993) distinguiram a aprendizagem cultural humana de formas mais difundidas de aprendizagem social, identificando três tipos básicos: aprendizagem por imitação, aprendizagem por instrução e aprendizagem por colaboração. Esses três tipos de aprendizagem cultural tornam-se possíveis devido a uma única e muito especial forma de cognição social, qual seja, a capacidade de cada organismo compreender os co-específicos como seres *iguais a ele*, com vidas mentais e intencionais iguais às dele. Essa compreensão permite aos indivíduos imaginarem-se "na pele mental" de outra pessoa, de modo que não só aprendem *do* outro mas *através* do outro. Essa compreensão dos outros como seres tão intencionais como si-mesmo é crucial na aprendizagem cultural humana, porque os artefatos culturais e a prática social – prototipicamente exemplificados pelo uso de ferramentas e de símbolos lingüísticos – apontam invariavelmente, para além deles mesmos, para outras entidades externas: ferramentas apontam para os problemas que elas foram feitas para resolver e símbolos lingüísticos apontam para as situações comunicativas que eles se destinam a representar. Portanto, para aprender socialmente o uso convencional de uma ferramenta ou de um símbolo, as crianças têm de chegar a entender por que, para que fim exterior, a outra pessoa está usando a ferramenta ou o símbolo; ou seja, têm de chegar a entender o significado intencional do uso da ferramenta ou prática simbólica – "para" que serve o que "nós", os usuários dessa ferramenta ou desse símbolo, fazemos com ela ou ele.

Processos de aprendizagem cultural são formas especialmente poderosas de aprendizagem social porque constituem (a) formas especialmente confiáveis de transmissão cultural (criando uma catraca cultural particularmente poderosa), e (b) formas especialmente poderosas de criatividade e inventividade sociocolaborativa, ou seja, processos de sociogênese nos quais vários indivíduos criam algo juntos, algo que nenhum indivíduo poderia ter criado sozinho. Esse poder especial origina-se diretamente do fato de que, quando um ser humano está aprendendo "através" de outro, ele se identifica com esse outro e com seus estados intencionais e às vezes mentais. Apesar de haver algumas observações que sugerem que alguns primatas não-humanos são, em determinadas situações, capazes de compreender co-específicos como agentes intencionais e de aprender a partir deles de uma maneira que lembra algumas formas de aprendizagem cultural humana, o peso esmagador das evidências empíricas sugere que apenas os seres humanos compreendem os co-específicos como agentes intencionais iguais a eles mesmos e, portanto, apenas os seres humanos envolvem-se numa aprendizagem cultural (Tomasello, 1996b, 1998; Tomasello e Call, 1997; ver Capítulo 2). Em relação a isso vale notar também que, na ontogênese humana, existe uma síndrome muito específica decorrente de causas biológicas – o autismo –, na qual os indivíduos mais gravemente afetados são incapazes tanto de compreender as outras pessoas como agentes mentais/intencionais iguais a eles mesmos, como também de se envolver em habilidades de aprendizagem cultural típicas da espécie (Hobson, 1993; Baron-Cohen, 1993; Sigman e Capps, 1997; Carpenter e Tomasello).

A seqüência completa dos hipotéticos acontecimentos evolutivos é a seguinte: seres humanos desenvolveram uma nova forma de cognição social que favoreceu algumas novas maneiras de aprendizagem cultural, que favoreceram alguns novos processos de sociogênese e evolução cultural cumulativa. Esse resumo resolve nosso problema do tempo porque postula uma, e só uma, adaptação biológica – que poderia ter acontecido em qualquer momento da evolução humana, até mesmo muito recentemente. Os processos culturais que essa adaptação desencadeou não criaram novas habilidades cognitivas do nada, mas tomaram habilidades cognitivas individuais existentes – como aquelas que a maioria dos primatas possui para lidar com espaço, objetos, ferramentas, quantidades, categorias, relações sociais, comunicação e aprendizagem social – e as transformaram em novas habilidades cognitivas culturais com uma dimensão sociocoletiva. Essas transformações ocorreram não no tempo evolucionário mas no tempo histórico, em que muito pode acontecer em vários milhares de anos.

A evolução cultural cumulativa é portanto a explicação para muitas das mais impressionantes realizações cognitivas dos seres humanos. Contudo, para avaliar plenamente o papel dos processos histórico-culturais na constituição da cognição humana moderna, temos de olhar para o que acontece durante a ontogênese humana. O mais importante é que a evolução cultural cumulativa garante que a ontogênese cognitiva humana ocorra num meio de artefatos e práticas sociais sempre novos que, em qualquer tempo, representam algo que reúne toda a sabedoria coletiva de todo o grupo social ao longo de toda a sua história cultural. As crianças são capazes de participar plenamente dessa coletividade cognitiva a partir de mais ou menos os nove meses de idade quando, pela primeira vez, começam a fazer tentativas de compartilhar a atenção e de aprender imitativamente de e através de seus co-específicos (ver Capítulo 3). Essas atividades de atenção conjunta que assim principiam representam nada mais que o surgimento ontogenético da adaptação sociocognitiva única dos seres humanos para se identificar com outras pessoas e, dessa forma, compreendê-las como agentes intencionais iguais a eles mesmos. Essa nova compreensão e essas novas atividades formam, pois, a base dos primórdios da entrada das crianças no mundo da cultura. O resultado disso é que cada criança que compreende seus co-específicos como seres mentais/intencionais iguais a ela mesma – ou seja, cada criança que possui a chave sociocognitiva dos produtos cognitivos historicamente constituídos de seu grupo social – pode agora participar da coletividade conhecida como cognição humana, e pode-se dizer (como Isaac Newton) que ela vê tão longe porque "está de pé sobre os ombros de gigantes". Devemos contrastar essa situação típica da espécie com:

- crianças autistas, que crescem no meio de produtos culturais cumulativos mas não são capazes de tirar vantagem da sabedoria coletiva expressa neles porque, por razões biológicas, não possuem as habilidades sociocognitivas necessárias; e
- uma criança selvagem imaginária que crescesse numa ilha deserta com um cérebro, um corpo e órgãos dos sentidos normais, mas sem nenhum acesso a ferramentas, outros artefatos materiais, linguagem, símbolos gráficos, escrita, algarismos arábicos, desenhos, pessoas para lhe ensinarem coisas, pessoas cujo comportamento pudesse observar e imitar, ou pessoas com quem pudesse colaborar.

A criança autista disporia de ombros cognitivos para subir se pudesse fazê-lo, ao passo que para a criança selvagem imaginária esses ombros não existem. Em ambos os casos o resultado é, ou poderia ser, o mesmo: algo diferente das habilidades cognitivas típicas da espécie.

Mas crescer num mundo cultural tem implicações cognitivas que vão até mesmo além disso. Crescer num mundo cultural – apossando-se da chave sociocognitiva que dá acesso a esse mundo – na verdade serve para criar certas formas únicas de representação cognitiva. Nesse processo, o mais importante é que as crianças humanas usam suas habilidades de aprendizagem cultural para adquirir símbolos lingüísticos e outros símbolos comunicativos. Os símbolos lingüísticos são artefatos simbólicos particularmente importantes para crianças em desenvolvimento porque neles estão incorporados os meios pelos quais as gerações anteriores de seres humanos de um grupo social consideraram proveitoso categorizar e interpretar o mundo para fins de comunicação interpessoal. Por exemplo, em diferentes situações comunicativas, um mesmo objeto pode ser interpretado como um cão, um animal, um bichinho de estimação ou uma peste; um mesmo acontecimento pode ser interpretado como correr, mover-se, fugir ou sobreviver; um mesmo lugar pode ser interpretado como a costa, o litoral, a praia, ou a areia – dependendo dos objetivos comunicativos do falante. À medida que a criança vai dominando os símbolos lingüísticos de sua cultura, ela adquire a capacidade de adotar simultaneamente múltiplos pontos de vista sobre uma mesma situação perceptual. Enquanto representações cognitivas perspectivadas, os símbolos lingüísticos baseiam-se não no registro de experiências sensoriais ou motoras diretas, como é o caso das representações cognitivas de outras espécies animais e dos bebês humanos, mas nas várias maneiras como os indivíduos escolhem interpretar as coisas a partir de uma quantidade de outras maneiras como as poderiam ter interpretado e que estão incorporadas nos outros símbolos lingüísticos disponíveis que poderiam ter escolhido, mas não escolheram. Portanto, os símbolos lingüísticos libertam a cognição humana da situação perceptual imediata não só porque permitem referir-se a coisas exteriores a essa situação ("deslocamento"; Hockett, 1960), mas sobretudo por permitirem várias representações simultâneas de cada uma e, na verdade, de todas as situações perceptuais possíveis.

Mais tarde, quando as crianças se tornam mais hábeis em sua língua materna, abrem-se novas possibilidades de interpretar coisas de diferentes maneiras. Por exemplo, as línguas naturais contêm recursos cognitivos para dividir o mundo em coisas tais como eventos e seus participantes – que podem desempenhar muitos e variados papéis nesses eventos – e para formar categorias abstratas de tipos de eventos e de participantes. Além disso, as línguas naturais também contêm recursos cognitivos para interpretar eventos ou situações como um todo em termos comparativos, isto é, para criar os vários tipos de analogias e metáforas tão importantes para a cognição adulta – ver, por exemplo, um átomo como um sistema solar, o amor como uma jornada, ou a raiva como calor (Lakoff, 1987; Gentner e Markman, 1997; ver Capítulo 5). Ademais, o aperfeiçoamento das habilidades de comunicação lingüística das crianças dá a elas a possibilidade de participar de interações discursivas complexas, nas quais os pontos de vista explicitamente simbolizados dos interagentes se chocam e, por isso, têm de ser negociados e resolvidos. Esses tipos de interações podem levar as crianças a começar a construir algo como uma teoria da mente de seus parceiros de comunicação, e, em alguns casos especiais de discurso pedagógico, internalizar as instruções do adulto e começar assim a se auto-regular e refletir sobre seu próprio pensar – conduzindo talvez a certos tipos de metacognição e redescrição representacional (Karmiloff-Smith, 1992). A internalização de interações discursivas que contenham vários pontos de vista conflituosos pode até ser identificada com certos tipos de processos de pensamento dialógicos exclusivamente humanos (Vigotski, 1978).

Neste livro – sumariado nas páginas precedentes – tento detalhar essas linhas gerais de argumentação. Ou seja, minha hipótese é que a cognição humana tem as qualidades únicas da espécie que tem porque:

- *Filogeneticamente*: os seres humanos modernos desenvolveram a capacidade de "identificar-se" com seus co-específicos, o que levou a uma compreensão destes como seres mentais e intencionais iguais a eles mesmos.
- *Historicamente*: isso favoreceu novas formas de aprendizagem cultural e sociogênese, que levou a artefatos culturais e tradições comportamentais que acumularam modificações ao longo do tempo histórico.
- *Ontogeneticamente*: as crianças humanas crescem no meio desses artefatos e tradições social e historicamente constituídos, o que faculta a elas (a) beneficiar-se do conhecimento e das habilidades acumuladas de seus grupos sociais; (b) adquirir e usar representações cognitivas perspectivas na forma de símbolos lingüísticos (e analogias e metáfo-

ras construídas a partir desses símbolos); e (c) internalizar certos tipos de interações discursivas, o que promove a capacidade de metacognição, redescrição representacional e pensamento dialógico.

Gostaria de ressaltar desde o princípio que enfoco apenas os aspectos da cognição humana exclusivos da espécie. É claro que a cognição humana é constituída em grande parte por aquelas coisas que aparecem como títulos de capítulo nos manuais tradicionais de Psicologia Cognitiva: percepção, memória, atenção, categorização etc. Mas esses são processos cognitivos que os seres humanos compartilham com outros primatas (Tomasello e Call, 1997; Tomasello, 1998). Essa minha exposição apenas os pressupõe, enfocando, à maneira de Vigotski, os processos evolucionários, históricos e ontogenéticos que provavelmente transformaram essas habilidades fundamentais na versão especial da cognição dos primatas que é a cognição humana. Gostaria também de ressaltar que tratarei apenas de modo breve e um tanto indireto dos processos biológicos e históricos envolvidos na evolução da cognição humana – sobretudo porque os acontecimentos de interesse ocorreram num passado evolucionário e histórico muito distante e nossa informação a respeito deles é muito escassa (Capítulo 2). Por outro lado, discutirei mais detalhadamente a ontogênese cognitiva humana – sobre a qual sabemos bastante depois de várias décadas de observação e experimentação diretas – e os processos por meio dos quais as crianças humanas exploram e utilizam ativamente suas heranças biológicas e culturais (Capítulos 3-6).

Infelizmente, é muito provável que no clima intelectual hoje predominante minhas colocações sejam tomadas por alguns teóricos como essencialmente genéticas:

a adaptação sociocognitiva característica dos homens modernos é um tipo de "bala mágica" que diferencia os seres humanos de outras espécies primatas. Mas essa é uma concepção equivocada que, basicamente, ignora todo o trabalho sociocultural que tem de ser realizado por indivíduos e por grupos, tanto no tempo histórico como no tempo ontogenético, para criar habilidades cognitivas e produtos exclusivamente humanos. De um ponto de vista histórico, um quarto de milhão de anos é um tempo muito longo, durante o qual muito pode ser realizado culturalmente, e todos aqueles que convivem com crianças pequenas sabem quantas experiências de aprendizagem podem ocorrer no transcurso de vários anos – ou até de vários dias ou várias horas – de envolvimento contínuo e ativo com o meio. Por isso, qualquer investigação séria em cognição humana tem de incluir alguma exposição desses processos históricos e ontogenéticos, possibilitados mas não determinados pela adaptação biológica dos seres humanos a uma forma especial de cognição social. Com efeito, meu argumento central neste livro é que são esses processos, e não, de modo direto, adaptações biológicas especializadas, os responsáveis pela criação de muitos, se não de todos os produtos e processos cognitivos mais definidos e importantes da espécie *Homo sapiens*. Nesse sentido, vale a pena notar que levar esses processos a sério nos permite explicar não só o caráter universal da cognição humana única – como a criação e o uso de artefatos materiais, simbólicos e institucionais com histórias acumuladas – mas também as singularidades de culturas particulares que, por meio desses mesmos processos históricos e ontogenéticos, desenvolveram para si uma variedade de habilidades cognitivas e produtos culturalmente únicos durante os últimos vários milênios de história humana.

2. HERANÇA BIOLÓGICA E CULTURAL

> Não há nada de estranho no fato de o produto de um certo processo contribuir para o desenvolvimento posterior desse mesmo processo ou até se tornar um fator essencial dele.
>
> GEORGE HERBERT MEAD

O fato dominante do mundo orgânico é a evolução por meio da seleção natural. Um elemento-chave desse processo é a herança biológica, por meio da qual um organismo herda o *Bauplan** básico de seus antepassados, junto com suas implicações quanto ao funcionamento perceptual, comportamental e cognitivo. Mas, para a maioria dos mamíferos, incluindo todos os primatas, boa parte da ontogênese por meio da qual esse *Bauplan* se efetiva ocorre enquanto o organismo em desenvolvimento interage com seu meio. O período relativamente longo de imaturidade em que essa interação se dá é sem dúvida uma estratégia histórica e de vida muito arriscada, uma vez que, por algum tempo, os filhotes ficam totalmente dependentes de um ou de ambos os pais no que se refere a alimentos e proteção contra os predadores. A vantagem que compensa a longa imaturidade é que isso abre vias ontogenéticas que incorporam quantidades

---

* Em alemão no original: literalmente, projeto de construção, também traduzido por estrutura-tipo. (N. da T.)

significativas de aprendizagem e cognição individual, o que costuma resultar em adaptações comportamentais e cognitivas mais flexíveis. Adaptações comportamentais/cognitivas flexíveis intimamente sintonizadas com o ambiente local são particularmente úteis para organismos cujas populações vivem em nichos ambientais diversificados, ou cujos nichos ambientais mudam relativamente rápido ao longo do tempo (Bruner, 1972).

Em algumas espécies animais, o organismo em desenvolvimento adquire individualmente informação não só de seu meio físico mas também de seu meio social – ou de aspectos de seu meio físico que foram modificados de maneira significativa por seus co-específicos. Por exemplo, como foi mencionado acima, algumas espécies de pássaros adquirem o canto típico de sua espécie escutando o canto dos pais, e alguns insetos são capazes de encontrar comida em seu primeiro dia no meio externo porque sabem instintivamente como seguir os rastos de feromônio deixados por seus co-específicos (Mundinger, 1980; Heyes e Galef, 1996). Em sua definição mais ampla, empregada por muitos biólogos evolucionistas, esse processo é chamado de transmissão cultural, ou herança cultural, e ele produz tradições culturais. O reconhecimento recente da importância da transmissão cultural para muitas espécies animais levou à criação da Teoria da Herança Dual [Dual Inheritance Theory], segundo a qual os fenótipos maduros de muitas espécies dependem do que herdaram de seus antepassados tanto biológica como culturalmente (Boyd e Richerson, 1985; Durham, 1991).

É claro que os seres humanos são a espécie prototípica para a Teoria da Herança Dual, já que o desenvolvimento humano normal depende de maneira crucial tanto da herança biológica como da herança cultural. O que eu afirmo é que no âmbito cognitivo a herança biológica dos homens é muito parecida com a de outros primatas. Há apenas uma diferença fundamental, que consiste no fato de que os seres humanos "se identificam" com seus co-específicos mais profundamente que outros primatas. Essa identificação não é algo misterioso, mas simplesmente o processo por meio do qual a criança humana entende que as outras pessoas são seres iguais a ela mesma – diferentemente dos objetos inanimados, por exemplo –, e por isso ela às vezes tenta entender as coisas do ponto de vista deles. Durante os primórdios da ontogênese, num processo que será destrinçado mais detalhadamente nos próximos capítulos, a criança acaba percebendo a si mesma como um agente intencional – ou seja, um ser cujas estratégias comportamentais e de atenção são organizadas em função de metas –, e por isso ela automaticamente vê os outros seres com quem se identifica da mesma maneira. Num momento posterior da ontogênese, a criança percebe a si mesma como um agente mental – ou seja, um ser com pensamentos e crenças que podem diferir dos de outras pessoas bem como da realidade – e, portanto, dali em diante ela verá os co-específicos nesses novos termos. Para efeito de minha exposição, irei me referir a esses processos de forma geral como "compreender os outros como agentes intencionais (ou mentais) (iguais a si mesmo)". Essa única diferença cognitiva provoca muitos efeitos em cascata porque torna possíveis algumas formas novas e particularmente poderosas de herança cultural. Compreender as outras pessoas como agentes intencionais iguais a si mesmo torna possíveis (a) processos de sociogênese por meio dos quais vários indivíduos colaboram entre si para criar artefatos e práticas culturais com histórias acumuladas, e

(b) processos de aprendizagem cultural e internalização por meio dos quais indivíduos em desenvolvimento aprendem a usar e depois internalizam aspectos dos produtos criados pela colaboração entre co-específicos. Isso significa que a maioria, se não todas as habilidades cognitivas exclusivas da espécie dos seres humanos, não se deve diretamente a uma herança biológica única, mas resulta antes de uma variedade de processos históricos e ontogenéticos desencadeados por aquela capacidade cognitiva exclusivamente humana e biologicamente herdada.

Herança biológica

Seres humanos são primatas. Eles têm os mesmos órgãos dos sentidos básicos, a mesma estrutura corporal básica e a mesma estrutura cerebral básica de todos os outros primatas. Portanto, caso queiramos caracterizar as bases evolucionárias da cognição humana, temos de começar com os primatas em geral. No que a isso se refere, há duas questões de central importância: (a) Em que a cognição dos primatas difere da de outros mamíferos? e (b) Em que a cognição dos homens difere da de outros primatas? Minhas respostas a essas duas perguntas baseiam-se na pesquisa de Tomasello e Call (1997), em que se encontram análises mais detalhadas dos estudos empíricos e dos argumentos teóricos relevantes, bem como um conjunto mais completo de referências. Deve-se dizer logo de início que, obviamente, outras respostas a essas perguntas também são possíveis (ver, por exemplo, Byrne, 1995, para algumas idéias diferentes).

Cognição dos mamíferos e dos primatas

Todos os mamíferos vivem basicamente no mesmo mundo sensório-motor de objetos permanentes dispostos num espaço representacional; primatas, incluindo os humanos, não têm aptidões especiais a esse respeito. Além disso, muitas espécies de mamíferos e basicamente todos os primatas também representam cognitivamente relações categoriais e quantitativas entre objetos. Essas habilidades cognitivas evidenciam-se por sua capacidade de fazer coisas tais como:

- lembrar "o que" está "onde" em seus ambientes locais, por exemplo, que frutas estão em que árvores (em que épocas);
- fazer desvios e tomar atalhos novos ao percorrer o espaço;
- seguir os movimentos visíveis e invisíveis de objetos (isto é, passar pelos testes piagetianos rigorosamente controlados de permanência do objeto – alguns, Fase 6);
- categorizar objetos com base em similaridades perceptuais;
- compreender e portanto combinar pequenas quantidades de objetos;
- usar a perspicácia para solucionar problemas.

E existem muitos indícios que sugerem que mamíferos não adquirem essas habilidades por alguma conexão behaviorista entre estímulo e resposta, ou por alguma forma simples de memória mecânica, mas que na verdade compreendem e representam cognitivamente espaços e objetos (e categorias e quantidades de objetos) de uma forma que possibilita inferências criativas e resolução perspicaz de problemas.

De modo similar, todos os mamíferos vivem basicamente no mesmo mundo social de co-específicos individualmente reconhecidos, com suas relações verticais (dominação) e horizontais (associativas), e têm a capacidade de predizer o comportamento dos co-específicos em muitas situações baseando-se numa variedade de pistas e *insights*. Essas habilidades cognitivas evidenciam-se pela sua capacidade de fazer coisas tais como:

- reconhecer indivíduos em seu grupo social;
- estabelecer relações diretas com outros indivíduos baseando-se em coisas tais como parentesco, amizade e dominação;
- predizer o comportamento de indivíduos baseando-se em coisas tais como seu estado emocional e a direção de sua locomoção;
- usar muitos tipos de estratégias comunicativas e sociais para vencer outros membros do grupo na disputa por recursos valiosos;
- cooperar com co-específicos na resolução de problemas e na formação de coligações e alianças sociais;
- envolver-se em várias formas de aprendizagem social nas quais aprendem coisas valiosas dos co-específicos.

E há também muitos indícios que sugerem que, individualmente, os mamíferos não agem cegamente em sociedade, mas na verdade compreendem e representam cognitivamente o que estão fazendo quando interagem com os outros membros do grupo dessas várias maneiras complexas.

Contudo, há uma exceção a essa similaridade cognitiva geral entre mamíferos e ela diz respeito à compreensão por parte dos primatas de categorias relacionais que se manifestam nos terrenos físico e social. No terreno social, os primatas, mas não os outros mamíferos, têm certa compreensão das relações sociais entre terceiros que se estabelecem entre outros indivíduos; por exemplo, entendem as relações de parentesco e de dominação que terceiros mantêm entre si. Por isso, os primatas são seletivos na escolha de seus parceiros de coligações, escolhendo, por exemplo, como aliado um indivíduo que seja dominante em relação a seu adversário potencial – indicando assim sua compreensão das posições de dominação relativa daqueles dois indivíduos. Também buscam retaliar ataques cometidos contra eles não apenas contra o atacante, mas também em certas circunstâncias contra parentes do atacante – evidenciando nesse caso uma compreensão das relações de parentesco entre terceiros. Existem até alguns indícios de que os primatas entendem categorias inteiras de relações sociais entre terceiros que envolvem indivíduos diferentes, por exemplo, várias situações diferentes da relação "mãe-filho" (Dasser, 1988a, 1988b). Outros mamíferos não demonstram esse tipo de compreensão (Tomasello e Call, 1997). Portanto, a hipótese é que, embora todos os mamíferos reconheçam indivíduos e estabeleçam relações com eles, apenas os primatas compreendem relações sociais externas nas quais eles mesmos não estejam diretamente envolvidos.

No terreno físico, os primatas, comparados com outros mamíferos, têm uma habilidade especial para lidar com categorias relacionais. Por exemplo, os primatas são relativamente habilidosos em tarefas nas quais têm de escolher, entre um conjunto de pares de objetos, quais deles mantêm entre si a mesma relação que alguma amostra experimental (por exemplo, os componentes do par escolhido são idênticos entre si, e não diferentes, da mesma maneira que os componentes da amostra experimental; Thomas, 1986). O interessante, contudo, é que os primatas precisam de centenas, às vezes de milhares de tentativas para realizar com sucesso essas tarefas, o que contrasta fortemente com sua compreensão aparentemente fácil das relações sociais entre terceiros – que também supõem a compreensão de categorias relacionais. De acordo com a linha de raciocínio geral de Humphrey (1976), uma hipótese é que os primatas desenvolveram a capacidade de compreender categorias de relações sociais entre terceiros, e que, em laboratório, podemos às vezes ter acesso a essa capacidade usando objetos físicos no lugar de objetos sociais se treinarmos indivíduos por um tempo suficiente. Com efeito, é difícil pensar em problemas específicos do mundo físico para os quais a compreensão de categorias relacionais possa ser útil de maneira direta, ao passo que no mundo social existem muitos tipos de situações nas quais a compreensão de relações sociais entre terceiros e de categorias relacionais pode contribuir de modo imediato para uma ação social mais eficaz.

A compreensão de categorias relacionais em geral é, portanto, a grande habilidade que diferencia a cognição dos primatas da de outros mamíferos. Essa hipótese é importante neste contexto porque a compreensão de categorias relacionais é um precursor evolucionário potencial – uma espécie de meio de caminho – da capacidade cognitiva exclusivamente humana de compreender as relações intencionais que os seres animados mantêm com o mundo externo e as relações causais que os objetos inanimados e os acontecimentos mantêm entre si.

Compreensão humana da intencionalidade e da causalidade

É muito difundida a crença de que primatas não-humanos compreendem a intencionalidade dos co-específicos e a causalidade de objetos inanimados e de acontecimentos. Não acho que eles possuam essa compreensão, e para chegar a tal conclusão negativa discuti e revisei exaustivamente os dados disponíveis (Tomasello, 1990, 1994, 1996b; Tomasello, Kruger e Ratner, 1993; Tomasello e Call, 1994, 1997). Contudo, deve-se ressaltar – reiteradamente, se necessário – que minha conclusão negativa sobre a cognição dos primatas não-humanos é bastante específica e delimitada. Primatas não-humanos definitivamente não dispõem de uma compreensão de todos os tipos de acontecimentos físicos e sociais complexos, eles possuem e usam muitos tipos de conceitos e de representações cognitivas, diferenciam claramente objetos animados de inanimados, e em suas interações com seu meio empregam muitas estratégias complexas e perspicazes de resolução de problemas (como foi mencionado acima). O que eles não fazem é ver o mundo com relação às "forças" intermediárias e muitas vezes ocultas, às causas e aos estados intencionais/mentais subjacentes, tão importantes para o pensamento humano. Em suma: os primatas não-humanos são seres intencionais e causais, só que não entendem o mundo em termos intencionais e causais.

No âmbito social, os dados relativos à compreensão por parte dos primatas não-humanos da intencionalidade/mentalidade dos outros seres animados originam-se de estudos tanto experimentais como naturalistas. Primeiro, Premack e Woodruff (1978) fizeram a chimpanzé Sarah escolher figuras para completar as seqüências de vídeo de ações humanas intencionais (por exemplo, ela tinha de escolher a figura de uma chave quando o homem no vídeo tentava sair por uma porta fechada). Seu êxito na realização da tarefa levou a inferir que ela conhecia o objetivo do homem nas ações exibidas. Contudo, Savage-Rumbaugh, Rumbaugh e Boysen (1978) obtiveram resultados semelhantes usando como estímulo associações simples; por exemplo, os macacos deles também escolheram a figura de uma chave quando lhes foi mostrada a figura de uma fechadura sem ocorrência de nenhuma ação humana. Isso levanta a possibilidade de afirmar que o que Sarah fez era algo cognitivamente mais simples. (Premack, 1986, relatou que num estudo subseqüente não conseguiu treinar Sarah para que ela discriminasse vídeos de humanos envolvidos em ações intencionais de vídeos de ações não-intencionais, e Povinelli *et al.*, 1998, relata achados negativos semelhantes, associados aos resultados de Call e Tomasello, 1998.) O outro estudo experimental importante é o de Povinelli, Nelson e Boysen (1990), que concluíram que os chimpanzés prefeririam pedir comida de uma pessoa que presenciara sua ocultação a pedi-la a uma pessoa que não presenciara sua ocultação – a inferência era que eles conseguiam discriminar um humano "ciente" de um "ignorante". O problema nesse caso é que os macacos desse estudo só aprenderam a fazer isso depois de inúmeras tentativas, com *feedback* sobre seu acerto depois de cada tentativa (Heyes, 1993; Povinelli, 1994). E esse também é o problema do estudo de Woodruff e Premack (1979), no qual chimpanzés aprenderam, depois de muitas tentativas com *feedback*, a conduzir os humanos para a caixa sem comida a fim de que eles mesmos pudessem ficar com aquela com comida (o que alguns chamam de tapeação). O problema é que os chimpanzés desses estudos não pareciam vir para o experimento com um conhecimento da intencionalidade ou mentalidade dos outros, mas aprenderam como se comportar para obter o que queriam no desenrolar do experimento. Num estudo em que a aprendizagem durante o experimento foi eliminada, Call e Tomasello (1999) concluíram que os chimpanzés não demonstraram nenhuma compreensão das falsas crenças dos outros.

Pelo fato de esses experimentos serem artificiais em vários sentidos, outros investigadores voltaram-se para o comportamento natural dos primatas não-humanos em busca de provas positivas da compreensão da intencionalidade, envolvendo sobretudo estratégias sociais que supostamente se apóiam na manipulação dos estados mentais de co-específicos com o intuito de tapear. O problema nesse caso é que quase todas as observações relatadas são anedotas que carecem de observações de controle apropriadas para excluir explicações alternativas (Byrne e Whiten, 1988). Mas mesmo em casos confiáveis (replicáveis) não fica claro o que acontece cognitivamente. Por exemplo, De Waal (1986) observou um chimpanzé fêmea estender a mão para um outro, num aparente gesto de conciliação em várias ocasiões, mas, quando o outro se aproximava, ela o atacava. Este poderia ser um caso de tapeação de tipo humano: a perpetradora queria que o outro acreditasse que ela tinha boas intenções quando na verdade não tinha. Mas também se poderia pensar que a perpetradora queria que o outro se aproximasse dela (para que pudesse atacá-lo), e por isso teve um comportamento que, no passado, fez co-específicos se aproximarem em outros contextos. A adoção de um comportamento social num contexto novo é claramente uma estratégia social muito inteligente e talvez perspicaz para manipular o comportamento dos outros, mas não fica claro que ela pressuponha a compreensão e a manipulação dos estados mentais ou intencionais dos outros.

Mencionarei a seguir alguns outros comportamentos sociais que os primatas não-humanos em seu hábitat natural não realizam (alguns macacos criados em meios culturais humanos fazem alguns deles – ver discussão abaixo). Em seus hábitats naturais, primatas não-humanos:

- não apontam ou gesticulam indicando objetos externos para os outros;
- não exibem objetos para mostrá-los aos outros;
- não tentam levar os outros para certos lugares a fim de que eles observem coisas ali;
- não oferecem ativamente objetos aos outros indivíduos estendendo-os com as mãos;
- não ensinam intencionalmente novos comportamentos a outros indivíduos.

Eles não fazem essas coisas, a meu ver, porque não entendem que o co-específico possui estados mentais e intencionais que possam potencialmente ser afetados. A hipótese mais plausível é, portanto, que primatas não-humanos compreendem co-específicos como seres animados capazes de se moverem por si sós espontaneamente – com efeito, esta é a base de sua compreensão social em geral e de sua compreensão das relações sociais entre terceiros em particular –, mas não entendem os outros como agentes intencionais tentando atingir objetivos ou agentes mentais pensando sobre o mundo. Primatas não-humanos vêem um co-específico se deslocando na direção do alimento e podem inferir, baseados em experiências passadas, o que provavelmente irá acontecer em seguida, podendo até fazer uso de estratégias sociais inteligentes e perspicazes para interferir no que acontecerá em seguida. Mas os seres humanos vêem algo diferente. Vêem um co-específico tentando obter a comida como um objetivo, e podem tentar interferir neste e em outros estados mentais e intencionais, não só no comportamento.

No âmbito físico, Visalberghi observou recentemente algumas limitações na capacidade dos primatas de se adaptar a novas tarefas de procura de alimentos nas quais seja necessária certa compreensão da causalidade. A tarefa básica consiste em o sujeito usar um pau para empurrar comida para fora de um tubo transparente. Numa série de tarefas, as ferramentas variam, sendo algumas curtas demais, grossas demais, ou não suficientemente rígidas para funcionar apropriadamente. A idéia básica é que se um indivíduo compreende a causalidade física presente no funcionamento do pau para extrair a comida do tubo – força física transferida da pessoa para o pau para a comida – ele deveria ser capaz de prever, pelo simples exame perceptual de uma ferramenta, sem tentativa e erro, se a ferramenta terá ou não efeito sobre a seqüência causal exigida. Tanto macacos grandes quanto sajus-capuchinhos tiveram sucesso nessa tarefa com as novas ferramentas, mas somente depois de muitas tentativas e erros. Numa recente variação da tarefa, essas espécies receberam um tubo transparente com uma pequena armadilha na parte inferior de um pedaço do tubo. Se os sujeitos avaliassem a força causal da gravidade e a física dos orifícios e paus na movimentação de objetos, deveriam aprender a evitar essa armadilha ao tentar empurrar a comida para fora através do tubo (isto é, deveriam sempre empurrar a comida para a extremidade em que não havia armadilha). Mas nem os sajus nem os chimpanzés aprenderam a fazer isso rápido; por exemplo, os quatro chimpanzés submetidos à experiência comportaram-se ao acaso em mais de setenta tentativas. Numa última versão do experimento, depois que os animais tinham aprendido por tentativa e erro a evitar a armadilha, o tubo foi virado – de forma que a armadilha ficasse na parte superior do tubo e não oferecesse perigo. Os sujeitos de ambas as espécies (os chimpanzés num estudo de Reaux, 1995) continuavam empurrando o alimento afastando-o da armadilha, sem entender que agora ela era inofensiva. Crianças de dois ou três anos comportam-se de maneira bem mais flexível e adaptada nesses problemas de tubos – parecendo entender alguns dos princípios causais em jogo – desde as primeiras tentativas (ver Visalberghi e Limongelli, 1996, para um apanhado geral).

A conclusão, portanto, é que primatas não-humanos têm muitas habilidades cognitivas relacionadas com objetos físicos e acontecimentos – incluindo a compreensão de categorias relacionais e seqüências básicas de eventos antecedentes-conseqüentes –, mas não percebem ou entendem causas subjacentes como mediadoras das relações dinâmicas entre esses objetos e eventos. Por isso não demonstram o tipo de flexibilidade de comportamento e de compreensão dos princípios causais gerais característico, desde uma idade muito precoce, das crianças humanas quando estas tentam resolver problemas físicos. Primatas não-humanos compreendem muitas relações entre antecedentes e conseqüentes no mundo, mas não parecem entender que forças causais mediam essas relações.

Para resumir, gostaria de explicitar muito claramente o que diferencia a cognição intencional/causal de outros tipos de cognição. Fundamentalmente, essa forma de pensar exige que um indivíduo entenda as relações antecedente-conseqüente entre eventos externos sem estar diretamente envolvido neles, que é algo que os primatas são evidentemente capazes de fazer. Mas, além disso, a compreensão da intencionalidade e da causalidade exige que o indivíduo entenda as forças mediadoras nesses eventos externos que explicam "por que" uma determinada seqüência antecedente-conseqüente ocorre como ocorre – e essas forças mediadoras, por definição, não são observáveis de maneira direta. Essa compreensão parece ser exclusiva dos humanos. Portanto, para os humanos, o peso de uma pedra que cai "força" a tora a se lascar; o objetivo de conseguir alimento "força" o organismo a olhar debaixo da tora. E, mais importante, em ambos os casos pode haver outros eventos antecedentes que desemboquem no mesmo resultado sempre que a mesma "força" mediadora estiver presente. Esse ponto é importante porque demonstra que o componente central em tudo isso não é um evento antecedente específico (como na aprendizagem por associação), mas a força causal ou intencional subjacente, que pode ser induzida por vários eventos antecedentes diferentes. É possível ver isso claramente na Figura 2.1, que representa uma situação causal física (diferentes eventos físicos que criam uma força que causa a queda de uma fruta) e uma situação causal social (diferentes eventos sociais que criam um estado psicológico que causa a fuga de um indivíduo). É óbvio que a maneira específica como essas forças trabalham é muito diferente na causalidade de objetos inanimados e na intencionalidade de seres anima-

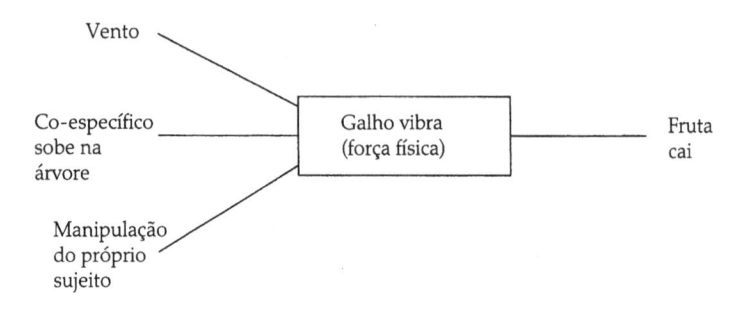

```
        Vento ↘
                        ┌──────────────┐
Co-específico ───────── │ Galho vibra  │ ───────── Fruta
sobe na                 │ (força física)│          cai
árvore                  └──────────────┘
        Manipulação ↗
        do próprio
        sujeito


        Pedra cai ↘
                        ┌──────────────────┐
Predador ────────────── │ Sujeito assustado │ ───────── Sujeito
aparece                 │ (força psicológica)│          foge
                        └──────────────────┘
        Barulho ↗
```

Figura 2.1 Representação gráfica de um evento físico (*alto*) e de um evento social (*baixo*). Em ambos os casos vários eventos antecedentes diferentes podem produzir a força que causa o evento conseqüente.

dos, mas a estrutura geral dos processos de raciocínio envolvidos tem a mesma natureza geral: evento antecedente > força mediadora > evento conseqüente.

Quanto à evolução, portanto, a hipótese é que os seres humanos, baseando-se diretamente na adaptação cognitiva exclusivamente primata para a compreensão das categorias relacionais externas, apenas agregaram uma pequena, mas importante peculiaridade com relação às forças mediadoras tais como causas e intenções. Parte da plausibilidade desse enredo decorre do fato de ele promover a continuidade entre adaptações cognitivas exclusivamente primatas e exclusivamente humanas. Ademais, minha hipótese é que, assim como a compreensão primata das categorias relacionais se desenvolveu primeiro no terreno social para compreender relações sociais entre terceiros, a compreensão causal humana também se desenvolveu primeiro no terreno social para compreender os outros como agentes intencionais. Atualmente, ainda não dispomos de meios para saber se isso é verdade, mas muitos povos do mundo, quando têm dúvida sobre a causa física de um evento, costumam invocar vários tipos de forças animistas ou deístas para explicá-lo; talvez essa seja a abordagem por carência. Portanto, minha hipótese é que a capacidade exclusivamente humana de compreender eventos externos com relação às forças mediadoras intencionais/causais emergiu inicialmente na evolução humana para possibilitar que os indivíduos previssem e explicassem o comportamento de co-específicos e depois foi transposta para lidar com o comportamento de objetos inertes.

Não temos idéia de quando isso possa ter ocorrido, mas uma possibilidade é que era algo característico dos homens modernos nos primórdios de sua evolução em algum lugar da África há cerca de 200 mil anos, e isso até explicaria por que eles sobrepujaram outros hominídeos ao migrarem para o resto do globo. As vantagens competitivas do pensamento intencional/causal são, sobretudo, duas. Primeiro, esse tipo de cognição possibilita que os homens resolvam problemas de maneiras particularmente criativas, flexíveis e prescientes. Assim, em muitos casos, a compreensão intencional/causal permite que um indivíduo preveja e controle eventos mesmo quando o antecedente usual deles não está presente – isto é, se houver algum outro evento que sirva para instigar a força mediadora. Por exemplo, um indivíduo pode criar um modo novo de distrair um rival daquilo pelo qual estão competindo (por exemplo, colocando comida na direção contrária), ou uma ferramenta nova para gerar a força necessária para movimentar um obstáculo. Inversamente, se um evento ocorre numa circunstância em que a força mediadora está bloqueada por algum motivo, pode-se prever que seu conseqüente usual não sucederá. Por exemplo, um indivíduo poderia bloquear o acesso visual de um rival ao objeto pelo qual competem, ou poderia impedir uma pedra de rolar montanha abaixo colocando outra pedra debaixo dela. A compreensão causal e intencional dos humanos tem, portanto, conseqüências imediatas para a ação efetiva, na medida em que abre a possibilidade de encontrar modos novos de manipular ou suprimir as forças mediadoras.

A segunda vantagem da compreensão intencional/causal decorre de sua poderosa função transformadora em processos de aprendizagem social. Ou seja, compreender o comportamento de outras pessoas como intencional e/ou mental torna diretamente possíveis certas formas de aprendizagem cultural e de sociogênese muito poderosas, e essas formas de aprendizagem social são diretamente responsáveis pelas formas especiais de herança cultural características dos seres humanos. No entanto, para avaliar o alcance dessa afirmação, temos de olhar de mais perto os processos de transmissão cultural característicos de nossos parentes primatas mais próximos e em seguida compará-los com o caso humano.

Cultura primata não-humana

Existem muitas formas diferentes de herança e de transmissão cultural, que dependem dos mecanismos de aprendizagem social envolvidos. Entre os mais comumente citados estão:

- *Exposição*: os jovens podem ser expostos a novas experiências de aprendizagem porque se encontram fisicamente perto dos co-específicos, sem aprender nada do comportamento dos co-específicos de forma direta – como quando um jovem segue sua mãe e acaba caindo na água, aprendendo assim a se locomover em meio líquido.
- *Intensificação do estímulo*: os jovens podem ser atraídos por objetos com que outros estão interagindo, e então aprender coisas sobre esses objetos por conta própria – como quando um jovem chimpanzé é atraído por um pau que sua mãe descartou, e a atração coloca em movimento certas experiências individuais de aprendizagem com o pau.
- *Mímica*: os jovens fazem especializações adaptativas por meio da reprodução do comportamento dos co-específicos, sem que haja uma apreciação de sua eficácia instrumental e sempre dentro de um campo comportamental extremamente especializado – como quando alguma espécie de pássaros adquire as vocalizações típicas da espécie (ou como no balbucio pré-lingüístico dos bebês humanos).
- *Aprendizagem por imitação*: os jovens na verdade reproduzem o comportamento ou a estratégia comportamental do demonstrador, com vistas ao mesmo objetivo do demonstrador.

Com efeito, para realmente explicar as diferenças de aprendizagem social entre primatas humanos e não-humanos teremos de distinguir alguns outros processos, que ficam mais claros quando contextualizados.

Lavagem de batatas por macacos

O caso mais comumente citado de uma tradição cultural de um primata não-humano é o da lavagem de batatas por um macaco japonês (Kawamura, 1959; Kawai, 1965). A história é a seguinte. Em 1953, observaram uma fêmea de dezoito meses de idade chamada Imo pegar pedaços de batata-doce fornecidos a ela e ao resto do bando por pesquisadores e tirar a terra deles num riacho próximo. Cerca de três meses depois de ela ter começado a lavar suas batatas, a mesma prática foi observada na mãe de Imo e em dois de seus companheiros (e depois em suas mães). Durante os dois anos seguintes, sete outros macacos jovens também começaram a lavar batatas, e, passados três anos da primeira lavagem de batatas por Imo, cerca de 40% do bando estava fazendo o mesmo. O fato de terem sido os macacos mais próximos a Imo que primeiro aprenderam o comportamento, e em seguida os mais próximos destes, foi considerado significativo, sugerindo que o meio de propagação desse comportamento era alguma forma de imitação na qual um indivíduo efetivamente copiava o comportamento de outro.

A interpretação dessas observações quanto à cultura e imitação apresenta, contudo, pelo menos dois problemas. O primeiro problema é que lavar batatas é um comportamento bem menos incomum entre macacos do que se pensou originalmente. Constata-se que tirar terra da comida é algo que muitos macacos fazem naturalmente, o que de fato foi observado nos macacos de Koshima antes do aparecimento da lavagem. Portanto, não surpreende que também se tenha observado a lavagem de batatas em quatro outros bandos de macacos japoneses abastecidos por humanos pouco depois das observações de Koshima (Kawai, 1965) – incluindo pelo menos quatro indivíduos que aprenderam por conta própria. Além disso, em cativeiro, indivíduos de outra espécie de macacos aprenderam bastante rápido, por conta própria, a lavar sua comida quando lhes eram fornecidos frutos sujos de terra e vasilhas de água (Visalberghi e Fragaszy, 1990). O segundo problema está relacionado com o padrão de disseminação do comportamento de lavagem de batatas dentro do grupo. O fato é que a disseminação do comportamento foi relativamente lenta, com uma média de mais de dois anos para a aquisição pelos membros do grupo que o aprenderam (Galef, 1992). Além disso, a velocidade de disseminação não aumentou com o aumento do número de usuários. Se o mecanismo de transmissão fosse a imitação, seria de esperar um aumento na velocidade de propagação na medida em que há mais demonstradores disponíveis para serem observados por unidade de tempo. Em contraposição, se estivessem operando processos de aprendizagem individual, seria de esperar uma velocidade de disseminação mais lenta e estável – o que na realidade se observou. O fato de os amigos e parentes de Imo terem sido os primeiros a aprender o comportamento pode dever-se ao fato de que amigos e parentes costumam estar próximos uns dos outros, e assim é provável que os amigos de Imo a tenham seguido até a água com mais freqüência nos momentos de alimentação do que outros membros do grupo, o que aumenta suas chances de descoberta individual.

Uso de ferramentas por chimpanzé

Talvez a melhor espécie a ser examinada no presente contexto seja o parente primata mais próximo dos humanos, o chimpanzé, que é de longe o mais cultural dos primatas não-humanos (McGrew, 1992, 1998; Boesch, 1996). Chimpanzés em seus hábitats naturais apresentam uma quantidade de tradições comportamentais específicas de cada população que praticamente todos os membros do grupo adquirem e que persistem ao longo das gerações, incluindo coisas como escolha de alimento, uso de ferramentas e expressão gestual. Por uma série de razões, as explicações genéticas para essas diferenças de comportamento entre populações são duvidosas (por exemplo, populações que vivem perto umas das outras não são mais semelhantes que populações que vivem isoladas), e portanto elas costumam ser tratadas como tradições culturais dos chimpanzés (ver, por exemplo, Wrangham *et al.*, 1994).

O caso mais conhecido é o uso de ferramentas pelo chimpanzé. Por exemplo, chimpanzés de certas populações da África oriental capturam cupins perfurando cupinzeiros com pequenos paus finos. Outras populações de chimpanzés na África ocidental, no entanto, simplesmente destroem os cupinzeiros com grandes paus e tentam apanhar os insetos com a mão. Pesquisadores de campo como Boesch (1993) e McGrew (1992) afirmaram que práticas específicas de uso de ferramentas como essas são "culturalmente transmitidas" entre os indivíduos das várias comunidades. Mas existe uma explicação alternativa que também é bastante plausível. O fato é que os cupinzeiros da África ocidental são mais moles, devido à grande quantidade de chuvas, que os da África oriental. A estratégia de destruir o cupinzeiro com um pau grande portanto só é possível para as populações ocidentais. Logo, segundo essa hipótese, existiram diferenças grupais de comportamento que se parecem superficialmente com as diferenças culturais humanas, mas sem a presença de qualquer tipo de aprendizagem social. Nesses casos, a "cultura" é simplesmente o resultado de aprendizagens individuais impostas pelas diferentes ecologias locais das diferentes populações – por isso esse processo é chamado simplesmente de *modelagem ambiental*.

Embora a modelagem ambiental provavelmente explique em parte as diferenças grupais de comportamento de todos os primatas, incluindo os humanos, análises ecológicas profundas feitas por Boesch *et al.* (1994) tornam essa explicação improvável para dar conta de todas as diferenças de comportamento entre diferentes grupos de chimpanzés. Análises experimentais também confirmam que no uso de ferramentas pelos chimpanzés há mais que modelagem ambiental em operação. Tomasello (1996a) revisou todos os estudos experimentais sobre aprendizagem social de uso de ferramentas por chimpanzés e concluiu que esses primatas são muito capazes na aprendizagem das potencialidades dinâmicas dos objetos que eles descobrem olhando como os outros os manipulam, mas não são habilidosos em aprender dos outros uma nova estratégia comportamental *per se*. Por exemplo, se uma mãe empurra um tronco e come os insetos que se encontram debaixo dele, é muito provável que seu filho faça o mesmo. Isso simplesmente ocorre porque o filho aprendeu, pelo ato da mãe, que existem insetos debaixo do tronco – fato que ele desconhecia e provavelmente não teria descoberto por conta própria. Mas ele não aprendeu da mãe como empurrar um tronco ou comer insetos; estas são coisas que ele já sabia fazer ou poderia aprender a fazer por conta própria. (Portanto, os jovens teriam aprendido a mesma coisa se fosse o vento e não a mãe que tivesse empurrado o tronco e exposto as formigas.) Chamam isso de *aprendizagem por emulação* porque é uma aprendizagem que focaliza os eventos ambientais envolvidos – as mudanças de estado do meio provocadas pelo outro – e não o comportamento ou a estratégia comportamental de um co-específico (Tomasello, 1990, 1996a).

A aprendizagem por emulação é um processo de aprendizagem muito inteligente e criativo que, em certas circunstâncias, é uma estratégia mais adaptativa que a aprendizagem por imitação. Por exemplo, Nagell, Olguin e Tomasello (1993) apresentaram a chimpanzés e a crianças humanas de dois anos uma ferramenta parecida com um ancinho e um objeto fora do alcance deles. Havia duas maneiras de usar a ferramenta, cujo resultado era conseguir pegar o objeto. Para cada espécie, um grupo de sujeitos observou um demonstrador empregar um dos métodos de uso da ferramenta (menos eficiente) e outro grupo observou o outro método de uso da ferramenta (mais eficiente). O resultado obtido foi que, enquanto as crianças humanas em geral copiavam o método do demonstrador em cada uma das duas condições de observação (aprendizagem por imitação), os chimpanzés fizeram um monte de coisas diferentes para alcançar o objeto, e todas elas eram do mesmo tipo, independentemente da demonstração que observaram (aprendizagem por emulação). O ponto interessante é que muitas crianças insistiram nessa reprodução do comportamento do adulto mesmo no caso do método menos eficiente – o que, nesse caso, redundou em desempenhos menos eficientes que os dos chimpanzés. Portanto, a aprendizagem por imitação não é uma estratégia de aprendizagem "superior" ou "mais inteligente" que a aprendizagem por emulação; é simplesmente uma estratégia mais social – que, em certas circunstâncias e para certos comportamentos, tem certas vantagens. Essa explicação pela aprendizagem por emulação também se aplica a outros estudos de aprendizagem social do uso de ferramentas pelos chimpanzés como os de Whiten *et al.* (1996) e Russon e Galdikas (1993).

Chimpanzés são, pois, muito inteligentes e criativos no uso de ferramentas e na compreensão de modificações do meio provocadas pelo uso que outros fazem de ferramentas, mas não parecem entender o comportamento instrumental de co-específicos da mesma maneira que os humanos. Para os humanos, o objetivo ou a intenção do demonstrador é um elemento central do que percebem, e o objetivo é de fato entendido como algo separado dos vários meios comportamentais que podem ser empregados para alcançar o objetivo. A capacidade do observador de separar meios de fins serve para destacar o método ou a estratégia de uso da ferramenta do demonstrador como uma entidade independente – o comportamento que ele está usando é um tentativa de realizar o objetivo, dada a possibilidade de existirem outros meios para realizá-lo. Devido à ausência dessa capacidade de entender objetivos e meios comportamentais como coisas separáveis nas ações dos outros, em suas observações os chimpanzés enfocam as mudanças de estado (incluindo mudanças de posição espacial) dos objetos envolvidos na demonstração, e as ações do demonstrador com efeito não passam de outros movimentos físicos. Os estados intencionais do demonstrador, e portanto seus métodos comportamentais como entidades comportamentais distintas, simplesmente não fazem parte de sua experiência.

Expressão gestual dos chimpanzés

O outro caso bem conhecido é o da comunicação gestual dos chimpanzés. Embora haja poucos estudos sistemáticos de gestos dos chimpanzés em contexto selvagem, tudo indica que existam alguns comportamentos específicos de populações que podem ser chamados de culturais (Goodall, 1986; Tomasello, 1990; Nishida, 1980). Com animais em cativeiro foi feito um trabalho bem mais sistemático em que se documentaram os gestos específicos usados por indivíduos específicos ao longo do tempo – possibilitando inferências sobre os processos de aprendizagem social envolvidos. Numa série de estudos, Tomasello e colaboradores investigaram se os jovens adquirem seus sinais gestuais por aprendizagem por imitação ou por um processo de *ritualização ontogenética* (Tomasello *et al.*, 1985; 1989; 1994; 1997). Na ritualização ontogenética, um sinal comunicativo é criado por dois organismos, cada qual modelando o comportamento do outro em situações repetidas de interação social. Por exemplo, um bebê pode começar a mamar indo direto para o seio da mãe, talvez agarrando o braço dela ou mexendo nele no processo. Em algum encontro futuro, a mãe pode vir a antecipar os iminentes esforços comportamentais do bebê ao primeiro toque de seu braço, tornando-se assim receptiva em relação a isso – levando o bebê, numa próxima ocasião, a abreviar ainda mais seu comportamento por um simples toque do braço enquanto espera por uma resposta (o "toque do braço" sendo o que se chama de movimento intencional). Note-se que aqui nada indica que um indivíduo esteja tentando reproduzir o comportamento de outro; há apenas uma interação social recíproca em encontros repetidos que acaba eventualmente resultando num sinal comunicativo. Esta é provavelmente a maneira como a maioria dos bebês humanos aprende o gesto "braços para cima" para pedir que os adultos os peguem no colo, ou seja, primeiro como uma tentativa direta de subir no corpo do adulto, e depois, quando o adulto antecipa o desejo deles e os pega no colo, como uma versão abreviada, ritualizada, dessa atividade de se alçar, realizada com objetivos exclusivamente comunicativos (Lock, 1978).

Todos os dados disponíveis sugerem que a ritualização ontogenética, e não a aprendizagem por imitação, seja responsável pela aquisição de gestos comunicativos por parte dos chimpanzés. Primeiro há um certo número de sinais idiossincráticos que são usados apenas por um indivíduo (ver também Goodall, 1986); esses sinais não poderiam ter sido aprendidos por processos imitativos e portanto tiveram de ser inventados e ritualizados individualmente. Em segundo lugar, análises longitudinais mostraram, por meio de comparações tanto qualitativas como quantitativas, que existe uma grande variabilidade individual, tanto numa mesma geração como em diferentes, na expressão gestual dos chimpanzés – sugerindo algo diferente da aprendizagem por imitação, que geralmente produz homogeneidade de comportamento. Também é importante ressaltar que os gestos usados em comum por muitos jovens são também usados com bastante freqüência por jovens cativos criados em grupos coetâneos sem nenhuma oportunidade de observar coespecíficos mais velhos. Por fim, num estudo experimental, Tomasello e colaboradores (1997) retiraram um indivíduo do grupo e ensinaram-lhe outros sinais arbitrários por meio dos quais ele conseguia que um humano lhe desse o alimento desejado. Quando foi devolvido ao grupo e usou esses mesmos gestos para que um humano lhe desse alimento, não houve nenhum caso de outro indivíduo reproduzir nenhum dos novos gestos – embora todos os outros indivíduos estivessem observando aquele que gesticulava e estivessem altamente motivados pelo alimento.

A conclusão evidente é que jovens chimpanzés adquirem a maioria, se não a totalidade, de seus gestos ritualizando-os individualmente entre si. A explicação desse processo de aprendizagem é análoga à explicação da aprendizagem por emulação no caso do uso de ferramentas. Como a aprendizagem por emulação, a ritualização ontogenética não exige que os indivíduos compreendam o comportamento dos outros como separáveis em meios e fins da mesma maneira como ocorre na aprendizagem por imitação. Aprender imitativamente um "toque do braço" como uma solicitação de amamentação exigiria que um bebê observasse outro bebê usando um "toque do braço" e soubesse qual é o objetivo dele (ou seja, mamar) – de modo que quando tivesse o mesmo objetivo pudesse usar os mesmos meios comportamentais. Ritualizar um "toque do braço", em contraposição, exige apenas que o bebê antecipe o comportamento futuro de um co-específico num contexto em que ele (o bebê) já tem o objetivo de mamar. Portanto, como a aprendizagem por emulação, a ritualização ontogenética é um processo de aprendizagem social muito inteligente e criativo, muito importante em todas as espécies sociais, incluindo os humanos. Mas não é um processo de aprendizagem por meio do qual os indivíduos tentam reproduzir as estratégias comportamentais dos outros.

Ensinar chimpanzés

Portanto, esses dois terrenos nos fornecem duas fontes muito diferentes de dados sobre a aprendizagem social de primatas não-humanos. No caso do uso de ferramentas, é muito provável que os chimpanzés adquiram as habilidades no uso de ferramentas às quais estão expostos por um processo de aprendizagem por emulação. No caso dos sinais gestuais, é muito provável que adquiram seus gestos comunicativos por meio de um processo de ritualização ontogenética. Tanto a aprendizagem por emulação como a ritualização ontogenética exigem aptidões de cognição e de aprendizagem social, cada qual a seu modo, mas nenhuma delas exige aptidões para aprendizagem por imitação, em que o aprendiz (a) compreende tanto o objetivo do demonstrador como a estratégia que está sendo usada para atingir o objetivo, e depois (b) de alguma maneira ajusta esse objetivo e essa estratégia aos seus próprios. Com efeito, a aprendizagem por emulação e a ritualização ontogenética são precisamente os tipos de aprendizagem social que se esperam de organismos muito inteligentes e rápidos para aprender, mas que não vêem os outros como agentes intencionais a quem têm de se ajustar.

O outro processo importante presente na transmissão cultural da forma como ela é tradicionalmente definida é o ensino. Embora a aprendizagem social se dê de "baixo para cima", já que indivíduos ignorantes ou inaptos tentam tornar-se mais cultos ou aptos, o ensino vem de "cima para baixo", já que indivíduos cultos ou aptos tentam transmitir conhecimento ou aptidões a outros. O problema nesse caso é que existem muito poucos estudos sistemáticos sobre o ensino de primatas não-humanos. O estudo mais profundo é o de Boesch (1991), no qual mães e bebês chimpanzés foram observados no contexto do uso de ferramentas (quebra de nozes). Boesch descobriu que mães fazem um certo número de coisas que servem para facilitar as atividades dos bebês com a ferramenta e as nozes, como deixar estes objetos ociosos para que o bebê possa usá-los enquanto ela vai apanhar mais nozes (o que ela não faria se outro adulto estivesse presente). Mas a interpretação da intenção da mãe em tais casos não é nada evidente. Além disso, na categoria de "instrução ativa", em que a mãe pareceria estar tentando instruir seu filho ativamente, Boesch observou apenas duas possíveis situações (ao longo de muitos anos de observação). Essas duas situações também são difíceis de interpretar no sentido de a mãe ter ou não ter o objetivo de ajudar o pequeno a aprender a usar a ferramenta. Por outro lado, embora haja muita variabilidade entre diferentes sociedades, de uma maneira ou de outra em todas as culturas os humanos adultos instruem ativamente seus filhos de maneira regular (Kruger e Tomasello, 1996). Junto com a aprendizagem por imitação, o processo de instrução ativa sem dúvida também é crucial para o padrão exclusivamente humano de evolução cultural.

Macacos aculturados

Pode-se objetar que na literatura existe uma certa quantidade de observações muito convincentes de aprendizagem por imitação por parte de chimpanzés, e de fato elas existem. No entanto, é interessante notar que todos os casos claros envolvem basicamente chimpanzés que tiveram um intenso contato com humanos. Em muitos casos isso adotou a forma de instrução intencional, incluindo a estimulação pelos humanos do comportamento e da atenção, e até o reforço direto por imitação durante muitos meses; por exemplo, Hayes e Hayes (1952) forneceram ao seu chimpanzé Vicki vários meses de treinamento sistemático, e Custance, Whiten e Bard (1995) forneceram a seus dois chimpanzés quatro meses de treinamento sistemático. Isso levanta a possibilidade de que aptidões de aprendizagem por imitação possam ser influenciadas, ou até facilitadas por certos tipos de interação social durante a ontogênese precoce.

A confirmação desse ponto de vista é fornecida por um estudo de Tomasello, Savage-Rumbaugh e Kruger (1993). Esse estudo comparou as aptidões para aprendizagem por imitação de chimpanzés cativos criados pela mãe, chimpanzés aculturados (criados como crianças humanas e expostos a um sistema de comunicação semelhante à linguagem), e crianças humanas de dois anos de idade. Mostrou-se a cada sujeito vinte e quatro diferentes ações novas com objetos, e o comportamento de cada sujeito em cada teste foi computado conforme reproduzisse com sucesso (1) o resultado final da ação demonstrada, e/ou (2) os meios comportamentais usados pelo demonstrador. O principal resultado foi que os chimpanzés criados pela mãe quase nunca conseguiam reproduzir o fim e os meios das ações novas (isto é, não as aprendiam imitativamente). Em contraposição, os chimpanzés aculturados e as crianças humanas aprenderam imitativamente as ações novas com muito mais freqüência, e, nessa aprendizagem, não diferiram uns dos outros. De maneira similar, alguns chimpanzés criados por humanos às vezes aprendem a apontar de uma maneira que os humanos entendem como comunicativa, e até mesmo a usar algo que se parece com símbolos lingüísticos humanos através de ricas interações sociais com humanos mas sem nenhum treinamento sistemático *per se* (Savage-Rumbaugh *et al.*, 1986).

Esses estudos mostram que macacos criados por seres humanos num meio cultural parecido com o humano – às vezes com e às vezes sem treinamento explícito – podem desenvolver algumas aptidões semelhantes às humanas que eles não desenvolvem em seus hábitats naturais ou em condições de cativeiro mais típicas. Ainda não se sabe quais são exatamente os fatores efetivos que produzem esses resultados, mas uma hipótese plausível é que em meios culturais semelhantes aos humanos os macacos recebem uma espécie de "socialização da atenção". Ou seja, os macacos em seus hábitats naturais não encontram ninguém que lhes aponte ou mostre coisas, os ensine, ou, de forma geral, expresse intenções no que tange à sua atenção (ou outros estados intencionais). Num meio cultural semelhante ao humano, em contrapartida, eles estão constantemente interagindo com humanos que lhes mostram coisas, apontam para coisas, estimulam (e até reforçam) a imitação, e lhes ensinam aptidões especiais – situações estas que envolvem um triângulo referencial entre humano, macaco e alguma terceira entidade. Talvez seja esta socialização no triângulo referencial – do tipo que a maioria das crianças humanas recebe – a responsável pelas realizações cognitivas especiais desses macacos especiais.

Mas é importante salientar que macacos criados em meios culturais humanos nem por isso se tornam seres humanos. Embora os cientistas não tenham examinado em profundidade as limitações das habilidades cognitivas dos macacos criados por humanos, algumas diferenças em relação às crianças humanas aparecem de imediato. Por exemplo, ainda parece ser raro encontrar um macaco aculturado que simplesmente mostre algo para um companheiro humano ou macaco de modo declarativo, ou que aponte para algo apenas para compartilhar a atenção para aquilo. Eles não participam de prolongadas interações de atenção conjunta da mesma maneira que as crianças humanas (Carpenter, Tomasello e Savage-Rumbaugh, 1995), e, quando comparadas com as aptidões das crianças humanas, suas aptidões para a linguagem humana são consideravelmente limitadas (Tomasello, 1994). Nas tarefas em que têm de cooperar com co-específicos, sem um treinamento humano específico, as aptidões dos macacos para a aprendizagem colaborativa são curiosamente limitadas, e quase não há nenhum comportamento de macacos aculturados, se é que há algum, que se poderia chamar de ensino intencional (ver Call e Tomasello, 1996, para apanhado geral).

A conclusão mais plausível, portanto, é que as aptidões para a aprendizagem que os chimpanzés desenvolvem no meio selvagem na ausência de interação com humanos (isto é, aptidões que envolvem aprendizagem individual suplementada por aprendizagem por emulação e ritualização) são suficientes para criar e manter as atividades culturais típicas de sua espécie, mas não são suficientes para criar e manter atividades culturais semelhantes às humanas, em que encontramos o efeito catraca e a evolução cultural cumulativa. E talvez valha a pena notar que, em seu hábitat natural e até onde se sabe, jamais se observou na espécie irmã dos chimpanzés, os bonobos (*Pan paniscus*), nada que se pareça com as tradições comportamentais específicas de populações dos chimpanzés – o que sugere que o ancestral comum aos humanos e a essas duas espécies irmãs tampouco possuía aptidões culturais bem desenvolvidas. O fato de que chimpanzés e bonobos criados desde pequenos e por muitos anos em meio cultural humano possam desenvolver certos aspectos da cognição social humana e da aprendizagem cultural demonstra, de forma particularmente contundente, o poder de processos culturais na ontogênese, e o fato de que outras espécies animais não respondam dessa maneira demonstra as impressionantes aptidões para a aprendizagem social dos grandes macacos. Mas responder a uma cultura e criar uma cultura *de novo* são duas coisas diferentes.

Evolução cultural humana

Conclui-se, pois, que embora os chimpanzés evidentemente criem e mantenham tradições culturais em sentido amplo, estas provavelmente se apóiam em processos de cognição social e de aprendizagem social diferentes das tradições culturais dos seres humanos. Em certos casos, essa diferença entre os processos não provoca nenhum diferença concreta quanto à organização social, transmissão da informação ou cognição. Mas, em outros casos, surge uma diferença crucial e esta se manifesta em processos de evolução cultural, ou seja, processos por meio dos quais uma tradição cultural acumula modificações ao longo do tempo.

Evolução cultural cumulativa e o efeito catraca

Algumas tradições culturais acumulam as modificações feitas por diferentes indivíduos no transcurso do tempo de modo tal que elas se tornam mais complexas, abrangendo um espectro mais amplo de funções adaptativas – o que pode ser chamado de evolução cultural cumulativa ou de "efeito catraca" (ver Figura 2.2). Por exemplo, a maneira como os seres humanos usam objetos com função de martelo evoluiu significativamente ao longo da história humana. No registro de artefatos podem ser encontradas várias ferramentas parecidas com martelos que gradualmente foram ampliando sua esfera funcional à medida que iam sendo modificadas para dar conta de novas exigências, indo de simples pedras a ferramentas complexas compostas de uma pedra amarrada a um pau, até os vários tipos de martelos modernos de metal ou mesmo martelos mecânicos (alguns dos quais também servem para extração de pregos; Basalla, 1988). Embora não disponhamos de um registro tão detalhado como no caso desses artefatos, provavelmente também foi isso que aconteceu com algumas convenções culturais e rituais (por exemplo, as línguas humanas e os rituais religiosos), que também foram se tornando mais complexos ao longo do tempo à medida que iam sendo modificados para dar conta de novas necessidades comunicativas e sociais. Esse processo é mais característico de algumas culturas humanas que de ou-

GERAÇÃO 1   Artefato

↓ aprendizagem cultural das crianças

GERAÇÃO 2   Artefato   criação individual ou colaborativa
                           → (modificação #1)

↓ aprendizagem cultural das crianças

GERAÇÃO 3   Artefato   criação individual ou colaborativa
              modificado   → (modificação #2)

↓ aprendizagem cultural das crianças

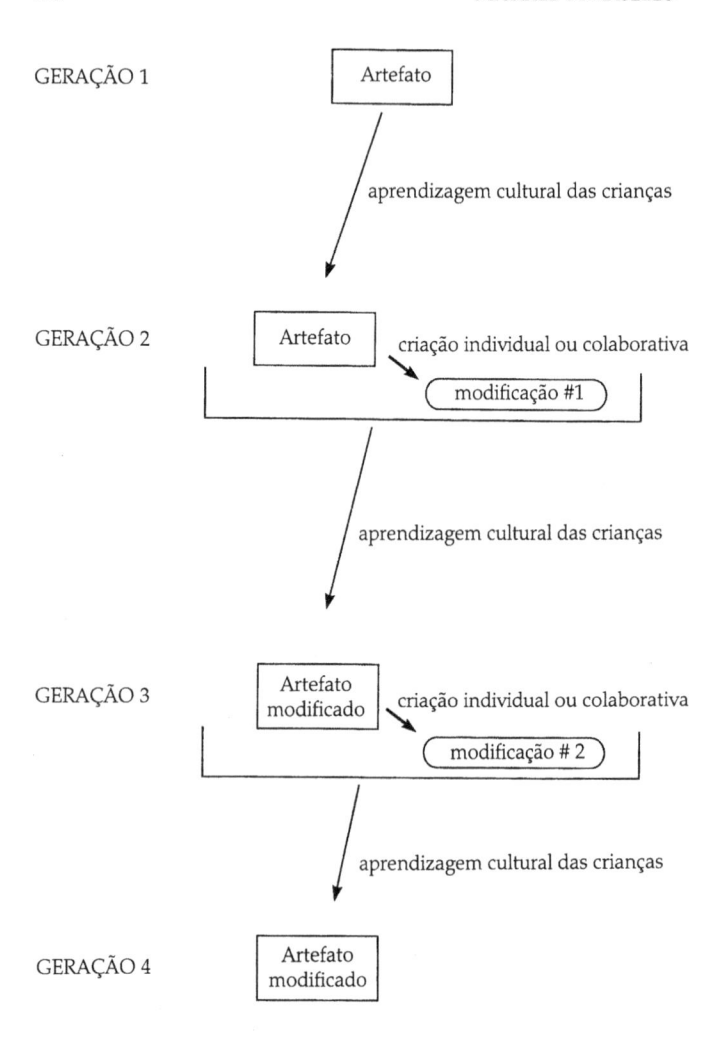

GERAÇÃO 4   Artefato
              modificado

Figura 2.2 Diagrama simplificado do efeito catraca em funcionamento para produzir um artefato com modificações cumulativas.

tras, ou de alguns tipos de atividades que de outros, mas todas as culturas parecem ter pelo menos alguns artefatos produzidos pelo efeito catraca. Não parece haver nenhum comportamento de outra espécie animal, nem mesmo dos chimpanzés, que revele uma evolução cultural cumulativa (Boesch e Tomasello, 1998).

Tomasello e colaboradores (1993) afirmam que a evolução cultural cumulativa depende da aprendizagem por imitação, e talvez da instrução ativa por parte dos adultos, e não se dá por meio de formas "mais fracas" de aprendizagem social tais como intensificação local, aprendizagem por emulação, ritualização ontogenética, ou qualquer forma de aprendizagem individual. O argumento deles é que a evolução cultural cumulativa depende de dois processos – inovação e imitação (provavelmente suplementados por instrução) –, que têm de ocorrer num processo dialético ao longo do tempo de modo que um passo do processo propicie o próximo. Por isso, se um chimpanzé inventar uma maneira mais eficiente de capturar cupins usando um pau de modo inovador para que mais cupins subam por ele, os jovens que aprenderam a capturar cupins por emulação com esse indivíduo não poderiam reproduzir essa variante de modo preciso porque não estariam enfocando as técnicas comportamentais do inovador. Usariam seu próprio método de captura para fazer com que mais cupins subissem pelo pau, e todos os outros indivíduos que os observassem também usariam seus próprios métodos, de maneira que a nova estratégia simplesmente desapareceria com seu inventor. (É essa, precisamente, a hipótese de Kummer e Goodall, 1985, para quem muitos atos de inteligência criativa por parte de primatas não-humanos passam despercebidos dos humanos porque não são fielmente preservados no grupo.) Por outro lado, se os observadores fossem capazes de aprender por imitação, poderiam adotar a nova variante estratégica para a captura de cupins de modo mais ou menos fiel. Esse novo comportamento os situaria então num novo espaço cognitivo, por assim dizer, no qual poderiam pensar sobre a tarefa e em como resolvê-la de uma maneira semelhante à do inovador (colocando-se na sua "pele cognitiva"). Todos os indivíduos que assim fizessem provavelmente passariam então a ter condições de inventar outras variantes baseadas na primeira – que outros adotariam fielmente, ou também modificariam. A metáfora da catraca nesse contexto pretende dar conta do fato de que a aprendizagem por imitação (com ou sem instrução ativa) propicia o tipo de transmissão fiel necessária para manter a nova variante dentro do grupo, proporcionando assim uma plataforma para as futuras inovações – com as próprias inovações variando em função de elas serem individuais ou sociais/cooperativas.

Em geral, portanto, pode-se dizer que as tradições culturais humanas distinguem-se das tradições culturais dos chimpanzés – bem como dos outros poucos casos de cultura observados em outras espécies de primatas – precisamente pelo fato de acumularem modificações ao longo do tempo, ou seja, pelo fato de terem "histórias" culturais. Acumulam modificações e têm histórias porque os processos de aprendizagem cultural que a elas subjazem são particularmente poderosos. E esses processos de aprendizagem cultural são particularmente poderosos porque se baseiam na adaptação cognitiva exclusivamente humana para compreender os outros como seres intencionais iguais a si mesmo, que criam formas de aprendizagem social que agem como uma catraca, preservando fielmente estratégias recém-inovadas no grupo social até que haja outra inovação para substituí-las.

Devo reconhecer que as coisas talvez não sejam tão preto no branco como acabei de expor. Num artigo muito interessante intitulado "Por que a cultura é comum, mas a evolução cultural é rara", Boyd e Richerson (1996) lançam a hipótese de que os humanos e outros primatas participam dos mesmos tipos de aprendizagem social e por imitação, mas que deve haver uma diferença quantitativa. Assim, os chimpanzés talvez tenham certas capacidades de aprendizagem por imitação, mas usam-nas de modo menos coerente que os humanos ou numa menor quantidade de contextos que os humanos – ou talvez apenas alguns chimpanzés disponham individualmente dessas capacidades. Boyd e Richerson afirmam que a raridade dos processos-chave de aprendizagem social poderia tornar a evolução cultural de tipo cumulativo impossível. O problema básico, nesse caso, seria que a catraca está muito corrediça, e, por exemplo, ainda que um indivíduo aprendesse por imitação a inovação de outro, nenhum outro conseguiria imitá-lo, ou os indivíduos que tentassem imitá-lo só o fizessem de maneira muito imperfeita. Portanto, eles argumentam que há uma diferença quantitativa na capacidade de aprendizagem social que leva a uma diferença qualitativa nas trajetórias históricas das tradições culturais resultantes. Em ambos os casos, contudo – quer a diferença entre a capacidade de aprendizagem social dos humanos e dos macacos seja mais qualitativa e absoluta ou mais quantitativa e relativa –, o efeito é que os seres humanos costumam dispor de capacidades de aprendizagem sociocognitiva e cultural para criar, enquanto espécie, produtos cognitivos únicos baseados na evolução cultural cumulativa.

A sociogênese da linguagem e da matemática

O processo de evolução cultural cumulativa pode ser visto como uma forma particularmente poderosa de inventividade colaborativa ou sociogênese. Nas sociedades humanas existem duas formas básicas de sociogênese nas quais algo novo é criado através da interação social de dois ou mais indivíduos em interação cooperativa, e, em muitos casos, o novo produto não poderia ter sido inventado por nenhum dos indivíduos isoladamente. A primeira forma de sociogênese é simplesmente a forma decorrente do efeito catraca descrito acima para coisas como martelos e símbolos lingüísticos. Um indivíduo depara com um artefato ou uma prática cultural herdados de outros numa situação nova para a qual o artefato não parece plenamente adequado. Ele então avalia a maneira como se supõe que o artefato funcione (a intencionalidade do inventor), relaciona isso com a situação presente e então realiza uma modificação do artefato. Nesse caso, a colaboração não é real, no sentido de dois ou mais indivíduos estarem simultaneamente presentes e colaborando, mas antes virtual, no sentido de que ela se dá no tempo histórico quando aquele determinado indivíduo imagina a função que o artefato supostamente tinha para os usuários anteriores, e como ele tem de ser modificado para se adaptar à situação atual.

O segundo tipo de sociogênese é a colaboração simultânea de dois ou mais indivíduos ao tentarem resolver juntos um problema. A simultaneidade não é absoluta nesses casos, uma vez que o que costuma acontecer é que os indivíduos se envolvem em algum tipo de interação dialógica na qual um responde às sugestões inventivas do outro, e assim por diante até que se chega a um produto que nenhum dos dois poderia ter inventado sozinho. Portanto, a colaboração não é virtual mas real, e por isso tem certas qualidades especiais, por exemplo, quanto ao tipo de *feedback* imediato que um indivíduo possa receber para suas sugestões criativas. Ambas as formas de colaboração podem ocorrer juntas, é claro, como quando um pequeno grupo de pessoas tenta modificar colaborativamente um artefato ou uma prática que herdaram de outros a fim de satisfazer novas exigências, e, na verdade, essa provavelmente seja a situação típica. Muitas das importantes mudanças culturais abrangentes envolvendo coisas como sistemas religiosos, governamentais ou econômicos também resultam da "cooperação", tanto simultânea como sucessiva ao longo de várias gerações, de muitas pessoas e de uma maneira que nenhuma pessoa ou grupo de pessoas pretendia ou teria previsto (este poderia ser um terceiro tipo de "colaboração"). Por exemplo, as economias de mercado, embora se baseiem em atos intencionais individuais, não são um resultado cultural que alguma pessoa tivesse imaginado ou pretendido inicialmente. Esses processos em nível grupal não são bem entendidos de um ponto de vista psicológico, mas sem dúvida interagem com o nível intencional de maneira interessante e significativa (ver Hutchins, 1995).

Pode-se observar claramente o processo de sociogênese em dois campos cognitivos muito importantes: a linguagem e a matemática. Começarei pela linguagem. Embora em geral todas as línguas tenham algumas características comuns, em termos concretos cada uma dos milhares de línguas do mundo tem seu próprio inventário de símbolos lingüísticos, incluindo construções lingüísticas complexas, que permitem a seus usuários compartilhar simbolicamente experiências entre si. Esse inventário de símbolos e construções fundamenta-se em estruturas universais da cognição humana, da comunicação humana e na mecânica do aparelho fonoauditivo. As particularidades de cada língua provêm de diferenças entre os vários povos do mundo no que se refere ao tipo de coisas sobre as quais eles acham importante falar e às maneiras como consideram útil falar sobre elas – além de vários "acidentes" históricos, evidentemente. O ponto crucial para o que aqui nos interessa é que todos os símbolos e as construções de uma dada língua não foram inventados de uma só vez, e depois de inventados geralmente não permanecem idênticos por muito tempo. Pelo contrário, os símbolos e as construções lingüísticos evoluem, mudam e acumulam modificações ao longo do tempo histórico à medida que os homens os utilizam entre si, ou seja, através de processos de sociogênese. A dimensão mais importante do processo histórico no presente contexto é a gramatização ou sintatização em que, por exemplo, durante a evolução, palavras independentes tornam-se marcadores gramaticais e estruturas discursivas soltas e organizadas de modo redundante se congelam em construções sintáticas fixas e organizadas de forma menos redundante (ver Traugott e Heine, 1991a, 1991b; Hopper e Traugott, 1993). Alguns exemplos podem ajudar a esclarecer esse ponto:

- O marcador do futuro em praticamente todas as línguas foi gramaticalizado a partir de palavras independentes que significavam coisas como volição ou movimento em direção a um objetivo. Assim, em inglês, o verbo original era *will*, como em *I will it to happen* [quero que isso aconteça], que se gramaticalizou em *It will happen* [(isso) acontecerá] (tendo o componente volitivo sido "apagado"). Similarmente, o emprego original de *go* era para movimento, como em *I'm going to the store* [Estou indo para a loja], e isso foi gramaticalizado tornando-se *I'm going to send it tomorrow* [vou mandar/mandarei isso amanhã] (tendo o movimento sido apagado – ver também *come*, como em *Come Thursday, I will be 46* [Venha quinta, vou fazer 46]).

- O passado perfeito do inglês, com o uso de *have*, provavelmente derivou de frases como *I have a broken finger* [literalmente: tenho um dedo quebrado] ou *I have the prisoners bound* [literalmente: tenho os prisioneiros amarrados] (em que *have* é um verbo de posse), transformando-se em algo como *I have broken a finger* [quebrei um dedo] (em que o significado de posse de *have* é apagado e agora apenas indica o aspecto perfectivo).
- Expressões em inglês como *on the top of* e *in the side of* evoluíram para *on top of* e *inside of* e, por fim, para *atop* e *inside*. Em algumas línguas (embora não em inglês), conectivos como essas preposições espaciais também podem vir a se apor a substantivos como marcadores de caso – neste exemplo, como possíveis marcadores de lugar.
- Seqüências discursivas soltas como *He pulled the door and it opened* [Ele puxou a porta e ela abriu] podem ser sintatizadas em *He pulled the door open* (uma construção resultativa).
- Seqüências discursivas soltas como *My boyfriend... He plays piano... He plays in a band* [Meu namorado... Ele toca piano... Ele toca numa banda] podem transformar-se em *My boyfriend plays piano in a band*. Ou, similarmente, *My boyfriend... He rides*

horses... He bets on them [Meu namorado... Ele anda a cavalo... Ele aposta neles] podem transformar-se em *My boyfriend, who rides horses, bets on them*.
- De modo similar, se alguém exprime a crença de que Mary vai se casar com John, outra pessoa pode responder com uma aquiescência, *Acho isso*, seguida da repetição da crença expressa de que Mary vai se casar com John – que pode ser sintatizada na afirmação única de que *Acho que Mary vai se casar com John*.
- Frases complexas também podem derivar de seqüências discursivas compostas de expressões inicialmente separadas, como em *I want it... I buy it* [Eu quero isso... Eu compro isso] que evolui para *I want to buy it*.

A investigação sistemática dos processos de gramatização e sintatização está apenas engatinhando (ver Givón, 1979, 1995), e, com efeito, a idéia de que as línguas evoluíram de formas estruturalmente mais simples para formas estruturalmente mais complexas por meio de processos de gramatização é um tanto recente nesse contexto – os lingüistas costumam pensar esses processos apenas como fontes de mudanças. Mas a gramatização e a sintatização são capazes de produzir importantes mudanças na estrutura lingüística em períodos relativamente curtos de tempo – por exemplo, a principal diversificação das línguas românicas aconteceu durante algumas centenas de anos – e por isso não vejo razão pela qual também não pudessem funcionar para tornar uma língua simples sintaticamente mais complexa em alguns milhares de anos. Saber exatamente como a gramatização e a sintatização se dão nas interações concretas entre seres humanos isolados e grupos de seres humanos, e como esses processos se relacionam com os outros processos de sociogênese por meio dos quais a interação social humana modifica artefatos culturais é uma questão para pesquisas lingüísticas futuras.

Uma possível implicação dessa idéia é que os primeiros homens modernos, que surgiram na África há uns 200 mil anos, foram os indivíduos que primeiro começaram a se comunicar simbolicamente – talvez usando algumas formas simbólicas simples, análogas às usadas por crianças humanas. Em seguida eles se dispersaram pelo mundo, de modo que todas as línguas atuais derivam em última instância daquela única protolíngua – no entanto, se aquela protolíngua era muito simples, nesse processo cada cultura pode ter sintatizado e gramatizado seqüências discursivas de maneiras fundamentalmente diferentes e desde muito cedo. Em resposta àqueles teóricos para quem essa hipótese é forçada, basta observar a escrita alfabética para encontrar uma invenção cultural que aconteceu uma única vez, que guardou algumas de suas características essenciais ao mesmo tempo que adquiriu formas diferentes nas diversas culturas – e isso aconteceu em apenas alguns milênios e não em muitíssimos milênios como teria sido o caso das línguas naturais.

O caso do outro pilar intelectual da civilização ocidental, a matemática, é curiosamente diferente do caso da linguagem (embora apresente certa similaridade, mas também algumas diferenças para com a escrita). Assim como a linguagem, a matemática fundamenta-se claramente em maneiras universalmente humanas de experimentar o mundo (muitas das quais são compartilhadas com outros primatas) e também em alguns processos de criação cultural e sociogênese. Mas, nesse caso, as divergências entre culturas são muito maiores do que no caso das línguas faladas. Todas as culturas têm formas complexas de comunicação lingüística, com variações de complexidade praticamente negligenciáveis, mas algumas culturas dispõem de sistemas matemáticos altamente complexos (praticados apenas por alguns de seus membros), enquanto outras dispõem apenas de sistemas bastante simples de algarismos e contagem (Saxe, 1981). É por causa dessa grande variação que ninguém afirmou até hoje que a estrutura da moderna matemática complexa é um módulo inato, como fizeram no caso da linguagem (embora fosse logicamente possível propor, de acordo com os princípios e parâmetros de Chomsky, uma teoria segundo a qual certas variáveis ambientais que não estão presentes em determinadas culturas, em outras possam desencadear certas estruturas matemáticas inatas).

Em geral, não é difícil deduzir as razões que explicam as grandes diferenças culturais entre as práticas matemáticas. Primeiro, pessoas e culturas diferentes têm diferentes necessidades matemáticas. A maioria das culturas e das pessoas precisa manter o controle sobre seus bens ou suas mercadorias, para o que bastam poucas palavras que expressem números na língua natural. Quando uma cultura ou uma pessoa precisam contar objetos ou medir coisas de modo mais preciso – por exemplo, em complexos projetos de engenharia ou coisas semelhantes – surge a necessidade de uma matemática mais complexa. A ciência moderna, praticada por um pequeno grupo de pessoas em algumas culturas, apresenta todo um conjunto de novos problemas que exigem técnicas matemáticas complexas para sua solução. Mas – e é essa a analogia com a escrita –, tal como a conhecemos atualmente, a matemática complexa só se efetiva por meio do uso de certas formas de símbolos gráficos. O sistema arábico de numeração, em particular, é muito superior aos sistemas ocidentais mais antigos quando se trata de matemática complexa (por exemplo, os algarismos romanos), e o uso no Ocidente dos algarismos arábicos, que incluem o zero, e do sistema decimal, em que o lugar do algarismo indica sua ordem de valor, abriu novos horizontes para os cientistas e outras pessoas no que tange às operações matemáticas (Danzig, 1954).

A história da matemática é uma área de estudos na qual um exame minucioso revelou uma miríade de maneiras complexas pelas quais indivíduos e grupos de indivíduos tomam o que recebem das gerações anteriores e fazem as modificações necessárias para lidar com novas práticas e novos problemas científicos mais eficientemente (Eves, 1961). Alguns historiadores da matemática detalharam alguns dos processos específicos por meio dos quais foram inventados, utilizados e modificados símbolos e técnicas especificamente matemáticos (cf. Danzig, 1954; Eves, 1961; Damerow, 1998). Para citar apenas um exemplo bem conhecido, Descartes inventou o sistema de coordenadas cartesianas em que combinou, de maneira criativa, algumas das técnicas espaciais usadas em geometria com algumas técnicas mais aritméticas de outras áreas da matemática de seu tempo – sendo o cálculo infinitesimal uma variação desse tema. A adoção dessa técnica por outros cientistas e matemáticos ampliou o universo matemático quase imediatamente, modificando a matemática ocidental para sempre. De modo geral, portanto, a sociogênese da moderna matemática ocidental, tal como é praticada por uma minoria de pessoas nessas culturas, pode ser vista como função tanto das necessidades matemáticas de um determinado grupo como dos recursos culturais disponíveis. Para isso, é necessária e fundamental pelo menos a compreensão que os primatas têm de pequenas quantidades, mas a matemática moderna sem dúvida exige bem mais que isso. Minha hipótese, a ser elaborada no Capítulo 6, é que, apoiando-se no senso básico que os primatas têm da quantidade, os seres humanos usam, ademais, suas fantásticas capacidades de perspectivação e de interpretações alternativas de objetos e coleções de objetos concretos (que têm sua base social em capacidades de perspectivação e de comunicação lingüística) para construir a matemática complexa. Em algumas culturas, o recrutamento dessas capacidades para fins matemáticos é mais necessário que em outras.

No caso tanto da linguagem como da matemática, portanto, a estrutura do campo, tal como ele se apresenta atualmente, tem uma história cultural (na verdade, várias diferentes histórias culturais), e existem processos de sociogênese que historiadores da lingüística e historiadores da matemática têm a oportunidade de estudar (embora a maioria desses estudiosos não se interesse diretamente por questões de psicologia). As diferenças entre ambos os casos são instrutivas. Embora a complexidade adote diferentes formas nas línguas modernas, a linguagem complexa é um universal entre todos os povos do mundo, quer porque a invenção original de muitos dos símbolos falados que tornam a linguagem possível ocorreu antes de os humanos modernos se dispersarem em diferentes populações, quer porque a capacidade de criar símbolos falados é tão natural para os humanos que todos os diversos grupos os inventaram de maneira semelhante, embora não idêntica, depois de se dispersarem.

A matemática complexa não é universal entre as culturas, ou mesmo entre as pessoas das culturas que a possuem, supostamente porque as necessidades culturais de matemática complexa e/ou a invenção dos recursos culturais necessários só surgiram depois que os povos modernos começaram a viver em diferentes populações, e, aparentemente, essas necessidades e/ou recursos não estão universalmente presentes em todos os povos do mundo atual. Portanto, um dos principais fatos sobre a linguagem, que levou alguns lingüistas a levantar a hipótese de que certas estruturas lingüísticas modernas são inatas – o fato de serem universais e exclusivas da espécie, ao passo que muitas matemáticas e outras habilidades cognitivas não o são (cf. Pinker, 1994) – pode simplesmente ser o resultado de caprichos da história cultural humana no sentido de, por alguma razão, as aptidões para a comunicação lingüística terem se desenvolvido antes de os homens modernos se dispersarem em populações isoladas.

O lugar em que as necessidades intelectuais se encontram diretamente com os recursos culturais é, sem dúvida, a ontogênese humana. Com efeito, sociogênese e história cultural podem ser entendidas como uma série de ontogêneses em que os membros maduros e imaturos de uma cultura aprendem a agir com eficiência ao se verem expostos a problemas e providos de recursos, como, por exemplo, interações sociais com peritos em solução de problemas. As habilidades cognitivas mais básicas necessárias para a aquisição da linguagem e a aprendizagem da matemática complexa, como dois exemplos particularmente interessantes, estão universalmente disponíveis para os seres humanos. Mas as várias e diferentes estruturas desses dois artefatos culturais tal como se manifestam nas tão diferentes sociedades humanas do mundo não estão, e não podem estar, diretamente codificadas nos genes fora da história. O modelo geral seria, portanto, de que os seres humanos têm capacidades cognitivas que resultam da herança biológica em ação no tempo filogenético; eles usam essas aptidões para explorar recursos culturais que evoluíram no tempo histórico; e fazem isso durante o tempo ontogenético.

Ontogênese humana

Na esteira de Vigotski e de muitos outros psicólogos culturais, sustento que muitas das mais interessantes e importantes realizações cognitivas do homem, como linguagem e matemática, demandam tempo e processos históricos para sua efetivação – mesmo que a maioria dos cientistas cognitivistas ignore por completo esses processos históricos. Além disso, eu afirmaria, junto com outros psicólogos do desenvolvimento, que muitas das mais interessantes e importantes competências cognitivas do homem demandam tempo e processos ontogenéticos significativos para sua efetivação – mesmo que esses processos também sejam ignorados por muitos cientistas cognitivistas. A subestimação por parte dos cientistas cognitivistas da ontogênese e de seu papel formativo na criação de formas maduras de cognição humana deve-se em grande parte à sua sobrevalorização de um debate filosófico revelho que sobreviveu à sua pertinência, se é que um dia foi pertinente (Elman *et al.*, 1997). Portanto, antes de expor em detalhes a ontogênese cognitiva humana, farei uma breve referência a esse debate.

Nativismo filosófico e desenvolvimento

As discussões modernas sobre natureza *versus* educação e inato *versus* adquirido estruturam-se com base nos debates ocorridos na Europa do século XVIII entre filósofos racionalistas e empiristas em torno da mente humana e das qualidades morais do homem. Esses debates modelares ocorreram antes de Charles Darwin fornecer à comunidade científica novas maneiras de pensar os processos biológicos. A introdução dos modos darwinistas de pensar a filogênese e o papel da ontogênese na filogênese deveriam ter tornado esse debate obsoleto. Mas não foi isso o que aconteceu, e, na verdade, o surgimento da genética moderna deu-lhe novo alento material na forma do debate genes *versus* ambiente. O motivo pelo qual o debate não morreu é que ele é o modo natural de responder à pergunta: o que determina o traço X nos seres humanos adultos? Formular dessa maneira a pergunta admite até tentativas de quantificar a contribuição relativa dos genes e do ambiente num determinado traço de um adulto, tal como "inteligência" (Scarr e McCarthy, 1983). Formular e responder à pergunta dessa maneira equivale a perguntar o que determinou a deflagração da Revolução Francesa, e em seguida quantificar a contribuição relativa da economia, da política, da religião etc. Mas pensar darwinianamente é pensar um processo no qual não faz sentido pensar categorias de fatores em algum "agora" estático e atemporal. Embora haja processos invariantes como a variação genética e a seleção natural, se perguntarmos como determinada espécie veio a ser o que é agora (ou como a Revolução Francesa aconteceu), a resposta é uma narrativa que se desenrola no tempo com vários processos funcionando de diferentes maneiras em diferentes pontos ao longo do trajeto.

Essa maneira darwinista de pensar é aquela que deveríamos usar se quisermos entender a filogênese e a ontogênese dos seres humanos. Na filogênese, a Natureza seleciona vias ontogenéticas que levam a certos resultados no fenótipo sexualmente maduro. Repito, a Natureza seleciona vias ontogenéticas que levam a certos resultados fenotípicos. Para sua realização, essas vias dependem em maior ou menor medida da exploração de materiais e informações exógenos, e os mamíferos em geral, e os primatas e humanos em particular, desenvolveram muitas vias ontogenéticas que simplesmente não surgiriam sem esses materiais e essas informações exógenos. Mas, independentemente do grau de material exógeno envolvido e em qualquer trama ontogenética, nosso objetivo enquanto desenvolvimentistas, sejamos biólogos ou psicólogos, é compreender toda a trajetória de um determinado fenômeno e como ele funciona.

Nem é preciso dizer que não existe ninguém que se autodenomine biólogo e que também se denomine nativista. Quando biólogos desenvolvimentistas olham para o embrião em desenvolvimento, de nada lhes serve o conceito de inatismo. Eles não subestimam a influência dos genes – o papel essencial do genoma é um fato indiscutível –, mas o juízo categórico de que uma característica é inata simplesmente não ajuda na compreensão do processo. Por exemplo, de nada serviria para os biólogos dizer que o surgimento dos rudimentos de membros na décima semana do desenvolvimento embrionário humano é inato. Se estivermos interessados em todo o processo por meio do qual os membros se formam no desenvolvimento embrionário, temos primeiro de mapear as etapas do desenvolvimento dos membros, e depois determinar de que maneira os processos de síntese de proteínas, de diferenciação celular, a interação do organismo com enzimas intra-uterinas etc., participam em vários momentos da progressão. Se quiséssemos rotular de "inatos" processos que compartilham um certo número de características – por exemplo, dependerem muito pouco da existência de enzimas intra-uterinas para sua operação –, poderíamos certamente fazer isso, o que poderia ser útil para certos propósitos. De modo geral, no entanto, tal rotulação é simplesmente inútil para a compreensão dos processos ontogenéticos envolvidos (cf. o argumento de Wittgenstein, 1953, de que problemas filosóficos mal formulados não são resolvidos – simplesmente nos curamos deles).

Contudo, na ciência cognitiva sempre houve uma linha nativista que coloca a questão basicamente nos mesmos termos que os filósofos europeus do século XVIII, como se o processo de pensamento darwinista não tivesse tido nenhum, ou quase nenhum impacto (cf. Chomsky, 1980; Fodor, 1983). Uma vez que esses teóricos não costumam estudar diretamente os processos genéticos mas procuram, antes, inferi-los apenas a partir de considerações lógicas, essa perspectiva teórica talvez devesse ser chamada de nativismo filosófico. Isso não significa que a investigação dos aspectos inatos da cognição humana não tenha levado a algumas conclusões muito importantes. Para dar apenas um exemplo, essa investigação estabeleceu que o processo ontogenético concebido por Piaget como decisivo para a compreensão que as crianças têm dos objetos no espaço – ou seja, a manipulação manual dos objetos – não pode ser um ingrediente decisivo, pois as crianças compreendem objetos no espaço antes de os terem manipulado manualmente (Spelke, 1990; Baillargeon, 1995). Essa exclusão de um processo desenvolvimental potencial é uma descoberta científica significativa. Mas essa descoberta não deveria encerrar o processo de investigação – não deveríamos dizer simplesmente que X é inato e portanto nada mais temos para pesquisar – mas, antes, deveria nos levar a indagar outras coisas, por exemplo, o papel da experiência visual na ausência de manipulações manuais para o desenvolvimento de um conceito de objeto. Tal procedimento é o adotado pelos biólogos desenvolvimentistas, embora eles evidentemente tenham à sua disposição métodos mais poderosos, uma vez que são capazes de intervir na ontogênese de embriões animais de uma maneira que não pode ser empregada com crianças humanas. Mas, sejam quais forem os meios (por exemplo, estudar o conceito de objeto em crianças cegas), o objetivo não é decidir se alguma estrutura é ou não "inata", mas antes determinar os processos presentes em seu desenvolvimento. A investigação dos aspectos inatos da cognição humana é cientificamente útil na medida, e tão-somente na medida, em que nos ajuda a entender os processos desenvolvimentais em funcionamento durante a ontogênese humana, incluindo todos os fatores que desempenham algum papel, em que momento desempenham um papel, e precisamente como desempenham seu papel.

As linhas individual e cultural de desenvolvimento

Em vez de inato *versus* adquirido, prefiro outra dicotomia, que alguns podem considerar igualmente problemática: a dicotomia vigotskiana entre as linhas individual e cultural de desenvolvimento. Essa distinção é essencialmente aquela que existe entre herança biológica e herança cultural, embora diga respeito à ontogênese e não à filogênese. De acordo com a minha interpretação dessa distinção, a linha individual do desenvolvimento cognitivo (o que Vigotski chama de linha "natural") concerne àquelas coisas que o organismo conhece e aprende por conta própria sem a influência direta de outras pessoas ou de seus artefatos, ao passo que a linha cultural de desenvolvimento cognitivo concerne àquelas coisas que o organismo conhece e aprende por meio de atos nos quais tenta ver o mundo através da perspectiva de outras pessoas (incluindo as perspectivas incorporadas nos artefatos). Devo ressaltar que esse é um modo um tanto idiossincrático de conceituar a herança e o desenvolvimento culturais, bem mais restrito que as conceituações da maioria dos psicólogos culturais. Não estou considerando herança cultural aquelas coisas que o organismo sabe e aprende por conta própria a partir de seu meio cultural particular ou *"habitus"*, por exemplo, a aprendizagem que a criança faz sobre a disposição e organização das casas em seu ambiente local (Kruger e Tomasello, 1996). Minha definição mais restrita de herança cultural – e portanto aprendizagem cultural e linha cultural de desenvolvimento – enfoca os fenômenos intencionais nos quais um organismo adota o comportamento ou a perspectiva de um outro em relação a uma terceira entidade.

O problema, evidentemente, é que essas duas linhas de desenvolvimento entrelaçam-se de forma inextricável desde muito cedo no desenvolvimento humano, e praticamente qualquer ato cognitivo das crianças a partir de certa idade incorpora elementos de ambas. Por exemplo, em capítulos posteriores irei demonstrar que crianças entre um e três anos são, em muitos sentidos, "máquinas de imitação", já que sua resposta natural a muitas situações é fazer o que estão fazendo as pessoas à sua volta, e, na verdade, o que criam individualmente por conta própria é muito limitado na maioria das situações. Contudo, alguns dos mais interessantes aspectos do desenvolvimento durante esse período concernem precisamente a interações entre as linhas individual e cultural de desenvolvimento, na medida em que a criança se apropria das convenções culturais que aprendeu via imitação ou alguma outra forma de aprendizagem cultural, realiza um salto criativo que vai além delas e deduz, sozinha, alguma relação categorial ou analógica – tendo como base as aptidões gerais de categorização dos primatas. É verdade que esses mesmos saltos criativos às vezes dependem, de forma mais ou menos direta, de alguma ferramenta cultural como linguagem, símbolos matemáticos ou imagens icônicas convencionais que ajudam as crianças a perceber relações categoriais ou analógicas. No entanto, todos os dados apontam para o fato de que, por volta dos quatro ou cinco anos, o equilíbrio entre a tendência das crianças a imitar os outros e sua tendência a usar as próprias estratégias cognitivas criativas se altera, uma vez que nessa idade elas já internalizaram muitos pontos de vista diferentes, sobretudo por meio do discurso lingüístico, o que lhes permite refletir e planejar sozinhas de maneira mais auto-regulada – embora, novamente, as ferramentas com que fazem isso sejam às vezes culturais na origem.

Muitos psicólogos culturais acham que tentar fazer essa distinção é desnecessário porque o individual e o cultural são parte do mesmo processo desenvolvimental, e em qualquer idade a criança possui conhecimento e aptidões que são o resultado de um longo processo dialético que envolve ambos os fatores. Concordo em certa medida com essa crítica, mas continuo achando que tentar isolar e avaliar os efeitos da adaptação exclusivamente humana à cultura durante a ontogênese humana é um projeto útil. É útil, em primeiro lugar, porque nos ajuda a responder à questão comparativa-evolucionária de como e por que os seres humanos diferem cognitivamente de seus parentes primatas mais próximos – que se desenvolvem da maneira típica de sua espécie sem nada que se pareça com a versão humana da linha cultural de desenvolvimento, na qual artefatos e práticas sociais historicamente constituídos são internalizados pelo jovem em desenvolvimento. Além disso, é útil porque ajuda a captar o que talvez seja a tensão dialética do desenvolvimento cognitivo humano: a tensão entre fazer coisas convencionalmente, o que tem muitas vantagens óbvias, e fazer coisas criativamente, o que também tem suas próprias vantagens.

O modelo da herança dual

Pelo fato de o modo humano de organização cultural ser tão peculiar quando comparado com o de outras espécies animais, pelo fato de que a criação de animais não-humanos num contexto cultural não os transforma magicamente em seres culturais semelhantes aos humanos, e pelo fato de haver alguns humanos com déficits biológicos que não participam plenamente de suas culturas, a conclusão inelutável é que cada ser humano possui uma capacidade biologicamente herdada de viver culturalmente. Essa capacidade – que caracterizei como a capacidade de compreender os co-específicos como agentes intencionais/mentais iguais a si próprio – começa a se tornar uma realidade por volta dos nove meses de idade, como veremos no Capítulo 3. Ao comparar sistematicamente os humanos e seus parentes primatas mais próximos, tentei demonstrar que essa capacidade é fácil de identificar, altamente distintiva e exclusiva da espécie – embora tudo leve a crer que se baseie na adaptação ao pensamento relacional, que distingue a cognição dos primatas da dos outros mamíferos em geral. As condições adaptativas sob as quais essa aptidão sociocognitiva exclusiva da espécie evoluiu são desconhecidas até o presente momento, mas uma hipótese é que ela só evoluiu com o moderno *Homo sapiens* e que ela é, de fato, a principal característica cognitiva que distingue os seres modernos dos pré-modernos.

Essa ínfima diferença biológica entre os humanos e seus parentes primatas mais próximos teve e continua a ter conseqüências cognitivas enormes. Além de possibilitar que os humanos interajam de forma mais flexível e efetiva com vários tipos de entidades e eventos de seu meio, também abre caminho para a forma exclusivamente humana de herança cultural. A herança cultural humana enquanto processo está assentada nos pilares indissociáveis da sociogênese, por meio da qual a maioria dos artefatos e das práticas culturais é criada, e da aprendizagem cultural, por meio da qual essas criações e as intenções e perspectivas humanas que existem por trás delas são internalizadas por crianças em desenvolvimento – como veremos em capítulos posteriores. Juntas, a sociogênese e a aprendizagem cultural facultam aos seres humanos produzir artefatos materiais e simbólicos que se apóiam uns nos outros, acumulando assim modificações ao longo do tempo histórico (o efeito catraca), de modo tal que o desenvolvimento cognitivo das crianças humanas se dá no contexto de algo que se assemelha a toda a história cultural de seu grupo social.

Isso não significa que os processos socioculturais possam criar novos produtos culturais e habilidades cognitivas a partir do nada. Chimpanzés são criaturas muito sofisticadas cognitivamente, e, sem dúvida, há cerca de 6 milhões de anos, os ancestrais comuns aos homens e aos chimpanzés também o eram. Os processos de sociogênese e de aprendizagem cultural têm como fundamento habilidades cognitivas básicas relativas ao espaço, a objetos, categorias, quantidades, relações sociais, comunicação e várias outras aptidões que todos os primatas possuem. Mas os processos culturais humanos levam essas habilidades cognitivas fundamentais para novas e surpreendentes direções – e o fazem muito rapidamente do ponto de vista evolucionário. A alternativa a essa perspectiva teórica é tentar explicar cada aspecto da cognição humana próprio da espécie invocando, a cada vez, bases genéticas para cada habilidade cognitiva específica. Por exemplo, ao tentar explicar a evolução da linguagem, pode-se supor que houve um evento genético ou vários eventos genéticos na história humana recente que deram às línguas modernas suas estruturas, e que esse evento genético não teria basicamente nenhuma relação com outros eventos desse tipo relativos a outros "módulos inatos" tipicamente humanos concernentes à matemática e a coisas semelhantes (cf. Tooby e Cosmides, 1989; Pinker, 1994, 1997). Embora casos individuais sempre possam dar lugar a debates, essa estratégia explicativa não é insensata se nossa única preocupação forem módulos cognitivos exclusivamente humanos. Mas, com a multiplicação do número de módulos inatos, o problema do tempo torna-se premente. Temos no máximo apenas 6 milhões de anos, mas mais provavelmente apenas um quarto de milhão de anos para criar a cognição exclusivamente humana, e isso simplesmente não seria suficiente, em nenhum roteiro evolucionário plausível, para que a variação genética e a seleção natural criassem módulos cognitivos exclusivamente humanos muito diferentes e independentes entre si. A grande vantagem da explicação aqui apresentada é que há apenas uma adaptação biológica importante – que poderia ter ocorrido em qualquer tempo da evolução humana, até mesmo muito recentemente – e, portanto, a questão decisiva do tempo evolucionário, que tanto incomoda abordagens de base mais genética, simplesmente não se coloca.

3. ATENÇÃO CONJUNTA E APRENDIZAGEM CULTURAL

> Quem considerar as coisas em seus primórdios... terá a melhor visão delas.
>
> ARISTÓTELES

A conclusão que podemos tirar da comparação entre primatas humanos e não-humanos é que a compreensão dos co-específicos como seres intencionais iguais a si próprio é uma competência cognitiva exclusivamente humana que explica, quer diretamente, por si só, ou indiretamente, através dos processos culturais, muitas das características únicas da cognição humana. Mas essa competência cognitiva não surge de uma vez por todas na ontogênese humana, passando a funcionar de maneira homogênea dali em diante. Pelo contrário, a compreensão humana dos outros como seres intencionais surge inicialmente por volta dos nove meses de idade, mas seu verdadeiro poder manifesta-se apenas gradualmente à medida que as crianças passam a utilizar ativamente as ferramentas culturais que essa compreensão lhes permite dominar, sobretudo a linguagem. Por isso, para compreender plenamente a adaptação humana à cultura precisamos acompanhar o curso desse desenvolvimento por algum tempo – o que pretendemos fazer nos Capítulos 4-6. Neste capítulo descrevo e tento explicar o que acontece aos nove meses de idade.

Cognição na primeira infância

Tudo indica que os humanos neonatos são extremamente frágeis e criaturas quase totalmente desamparadas. São incapazes de se alimentar, de sentar ou se locomover independentemente, ou de estender os braços e agarrar objetos. Têm pouquíssima acuidade visual, e por certo não sabem praticamente nada das atividades culturais e lingüísticas que ocorrem à sua volta. Entende-se, portanto, por que William James (1890), na virada do século XIX para o XX, supôs que o mundo de experiência do recém-nascido fosse "uma confusão colorida e sussurrante". Nas últimas duas décadas, no entanto, psicólogos do desenvolvimento descobriram que recém-nascidos e crianças muito pequenas possuem certo número de competências cognitivas que não aparecem prontamente em seu comportamento manifesto. Trata-se de uma verdade no que se refere à compreensão de objetos, à compreensão das outras pessoas e à autocompreensão.

Compreender objetos

Em suas obras clássicas sobre a infância, Piaget (1952, 1954) elaborou uma teoria da cognição infantil que é o ponto de partida de todas as teorias subseqüentes. Piaget notou que por volta dos quatro meses de idade, os bebês começam a estender os braços na direção de objetos e a agarrá-los; por volta dos oito meses, começam a procurar objetos que desapareceram, chegando a remover obstáculos em suas tentativas de agarrá-los; e entre doze e dezoito meses, começam a seguir o deslocamento espacial de objetos, visíveis e invisíveis, para novas localizações, e a compreender algo das relações espaciais, temporais e causais entre objetos. Piaget supôs que todas essas mudanças desenvolvimentais no comportamento sensório-motor fossem o resultado das manipulações ativas e das explorações de objetos que as crianças realizam à medida que constroem a realidade por meio de linhas convergentes de informação sensorial e motora.

O grande questionamento das idéias piagetianas veio de pesquisadores que descobriram que bebês humanos têm certa compreensão de um mundo físico com existência independente numa idade que coincide com suas mais primitivas manipulações de objetos – antes de terem tido tempo de usar essas manipulações para "construir" esse mundo. Por exemplo, Baillargeon e colaboradores (ver 1995 para um apanhado) verificaram que, se os pesquisadores não pedirem às crianças pequenas para manipularem objetos – mas apenas para assistir a cenas e olhar por mais tempo quando suas expectativas forem contrariadas –, elas revelam uma compreensão de objetos como entidades independentes que existem mesmo quando não estão sendo observadas, por volta dos três ou quatro meses de idade (mais ou menos na época de suas primeiras manipulações manuais deliberadas). Usando essa mesma metodologia, Spelke e colaboradores (1992) mostraram ademais que nessa mesma idade precoce as crianças entendem vários outros princípios que governam o comportamento dos objetos, como o fato de que objetos não podem estar em dois lugares ao mesmo tempo, que objetos não podem passar um através do outro, e assim por diante. E, mais uma vez, as crianças parecem entender esses princípios antes de terem tido muita experiência com a manipulação de objetos. Em momentos posteriores de seu primeiro ano de vida, as crianças humanas manifestam outros tipos de compreensão de objetos no espaço; por exemplo, antes de seu primeiro aniversário conseguem categorizar objetos perceptualmente, estimar pequenas quantidades e continuar atentas a elas a despeito da oclusão perceptual, girar objetos mentalmente e percorrer o espaço de maneiras que sugerem algo parecido com um mapa cognitivo (cf. Haith e Benson, 1997, para um apanhado).

Essa nova maneira de avaliar a cognição infantil quanto ao comportamento visual (cf. Haith e Benson, 1997) coloca questões metodológicas, mas o importante para nossos propósitos é que todas estas são habilidades cognitivas que primatas não-humanos possuem. Como foi detalhado no Capítulo 2, primatas não-humanos possuem aptidões no que se refere a permanência do objeto, mapeamento cognitivo, categorização perceptual, estimativa de pequenas quantidades e giro mental de objetos – provavelmente porque, em termos gerais, têm uma compreensão representacional de objetos no espaço do mesmo tipo da dos humanos. Portanto, as crianças humanas estão simplesmente exprimindo sua herança primata; a única ressalva é que, por nascerem num estado de tamanha imaturidade perceptual e motora, levam algum tempo para fazê-lo.

Compreender outras pessoas

Não existe tanta pesquisa sobre a compreensão de outras pessoas pelos bebês. É óbvio que os bebês humanos são criaturas muito sociais desde o momento em que nascem, quando não antes. Poucas horas depois de nascer, os bebês humanos olham preferencialmente para desenhos esquemáticos de rostos humanos em comparação com outros padrões perceptuais (Fantz, 1963); ainda no útero, parecem estar em processo de se acostumar com a voz materna (Decasper e Fifer, 1980); e desde muito cedo os bebês reconhecem muito claramente outras pessoas como seres animados diferentes de objetos físicos (Legerstee, 1991) – tudo isso dentro do padrão primata geral. Contudo, há dois comportamentos sociais que podem sugerir que os bebês humanos não são apenas sociais como outros primatas, mas, antes, "ultra-sociais".

Primeiro, como descrito por Trevarthen (1979) e outros, pouco depois de nascerem, os bebês humanos entabulam "protoconversas" com quem cuida deles. Protoconversas são interações sociais nas quais o pai e o filho concentram um no outro a atenção – muitas vezes num face-a-face que inclui olhar, tocar e vocalizar – de uma maneira que serve para expressar e compartilhar emoções básicas. Além disso, essas protoconversas têm uma estrutura claramente alternada. Embora haja diferenças na maneira como essas interações ocorrem em diferentes culturas – particularmente na natureza e quantidade do face-a-face visual – de uma forma ou outra parecem ser uma característica universal da interação adulto-criança na espécie humana (Trevarthen, 1993a, 1993b; Keller, Schölmerich e Eibl-Eibesfeldt, 1988). Alguns pesquisadores, especialmente Trevarthen, acham que essas interações precoces são "intersubjetivas", mas a meu ver elas não podem ser intersubjetivas antes que a criança entenda os outros como sujeitos da experiência – o que não fará antes dos nove meses de idade (ver próxima seção). No entanto, essas primeiras interações são profundamente sociais pelo fato de terem conteúdo emocional e estrutura alternada.

Em segundo lugar, no contexto dessas interações sociais precoces, os neonatos humanos imitam alguns movimentos corporais dos adultos, sobretudo alguns movimentos da boca e da cabeça. Meltzoff e Moore (cf. 1977, 1989) verificaram que, pouco depois do nascimento, os bebês humanos reproduzem coisas como protrusões da língua, aberturas da boca e movimentos de cabeça. Embora essas ações sejam comportamentos que os bebês já sabem realizar e portanto é só a sua freqüência que aumenta na presença de um estímulo semelhante (como algumas espécies de pássaros imitam as produções vocais dos adultos desde muito cedo em seu desenvolvimento), Meltzoff e Moore (1994) verificaram que bebês de seis semanas conseguiam modificar um de seus comportamentos naturais (protrusões da língua) para torná-lo semelhante ao comportamento de um adulto, movendo a língua de um lado da boca para o outro com bastante empenho. É possível, portanto, que a imitação neonatal reflita uma tendência dos bebês não só de imitar movimentos conhecidos mas, em certo sentido, de "se identificar" com co-específicos (Meltzoff e Gopnik, 1993). Se isso for verdade, estaria de acordo com as idéias de Stern (1985) segundo as quais imitar os estados emocionais dos adultos por meio da "sintonização afetiva" também reflete um profundo processo de identificação.

Não é certo que os primatas se envolvam em protoconversas ou mímica neonatal da mesma maneira que os humanos. Na sua grande maioria, mães e filhos primatas não-humanos não se envolvem no tipo de intenso face-a-face característico das mães e dos filhos ocidentais de classe média, mas ainda assim mantêm contato físico constante e portanto, assim como as interações de algumas mães e filhos não-ocidentais, talvez reflitam protoconversas de outro tipo. Existe um estudo de um único bebê chimpanzé criado por humanos que imitava a protrusão da língua de maneira muito parecida com os bebês humanos (Myowa, 1996), mas não existem estudos de chimpanzés imitando outros tipos de ações ou fazendo ajustes para reproduzir movimentos novos. Portanto, ainda não se sabe se bebês humanos muito pequenos são sociais de uma maneira que é única da espécie – ou se a singularidade social humana só se revela posteriormente, com nove meses de idade ou mais. Seja como for, não é uma hipótese absurda dizer que os bebês humanos revelam uma sintonia social particularmente poderosa com seus cuidadores logo depois do nascimento, o que se reflete em sua tendência para interagir tanto de modo reciprocamente sensível em protoconversas como de modos que exigem operações de harmonização quando tentam reproduzir comportamentos adultos.

Compreender a si mesmo

Quando os bebês interagem com seus meios físico e social, também vivenciam a si mesmos de várias maneiras. De particular importância é o fato de que, ao direcionar comportamentos para entidades externas, as crianças vivenciam seus próprios objetivos comportamentais bem como o efeito de suas ações sobre o meio na medida em que as entidades externas colaboram com suas atividades direcionadas para um objetivo ou a elas resistem – o assim chamado "*self* ecológico" (Neisser, 1988, 1995; Russell, 1997). Dessa forma, as crianças aprendem algo sobre suas próprias capacidades e limitações comportamentais em certas situações, por exemplo, quando desistem de alcançar objetos que estão longe demais ou que exigiriam um ajuste postural desestabilizador (Rochat e Barry, 1998). Nesse mesmo sentido, quando as crianças exploram seus próprios corpos, vivenciam uma correspondência entre projeto comportamental e *feedback* perceptual diferente de todo o resto de sua experiência (Rochat e Morgan, 1995). Embora haja pouquíssimas pesquisas desse tipo com primatas não-humanos, existem estudos mostrando que algumas espécies sabem o suficiente sobre suas próprias aptidões para "cair fora" de tarefas que excedam suas capacidades (Smith e Washburn, 1997), e é comum observar que primatas não-humanos têm alguma idéia de suas próprias capacidades e limitações motoras quando percorrem o espaço em meios não totalmente conhecidos (Povinelli e Cant, 1996). Portanto, é muito provável que o senso que os bebês humanos têm de um *self* ecológico seja algo que compartilhem com seus parentes primatas. Existem pouquíssimas pesquisas voltadas especificamente para a compreensão que as crianças pequenas têm de si mesmas como agentes sociais, em parte porque não se sabe ao certo o que um senso de *self* social significa nessa tenra idade.

A revolução dos nove meses

Entre nove e doze meses de idade, os bebês humanos começam a se envolver num conjunto de novos comportamentos que parecem indicar certa revolução na maneira como entendem seus mundos, sobretudo seus mundos sociais. Se há alguma dúvida quanto a saber se a cognição social das crianças é diferente da de outros primatas nos meses que precedem essa revolução, depois dela a dúvida desaparece. Aos nove meses, os bebês humanos começam a realizar um sem-número dos assim chamados comportamentos de atenção conjunta que parecem indicar uma compreensão emergente das outras pessoas como agentes intencionais iguais a si próprio, cujas relações com entidades externas podem ser acompanhadas, dirigidas ou compartilhadas (Tomasello, 1995a). Nesta seção, descreverei esse novo grupo de comportamentos, na próxima tentarei explicar suas origens ontogenéticas, e na seção final do capítulo mostrarei como eles desembocam, de forma bastante natural, nos processos de aprendizagem cultural que servem para lançar as crianças no mundo da cultura.

A emergência da atenção conjunta

Bebês de seis meses interagem diadicamente com objetos, agarrando e manipulando-os, e interagem diadicamente com outras pessoas, expressando emoções e respondendo a elas numa seqüência alternada. Quando há pessoas à sua volta enquanto manipulam objetos, costumam ignorá-las. Se há objetos à sua volta enquanto interagem com pessoas, costumam ignorá-los. Mas entre nove e doze meses de idade começa a aparecer um novo conjunto de comportamentos que não são diádicos, como aqueles primeiros comportamentos, mas triádicos no sentido de que envolvem uma coordenação de suas interações com objetos e pessoas, resultando num triângulo referencial composto de criança, adulto e objeto ou evento ao qual dão atenção. O termo *atenção conjunta* costuma ser usado para caracterizar todo esse complexo de habilidades e interações sociais (cf. Moore e Dunham, eds., 1995). A situação prototípica nessa idade é a dos bebês pela primeira vez começarem a olhar, de modo flexível e confiável, para onde os adultos estão olhando (acompanhamento do olhar), se envolver com eles em sessões relativamente longas de interação social mediada por um objeto (envolvimento conjunto), usar os adultos como pontos de referência social (referência social) e agir sobre os objetos da maneira como os adultos estão agindo sobre eles (aprendizagem por imitação). Em suma, é nessa idade que pela primeira vez os bebês começam a "sintonizar" com a atenção e o comportamento dos adultos em relação a entidades exteriores.

Num comportamento relacionado com o anterior, por volta dessa mesma idade as crianças também começam a dirigir ativamente a atenção e o comportamento dos adultos para entidades exteriores usando gestos dêicticos como apontar para um objeto ou segurá-lo para mostrá-lo a alguém. Esses comportamentos comunicativos representam a tentativa das crianças de fazer com que os adultos sintonizem com a *sua* atenção para alguma entidade exterior. Superando ritualizações diádicas como "levantar os braços" como pedido para ser pego no colo – parecidas em vários sentidos com as ritualizações diádicas dos chimpanzés (como foi descrito no Capítulo 2) –, esses gestos dêicticos são claramente triádicos no sentido de que indicam para um adulto alguma entidade externa. Importante também é o fato de que esses primeiros gestos dêicticos são tanto imperativos, tentativas de fazer com que o adulto faça algo com relação a um objeto ou evento, como declarativos, simples tentativas de fazer o adulto prestar atenção a algum objeto ou evento. Os gestos declarativos são de especial importância porque indicam de forma particularmente clara que a criança não quer apenas que algo aconteça, mas realmente deseja compartilhar a atenção com um adulto. É por isso que alguns teóricos, entre os quais me incluo, asseveram que o simples ato de apontar para um objeto para alguém, com o único intuito de compartilhar a atenção dedicada a ele, é um comportamento comunicativo exclusivamente humano (cf. Gómez, Sarriá e Tamarit, 1993), cuja ausência é também um importante elemento diagnóstico da síndrome do autismo infantil (cf. Baron-Cohen, 1993).

A partir de conclusões relativamente coerentes de muitos estudos, já faz algum tempo que se sabe que todos esses vários comportamentos – tanto aqueles em que a criança sintoniza com o adulto, como aqueles em que tenta fazer com que o adulto sintonize com ela – surgem de maneira típica entre nove e doze meses de idade. Recentemente, contudo, Carpenter, Nagell e Tomasello (1998) investigaram especificamente essa questão acompanhando o desenvolvimento sociocognitivo de vinte e quatro crianças de nove a quinze meses de idade. Em intervalos mensais, essas crianças eram avaliadas por meio de nove medidas diferentes de atenção conjunta: envolvimento conjunto, acompanhamento do olhar, acompanhamento do ato de apontar, imitação de atos instrumentais, imitação de atos arbitrários, resposta a obstáculos sociais, uso de gestos imperativos, e uso de gestos declarativos (incluindo gestos proximais tais como "mostrar" e gestos distais tais como "apontar"). Em cada caso, foram usados critérios muito rígidos para garantir que as crianças estivessem de fato tentando ou acompanhar ou dirigir a atenção ou o comportamento do adulto (por exemplo, alternando a atenção entre o objetivo e o adulto) – e não apenas respondendo a um estímulo discriminativo. As conclusões mais importantes para o presente contexto foram as seguintes:

- Individualmente consideradas, cada uma das nove capacidades de atenção conjunta manifestou-se na maioria das crianças entre nove e doze meses de idade.
- Todas essas aptidões manifestaram-se numa sincronia desenvolvimental semelhante em cada criança, com quase 80% de crianças dominando as nove tarefas num espaço de tempo de quatro meses.
- Intercorrelações das idades de manifestação para todas as aptidões (ainda que apenas moderadas, já que a manifestação quase simultânea das aptidões acarretou pouca variabilidade individual).

Um fato importante é que a defasagem observada no desenvolvimento de certas crianças tinha uma explicação clara, já que havia uma ordem de tarefas bastante coerente para todas as crianças. Vinte das vinte e quatro crianças realizaram primeiro tarefas que exigiam compartilhar/verificar a atenção do adulto bem próximo (por exemplo, simplesmente olhar para o adulto durante envolvimento conjunto), depois tarefas que exigem acompanhar a atenção que o adulto dirigia a entidades distais externas (por exemplo, acompanhar o olhar), e por fim tarefas que exigem direcionar a atenção do adulto para entidades externas (por exemplo, apontar para que um adulto olhasse para uma entidade distal). A Figura 3.1 expõe essas três situações. A explicação para essa ordem é que as tarefas de compartilhar/verificar exigem apenas que a criança olhe para o rosto do adulto; nesse caso, as crianças só tinham de saber "que" o adulto estava presente e prestando atenção. Em contraposição, as tarefas nas quais as crianças ou bem acompanhavam ou então direcionavam a atenção do adulto exigiam que a criança mirasse precisamente para "o que" prendia a atenção do adulto – com compreensão (acompanhar a atenção ou o comportamento do adulto) precedendo a produção (direcionar a atenção ou o comportamento do adulto). É claro que saber "qual" a entidade externa que chama a atenção do adulto exige capacidades de atenção conjunta mais precisas do que simplesmente saber "que" um adulto está prestando atenção à interação como um todo. Portanto, a conclusão é que em praticamente todas as crianças toda a panóplia de capacidades de atenção conjunta manifesta-se numa sincronia desenvolvimental bastante semelhante, de modo moderadamente correlacionado, com um padrão de ordem altamente coerente em todas as crianças, que reflete os diferentes níveis de especificidade na atenção conjunta exigida.

Atenção de verificação
(9-12 meses)

Envolvimento conjunto
Obstáculo social
Mostrar objeto

Atenção de acompanhamento
(11-14 meses)

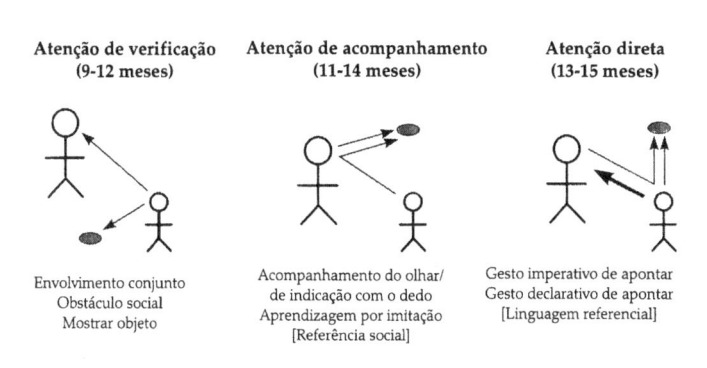

Acompanhamento do olhar/
de indicação com o dedo
Aprendizagem por imitação
[Referência social]

Atenção direta
(13-15 meses)

Gesto imperativo de apontar
Gesto declarativo de apontar
[Linguagem referencial]

Figura 3.1 Três tipos principais de interação de atenção conjunta e suas respectivas idades de manifestação no estudo de Carpenter, Nagell e Tomasello (1998). (Aproximadamente 80% dos sujeitos nas respectivas faixas etárias.)

As conclusões desse estudo são, pois, coerentes de modo geral com todo um conjunto de estudos nos quais uma ou mais dessas habilidades sociocognitivas precoces são investigadas isoladamente (literatura revista em detalhes por Carpenter, Nagell e Tomasello, 1998). O que esse estudo demonstra com especial clareza é que a manifestação das capacidades de atenção conjunta entre nove e doze meses de idade é um fenômeno desenvolvimental coerente, que exige uma explicação desenvolvimental coerente. Tal idéia é reforçada pelos vários conjuntos de diferentes estudos de Gergely e colaboradores (Gergely *et al.*, 1995; Csibra *et al.*). Esses pesquisadores mostraram para crianças de nove meses um pontinho numa tela movendo-se de uma maneira que, para os adultos, era claramente direcionada para um lugar específico daquela mesma tela, tendo de contornar um obstáculo para chegar lá. As crianças demonstraram claramente que viam os movimentos do pontinho como dirigidos a um objetivo: sua habituação diminuía se ele fazia movimentos idênticos quando o obstáculo era removido (tornando o desvio-fantasma desnecessário), mas permaneciam habituados ao comportamento do pontinho, por mais variáveis que fossem suas trajetórias, enquanto estivesse dirigido para o mesmo objetivo. O importante é que bebês de seis meses não demonstraram essa mesma sensibilidade para os objetivos dos atores. Rochat, Morgan e Carpenter (1997) encontraram evidências semelhantes de compreensão de ações intencionais em crianças de nove meses, mas não em crianças de seis numa situação em que as crianças viam uma bola em movimento "perseguindo" outra na direção de um objetivo. Essas conclusões envolvendo habituação e técnicas preferenciais de olhar dos bebês fornecem fortes evidências convergentes da importância dos nove meses de idade no desenvolvimento sociocognitivo das crianças – empregando como medida da cognição infantil respostas comportamentais de um tipo muito diferente dos comportamentos de atenção conjunta que as crianças manifestam naturalmente.

Atenção conjunta e cognição social

Existem atualmente muitas controvérsias quanto à natureza da cognição social infantil que subjaz a esses comportamentos triádicos emergentes. Alguns teóricos acham que os bebês humanos têm uma cognição social semelhante à dos adultos desde o nascimento, e que a emergência de comportamentos de atenção conjunta dos nove aos doze meses apenas reflete o desenvolvimento de aptidões de desempenho comportamental que permitem manifestar essa cognição em comportamentos abertos. Por exemplo, Trevarthen (1979, 1993a) afirmou que os bebês nascem com uma mente dialógica, com um senso inato do "outro virtual" e apenas precisam adquirir as habilidades motoras necessárias para exprimir esse conhecimento em termos comportamentais. Os dados que Trevarthen usa para fundamentar sua idéia são as complexas interações sociais diádicas dos bebês nos primeiros meses, que ele denominou de "intersubjetividade primária". O que impressiona no estudo de Murray e Trevarthen (1985) é que bebês de dois meses pareciam revelar uma delicada sensibilidade para as contingências de interações sociais com outros, que ele interpreta como evidência de que o bebê entende a subjetividade do outro. Contudo, vários pesquisadores que tentaram recentemente repetir esses resultados tiveram um sucesso relativo, e, o que é mais importante, nenhum deles interpreta os comportamentos interativos da criança como outra coisa senão análise de contingência social (Rochat e Striano, 1999; Nadel e Tremblay-Leveau, 1999; Muir e Hains, 1999). Além disso, parece claro que bebês de cinco meses dispõem de todas as habilidades motoras necessárias para acompanhar o olhar dos outros (seguem visualmente objetos em movimento) e para apontar para eles (estendem o braço para alcançar objetos e também o dedo indicador com bastante freqüência); portanto, só as limitações motoras não explicam por que bebês pequenos, caso sejam tão sofisticados socialmente, não realizam comportamentos triádicos de atenção conjunta – assim como as limitações motoras não explicam o fracasso dos bebês em estudos de tempo de permanência do olhar envolvendo ações intencionais cujas exigências comportamentais são mínimas (cf. Gergely *et al.*, 1995).

Outros teóricos nativistas (por exemplo, Baron-Cohen, 1995) acham que os bebês vêm pré-programados com vários módulos sociocognitivos independentes, entre os quais um Detector da Direção do Olho, um Detector de Intenção e um Mecanismo de Atenção Compartilhada. Na opinião de Baron-Cohen, cada um desses módulos tem uma cronologia desenvolvimental predeterminada, que não é afetada nem pela ontogênese dos outros módulos nem pelas interações do organismo com o meio social. As crianças não nascem sabendo sobre as outras pessoas, mas elas tampouco têm de aprender sobre elas; os módulos cognitivos apropriados simplesmente amadurecem conforme sua cronologia inelutável durante os primeiros meses de vida. O problema nesse caso é que os dados simplesmente não batem com essa idéia. As evidências fornecidas pelo estudo de Carpenter, Nagell e Tomasello (1998), e evidências indiretas fornecidas por outros estudos mostram que as aptidões fundamentais no que a isso se refere (acompanhamento do olhar, compreensão de ações intencionais e envolvimento conjunto) emergem numa sincronia desenvolvimental muito precisa e de modo correlacionado entre nove e doze meses de idade. Esses fatos não concordam com a explicação que afirma a existência de vários módulos independentes, assim como tampouco há suporte empírico para a idéia de que a manifestação dessas aptidões não exige algum tipo de interação social com outros (cf. também a crítica de Baldwin e Moses, 1994).

Outros teóricos acham que as interações triádicas dos bebês entre nove e doze meses representam seqüências comportamentais aprendidas. Em particular, Moore (1996; Barresi e Moore, 1996) acha que os comportamentos que se manifestam entre nove e doze meses são aptidões comportamentais independentes, cada uma das quais com seus próprios estímulos críticos, contingências ambientais e história de aprendizagem, que não dependem de sofisticadas habilidades sociocognitivas. Por exemplo, as crianças aprendem a acompanhar o olhar virando-se (talvez a princípio acidentalmente) na direção dos adultos e quem sabe encontrando algo interessante para ver ali. Olham para o rosto do adulto nessas interações e em outras semelhantes porque os sorrisos e estímulos do adulto também são recompensadores. Para explicar a sincronia desenvolvimental e a inter-relação das diferentes habilidades sociocognitivas, Moore invoca a emergência de uma nova habilidade de processamento da informação que permite fixar a atenção em duas coisas simultaneamente. O problema é que, até onde sei, essa habilidade de processamento da informação nunca foi medida independentemente e relacionada com a cognição social precoce. Com efeito, no estudo de Carpenter, Nagell e Tomasello (1998), havia várias tarefas relacionadas com objetos que, supostamente, dependiam em certo grau dessa mesma aptidão hipotética de processamento da informação, mas elas não se encaixavam na seqüência desenvolvimental de aptidões observada ou se correlacionavam de maneira coerente com as medidas sociocognitivas.

A meu ver, portanto, os dados nos obrigam a procurar uma explicação da atenção conjunta que seja mais coerente que qualquer dessas alternativas, sejam as nativistas ou aquelas baseadas na aprendizagem, e que explique por que todos os diversos comportamentos de atenção conjunta se manifestam da forma como o fazem e no momento em que o fazem. Ou seja, precisamos de uma explicação teórica que responda às duas questões seguintes:

- Por que todas as capacidades de atenção conjunta aparecem juntas de maneira correlacionada?
- Por que é aos nove meses que isso acontece?

Minha escolha, o que não deve surpreender, recai sobre a idéia de que as crianças passam a se envolver em interações de atenção conjunta quando começam a entender as outras pessoas como agentes intencionais iguais a elas próprias (Tomasello, 1995a). Agentes intencionais são seres comuns que têm objetivos e que fazem escolhas ativas entre os meios comportamentais disponíveis para atingir aqueles objetivos, o que inclui escolher ativamente a que se vai prestar atenção na busca desses objetivos. É claro que nem todo comportamento é intencional nesse sentido; por exemplo, piscar os olhos e outros reflexos têm funções biológicas análogas a objetivos, mas objetivos são coisas que os indivíduos têm, e esses indivíduos fazem escolhas voluntárias sobre como satisfazer esses objetivos baseando-se na avaliação que fazem da situação em questão. Gergely *et al.* (1995) chamam esse tipo de coisas de ação "racional" – o comportamento de um organismo faz sentido para nós se compreendemos como ele está fazendo as escolhas comportamentais que o ajudam a alcançar seus objetivos.

Além disso, afirmei que deveríamos pensar a atenção como um tipo de percepção intencional (Tomasello, 1995a). As pessoas escolhem intencionalmente prestar atenção a certas coisas e não a outras de maneiras diretamente relacionadas com a busca de seus objetivos. Gibson e Rader (1979) dão o exemplo de um pintor e um alpinista olhando para a mesma montanha ao se prepararem para suas respectivas atividades; vêem a mesma coisa mas prestam atenção a aspectos muito diferentes dela. A emergência ontogenética quase simultânea dos tão diversos comportamentos de atenção conjunta que, de uma maneira ou outra, se baseiam todos na compreensão das outras pessoas como seres que percebem e se comportam com vistas a objetivos – com apoio de achados experimentais como os de Gergely e colaboradores – sugere fortemente que esses comportamentos de atenção conjunta não são apenas módulos cognitivos isolados ou seqüências comportamentais aprendidas isoladamente. São todos reflexos da compreensão inicial que as crianças têm das outras pessoas como agentes intencionais. Talvez nenhum comportamento de atenção conjunta forneça por si só evidências inequívocas dessa compreensão, mas juntos são convincentes – talvez sobretudo aqueles comportamentos de atenção conjunta que exigem que a criança pequena determine precisamente "o que" prende a atenção do adulto ou "o que" ele está fazendo, pois mostram uma clara compreensão da atenção do adulto. Mas as crianças pequenas ainda têm muito a aprender sobre as outras pessoas e como elas funcionam. Em particular, veremos em capítulos posteriores que ao adquirirem suas aptidões de comunicação lingüística as crianças pequenas aprendem muito sobre como acompanhar e direcionar a atenção do adulto de modo bastante preciso. E, é claro, crianças de um ano de idade não sabem o suficiente sobre a conexão existente entre percepção e ação para intervir com eficácia no processo, por exemplo, dando pistas perceptuais falsas para enganar o adulto e fazer com que este realize seus desejos – essa aptidão precisa de mais uns dois ou três anos de prática na interação com os outros. O que aqui verificamos são os primórdios do processo.

A questão que então se coloca é: se a emergência da atenção conjunta é de fato uma revolução na compreensão que a criança pequena tem das outras pessoas, de onde ela vem? Forneci algumas evidências de que, desde muito cedo no desenvolvimento, os bebês humanos são sociais de maneiras que outros primatas não são – como se verifica por seu envolvimento em protoconversas e mímica neonatal – mas isso não envolve atenção conjunta ou qualquer outra forma de compreensão dos outros como agentes intencionais. Portanto, a questão que se coloca é como esses desenvolvimentos sociocognitivos iniciais e posteriores se relacionam, se é que se relacionam, e por que culminam na compreensão dos outros como agentes intencionais precisamente aos nove meses de idade.

Uma explicação da revolução dos nove meses pela simulação

Cientistas sociais, de Vico e Dilthey a Cooley e Mead, enfatizaram que nossa compreensão dos outros está assentada numa fonte especial de conhecimento que não está disponível quando tentamos entender o funcionamento de objetos inanimados, ou seja, a analogia com nós mesmos. O ponto-chave teórico é que temos fontes de informação sobre nós mesmos e nossos funcionamentos que não estão disponíveis para nenhuma entidade externa, seja do tipo que for. Ao agir, tenho à minha disposição a vivência interna de um objetivo e da luta por um objetivo, bem como várias formas de propriocepção (correlacionadas com exterocepção) de meu comportamento quando ajo com vistas a um objetivo – que servem para relacionar objetivo com meios comportamentais. Na medida em que entendo uma entidade externa como sendo "como eu", e por isso posso atribuir a ela um tipo de funcionamento interno igual ao meu, posso, nessa medida, obter sobre seu funcionamento um conhecimento suplementar de um tipo especial. É de supor que a analogia é mais próxima e mais natural quando aplicada a outras pessoas.

Minha tentativa teórica é usar esse entendimento geral sobre a relação entre autocompreensão e compreensão dos outros para explicar a revolução sociocognitiva dos nove meses. O argumento mais costumeiro é que, ao tentarem entender os outros, os bebês humanos aplicam o que já vivenciaram de si mesmos – e essa vivência de si mesmo muda no começo do desenvolvimento, sobretudo no que tange ao senso da autoria dos próprios atos [*self-agency*]. A hipótese é que, com a emergência dessa nova experiência de ser autor dos próprios atos, emerge uma nova compreensão dos outros como resultado direto. Tal abordagem pode, portanto, ser pensada como uma versão de um modelo de simulação de acordo com o qual, em certo sentido, os indivíduos entendem os outros por analogia consigo mesmos – já que os outros são "como eu" – de uma maneira que não fazem, pelo menos não do mesmo jeito, com objetos inanimados – já que eles são bem menos "como eu".

O vínculo entre mim e o outro

Apoiando-se sobretudo em conclusões de pesquisas sobre imitação neonatal, Meltzoff e Gopnik (1993) propõem que, desde o nascimento, os bebês entendem que outras pessoas são "como eu" – embora ainda tenham muito a aprender sobre aspectos específicos (ver também Gopnik e Meltzoff, 1997). Mas não há no estudo deles nenhuma explicação em que essa atitude "como eu" desempenhe um papel essencial nos subseqüentes desenvolvimentos sociocognitivos, e, em particular, não a vinculam especificamente à emergência dos comportamentos de atenção conjunta entre nove e doze meses de idade. Com efeito, enquanto adeptos de uma versão da "teoria da teoria", Meltzoff e Gopnik acham que os bebês acabam entendendo os outros usando o mesmo tipo de teorização protocientífica que empregam em todos os outros campos da cognição. A atitude "como eu" não desempenha um papel efetivo nesse processo, e os novos desenvolvimentos aos nove meses são apenas resultado da observação direta do comportamento dos outros e de inferências sobre ele (com efeito, Gopnik, 1993, afirma que conhecemos os estados intencionais dos outros tão bem como conhecemos os nossos, e, em certos casos, ainda melhor).

Sem discordar de Meltzoff e Gopnik, minha opinião é que a compreensão precoce que os bebês têm das outras pessoas como "como eu" é de fato o resultado de uma adaptação biológica exclusivamente humana – embora ainda não se conheça com precisão a idade exata em que ela se manifesta na ontogênese e a quantidade e os tipos de experiências pessoais necessárias na trajetória desenvolvimental típica da espécie (cf. Barresi e Moore, 1996). Essa compreensão – que de qualquer forma está presente nos primeiros meses de vida – é portanto um elemento-chave para a possibilidade de o bebê vir a entender os outros como agentes intencionais aos nove meses de idade. Ou melhor, torna-se um elemento-chave quando o outro fator indispensável entra em cena – e esse outro fator explica por que nove meses é uma idade especial. Esse outro fator é a nova compreensão que o bebê tem de suas próprias ações intencionais. Já que os outros são "como eu", qualquer nova compreensão de meu próprio funcionamento leva imediatamente a uma nova compreensão do funcionamento deles; simulo em maior ou menor medida o funcionamento psicológico das outras pessoas por analogia com o meu, que conheço de forma mais direta e imediata. Em conseqüência, a hipótese específica é que, quando os bebês atingem uma nova compreensão de suas próprias ações intencionais, passam a usar sua atitude "como eu" para entender o comportamento dos outros dessa mesma maneira. E há evidências que comprovam que oito ou nove meses é de fato uma idade especial para a compreensão que os bebês têm de suas próprias ações intencionais.

O eu torna-se intencional

Nos primeiros meses de vida, os bebês entendem que suas ações comportamentais conseguem resultados no meio externo, mas não parecem saber como ou por que isso acontece. Piaget (1952, 1954) imaginou vários experimentos inteligentes nos quais as crianças produziam interessantes efeitos sobre móbiles, brinquedos e objetos domésticos, e depois tinham a oportunidade de reproduzir esses efeitos – às vezes em circunstâncias levemente modificadas que exigiam uma acomodação por parte da criança. Nos primeiros seis a oito meses de vida, as crianças de Piaget basicamente repetiam comportamentos que reproduzissem resultados interessantes, mas faziam muito poucas acomodações às exigências das situações. Por exemplo, se a criança conseguia sacudir um chocalho e produzir um som e uma imagem interessantes porque sua mão estava amarrada por meio de um barbante ao chocalho suspenso, a retirada do barbante não produzia nenhuma mudança de comportamento; a criança fazia os mesmos movimentos do braço. Piaget observou muitos outros exemplos desse pensamento "mágico" sobre como as ações produzem resultados no mundo externo.

Mas, por volta dos oito meses, as crianças de Piaget pareciam manifestar uma nova compreensão das relações entre ação e resultado. Os novos comportamentos que evidenciavam essa nova compreensão eram (a) o uso de múltiplos meios comportamentais para o mesmo objetivo, e (b) o reconhecimento e uso de intermediários comportamentais na tentativa de atingir objetivos. Por exemplo, quando as crianças queriam alcançar um brinquedo, e Piaget colocava no meio do caminho um travesseiro como obstáculo, antes dos oito meses, ou bem a criança começava a interagir com o travesseiro, esquecendo do brinquedo original, ou então continuava concentrada no brinquedo e simplesmente se frustrava; mas, aos oito meses, as crianças reagiam à intervenção do travesseiro parando, em seguida removendo ou jogando o travesseiro para o lado, e depois avançando deliberadamente para agarrar o brinquedo. A atitude oposta à da remoção de obstáculos era o uso de intermediários, em geral intermediários humanos, para atingir os objetivos. Por exemplo, quando a criança queria fazer funcionar um brinquedo e não conseguia, empurrava a mão do adulto na direção do brinquedo e esperava pelo resultado (em muitos poucos casos tentavam usar intermediários inanimados como ferramentas, mas em geral estas eram usadas alguns meses mais tarde).

Embora seja lícito dizer que antes dos oito meses as crianças agem intencionalmente, no sentido geral de uma ação dirigida a um objetivo, o uso de múltiplos meios para um mesmo fim e o uso de intermediários indicam um novo nível de funcionamento intencional (Frye, 1991). Um meio que tenha sido útil para alcançar um objetivo numa circunstância pode ser substituído por outro em outra circunstância; a criança tem de escolher. E pode chegar a acontecer que um comportamento que numa certa ocasião era um fim em si mesmo, por exemplo, jogar um travesseiro no chão, é agora apenas um meio para atingir um fim maior (pegar o brinquedo). A implicação disso é que agora as crianças têm uma nova compreensão das diversas funções de meios e fins no ato comportamental. Diferenciam o objetivo que perseguem dos meios comportamentais usados para atingir o objetivo de modo muito mais claro do que em suas ações sensório-motoras anteriores. Quando a criança remove um obstáculo e avança sem hesitação na direção do objetivo, é plausível supor que ela tinha, antes, um objetivo claro na cabeça (provavelmente na forma de um ordenamento imaginado das coisas no mundo), manteve esse objetivo na cabeça durante o tempo em que estava removendo o obstáculo e diferenciou claramente esse objetivo dos vários meios comportamentais entre os quais tinha de escolher para atingir o objetivo.

Simulando as ações intencionais dos outros

Piaget (1954) supôs que, inicialmente, as crianças atribuem poder causal a entidades diferentes delas mesmas através de outras pessoas: "É muito provável que as pessoas... sejam as primeiras fontes objetificadas de causalidade porque, ao imitar o outro, o sujeito consegue rapidamente atribuir à ação de seu modelo uma eficácia análoga à própria" (p. 360). Essa abordagem geral também constitui a essência de minha exposição, embora Piaget, em seu tratamento um tanto superficial do tema, não tenha feito a distinção fundamental entre compreensão dos outros como fontes de movimento e poder autônomo, ou seja, como seres animados, e compreensão dos outros como seres que fazem escolhas comportamentais e perceptuais, ou seja, como seres intencionais. Com efeito, a meu ver, os bebês humanos provavelmente entendem os outros como seres animados com capacidade de movimento autônomo bem antes dos oito ou nove meses – de maneira semelhante a todos os primatas –, porque essa compreensão não depende de nenhum tipo de identificação consigo mesmo ou de atribuição de intencionalidade; o movimento gerado autonomamente pode ser percebido diretamente e diferenciado do movimento que é produzido por agentes externos. Mas compreender os outros como seres intencionais – com objetivos, atenção e poder de tomar decisões – é algo totalmente diferente.

Trata-se de uma distinção fundamental. Consideremos as conclusões de Leslie (1984) e Woodward (1998). Bebês de cinco a seis meses de idade demonstram surpresa quando observam a mão de outras pessoas fazendo coisas que elas normalmente não fazem. Nessa idade, portanto, as crianças parecem saber que os outros são seres animados com capacidade de movimento autônomo e que se comportam de certas maneiras. Isso corresponde precisamente ao modo como os bebês entendem suas próprias ações nessa idade, ou seja, como procedimentos que fazem coisas acontecer (ver acima). Mas compreender os outros como seres animados – isto é, como seres que fazem coisas acontecer – não é a mesma coisa que compreender os outros como agentes intencionais com um funcionamento que inter-relaciona objetivo, atenção e estratégia comportamental. Conforme a teoria da simulação que estamos discutindo, para isso são necessários desenvolvimentos que levem a criança a diferenciar objetivos de meios comportamentais em suas próprias ações sensório-motoras. É essa diferenciação que inaugura a possibilidade de compreender os outros não só como fontes de capacidade animada mas como indivíduos que têm objetivos e fazem escolhas entre as várias estratégias comportamentais e perceptuais que levam a esses objetivos. Isso fornece a dimensão diretiva ou até temática da intencionalidade que inexiste quando as crianças apenas entendem que os outros têm a capacidade de fazer coisas acontecerem de maneira global.

Conforme essa teoria, portanto, os bebês humanos se identificam com outros seres humanos desde muito cedo na ontogênese, e isso se baseia numa herança biológica exclusivamente humana (que pode exigir ou não interações mais amplas com o meio social). Enquanto as crianças apenas entendem a si mesmas como seres animados com capacidade para fazer coisas acontecerem de alguma maneira generalizada, o que acontece nos primeiros sete ou oito meses de vida, é também assim que elas entendem as outras pessoas. Quando, por volta dos oito ou nove meses, começam a compreender a si mesmas como agentes intencionais no sentido de reconhecerem que têm objetivos claramente separados de meios comportamentais, passam a compreender os outros dessa mesma maneira. Essa compreensão também pavimenta o caminho para a compreensão das escolhas perceptuais que os outros fazem – a atenção como distinta da percepção –, apesar de não dispormos até agora de muitos elementos para compreender esse processo. Embora não devêssemos levar essa idéia muito mais longe aqui, também é possível que as crianças façam algumas dessas simulações, talvez de modo um tanto inapropriado, com objetos inanimados, e que essa seja a fonte da compreensão que elas têm de como alguns eventos físicos "forçam" outros a acontecer: a primeira bola de bilhar empurra a segunda com o mesmo tipo de força que sinto quando eu a empurro (Piaget, 1954). Talvez esse tipo de simulação seja mais frágil para as crianças que a simulação das outras pessoas, porque a analogia entre elas mesmas e objetos inanimados é mais frágil.

Devo dizer que foram feitas muitas objeções à teoria da simulação devido a um mal-entendido, pelo menos a meu ver. A teoria da simulação é muitas vezes entendida no sentido de que primeiro as crianças têm de ser capazes de conceituar seus próprios estados intencionais e só depois podem usá-los para simular a perspectiva alheia. E não é isso que parece ocorrer na prática: as crianças não conceituam seus próprios estados mentais antes de conceituar os estados mentais dos outros (Gopnik, 1993), assim como não falam deles primeiro (Bartsch e Wellman, 1995). Mas isso não constitui problema se a simulação não for entendida como um processo explícito no qual a criança conceitua algum conteúdo mental, consciente de que esse conteúdo mental lhe é próprio, e depois o atribui a outra pessoa numa situação específica. Minha hipótese é simplesmente que as crianças fazem o juízo categórico de que os outros são "como eu" e portanto também devem funcionar como eu. Em nenhum momento afirmo que, em situações específicas, as crianças têm mais facilidade para ter acesso consciente a seus próprios estados mentais do que para discernir os possíveis estados mentais específicos de outra pessoa; elas simplesmente percebem o modo geral de funcionamento do outro por meio de uma analogia consigo mesmas, ao passo que sua aptidão para determinar estados mentais específicos em circunstâncias específicas depende de muitos fatores. No caso mais simples, a criança simplesmente vê ou imagina a disposição do outro para o objetivo que este pretende alcançar de maneira muito semelhante àquela que imagina para si mesma, e então vê o comportamento da outra pessoa direcionado para o objetivo de maneira muito semelhante a como vê o próprio.

Chimpanzés e crianças autistas

Se voltarmos agora a examinar nossos parentes primatas mais próximos, poderemos concluir o seguinte. Chimpanzés e alguns outros primatas não-humanos entendem claramente algo da eficácia de suas próprias ações sobre o meio, e sem dúvida se envolvem em muitos tipos de ações sensório-motoras intencionais nas quais usam diferentes meios para atingir um mesmo fim, removem obstáculos e usam intermediários tais como ferramentas. Se eles não entendem os outros como agentes intencionais – como a meu ver eles não fazem –, então não pode ser por causa desse fator. Pelo contrário, a razão pela qual eles não entendem os outros dessa maneira é, na minha opinião, o outro fator: eles não se identificam com co-específicos da mesma maneira como os humanos o fazem. Embora isso seja pura especulação, pode-se formular a hipótese de que essa também seja a fonte de sua dificuldade com problemas físicos nos quais têm de tentar entender as relações causais entre as ações de objetos inanimados; eles não tentam se identificar, ainda que de modo imperfeito, com os objetos envolvidos. Um detalhe interessante dessa história nos é fornecido por macacos aculturados que parecem adquirir certas capacidades de atenção conjunta semelhantes às humanas, como apontar de modo imperativo para humanos e aprender por imitação algumas habilidades instrumentais (ver Capítulo 2). Mas esses macacos ainda assim não apontam para outros ou usam seus outros sinais comunicativos de modo declarativo – ou seja, apenas para compartilhar a atenção – e eles não se envolvem em várias outras atividades que incluem cooperação e ensino. A presente hipótese é que, embora esses indivíduos possam aprender algo sobre como os humanos são agentes animados eficazes em seu meio – que têm de estar em contato para satisfazer praticamente todas as necessidades e os desejos –, não há treinamento que possa lhes dar a predisposição biológica unicamente humana de se identificar com os outros de maneira humana.

Se afirmamos que os seres humanos herdam biologicamente uma habilidade especial para se identificar com co-específicos, é natural que nos voltemos para indivíduos que têm algum tipo de déficit biológico nessa habilidade, e estes são, obviamente, as crianças autistas. Sabe-se que as crianças autistas apresentam graves problemas de atenção conjunta e de perspectivação. Por exemplo, apresentam uma série de déficits na habilidade de prestar atenção a objetos junto com outras pessoas (Loveland e Landry, 1986; Mundy, Sigman e Kasari, 1990), produzem muito poucos gestos declarativos (Baron-Cohen, 1993), e quase não se envolvem em jogos simbólicos ou de faz-de-conta, que, em muitos casos, implicam assumir o papel do outro. Algumas crianças autistas com bom desempenho conseguem acompanhar o olhar alheio, mas crianças autistas com desempenho mais baixo praticamente não conseguem se acomodar à perspectiva perceptual alheia (Loveland *et al.*, 1991). A conclusão geral de Langdell (citado em Baron-Cohen, 1988) é que as crianças autistas consideradas no seu conjunto têm "dificuldade em adotar o ponto de vista de outra pessoa", e Loveland (1993) as caracteriza como basicamente "aculturais". Atualmente não se conhece a origem dos problemas das crianças autistas – existem muitas teorias contraditórias –, mas uma das hipóteses é que elas têm dificuldade para se identificar com outras pessoas, e essa dificuldade pode assumir diversas formas dependendo de coisas tais como o momento desenvolvimental em que a doença se manifesta e sua severidade, além das outras capacidades cognitivas de que o indivíduo disponha ou não para compensar os déficits.

Apredizagem cultural precoce

A compreensão humana de co-específicos como agentes intencionais é portanto uma habilidade cognitiva que emana tanto da identificação humana com co-específicos, que se manifesta muito cedo na infância e é exclusiva da espécie, como da organização intencional de suas próprias ações sensório-motoras, compartilhada com outros primatas e que se manifesta por volta dos oito ou nove meses de idade. Essas duas habilidades são biologicamente herdadas no sentido de que suas trajetórias desenvolvimentais normais ocorrem em vários ambientes diferentes dentro de um intervalo normal (ambientes estes que, sem dúvida, incluem co-específicos).

Essa forma exclusivamente humana de compreensão social tem vários efeitos profundos sobre a maneira como as crianças humanas interagem com os adultos e entre si. Nesse contexto, o mais importante desses efeitos é que ela inscreve a criança nas formas exclusivamente humanas de herança cultural. Crianças que entendem que os outros têm relações intencionais com o mundo, semelhantes a suas próprias relações intencionais com o mundo, podem tentar tirar vantagem do modo como outros indivíduos imaginaram atingir seus objetivos. Nesse sentido, as crianças também são capazes de sintonizar com a dimensão intencional dos artefatos que as pessoas criaram para mediar suas estratégias comportamentais e de atenção em situações específicas voltadas para determinados objetivos. O que se afirma, portanto, é que, apesar do rico meio cultural em que as crianças nascem, se não entenderem os outros como agentes intencionais – como é típico dos bebês humanos antes dos nove meses de idade, dos primatas não-humanos e da maioria das pessoas com autismo –, elas não serão capazes de tirar vantagem das habilidades cognitivas e do conhecimento dos co-específicos que se manifestam nesse meio cultural. A partir do momento em que os bebês começam a aprender culturalmente dos outros, esse processo tem algumas conseqüências surpreendentes em relação a como aprendem a interagir com objetos e artefatos, a como aprendem a se comunicar gestualmente com os outros e a como aprendem a pensar sobre si mesmos.

Cultura como nicho ontogenético

Nunca devemos esquecer que os organismos herdam seu meio ambiente assim como herdam seus genomas. Os peixes estão designados para funcionar na água, formigas estão designadas para funcionar em formigueiros. Os seres humanos estão designados para viver num certo tipo de ambiente social, e sem ele os jovens não se desenvolveriam normalmente – supondo que pudessem sobreviver – nem social nem cognitivamente. Esse tipo de ambiente social é o que chamamos de cultura, e nada mais é que o "nicho ontogenético" típico e exclusivo da espécie para o desenvolvimento humano (Gauvain, 1995). Vou distinguir duas maneiras pelas quais o ambiente cultural humano cria o contexto para o desenvolvimento cognitivo das crianças: enquanto *"habitus"* cognitivo e enquanto fonte de instrução ativa por parte dos adultos. Em seguida, vou expor como as crianças aprendem no, do e por meio desse ambiente.

Em primeiro lugar, as pessoas de um dado grupo social vivem de certa maneira – preparam e comem alimentos de certa maneira, têm um certo conjunto de modos de vida, vão a certos lugares e fazem certas coisas. Pelo fato de os bebês e de as crianças humanas serem totalmente dependentes dos adultos, comem dessas maneiras, vivem desses modos e acompanham os adultos quando estes vão para esses lugares e fazem essas coisas. Em termos gerais, podemos chamar tudo isso de "*habitus*" do desenvolvimento das crianças (Bourdieu, 1977). Participar das práticas normais das pessoas entre as quais ela cresce – seja qual for o nível de participação e de aptidão – significa que a criança vive certas experiências e não outras. O *habitus* particular em que uma criança nasce determina o tipo de interações sociais que terá, o tipo de objetos físicos que estarão à sua disposição, o tipo de experiências de aprendizagem e de oportunidades que encontrará, e o tipo de inferências que poderá fazer sobre o modo de vida dos que a rodeiam. Portanto, o *habitus* tem efeitos diretos sobre o desenvolvimento cognitivo quanto à "matéria-prima" com que a criança tem de trabalhar, e é fácil imaginar, nem que seja em nossos pesadelos, o desastre que se abateria sobre o desenvolvimento cognitivo das crianças se elas fossem privadas de certas parcelas dessa matéria-prima.

Embora o *habitus* de grupos de seres humanos e o *habitus* de grupos de chimpanzés sejam claramente diferentes, é muito provável que os processos de aprendizagem e inferência individual que afetam o desenvolvimento cognitivo de ambas as espécies em seus modos de vida sejam semelhantes em vários sentidos. Jovens chimpanzés também comem o que suas mães comem, vão para onde suas mães vão e dormem onde suas mães dormem. Contudo, afora isso, os adultos humanos assumem um papel mais ativo, intervencionista, no desenvolvimento de seus filhos do que outros primatas e animais. Ainda que no tocante a muitas aptidões culturais os adultos adotem uma atitude de *laissez-faire* – e a extensão disso difere de modo significativo de uma cultura para outra –, em todas as sociedades humanas há algumas coisas que os adultos sentem que devem ajudar as crianças a aprender. Em alguns casos, fornecem mera assistência, que, conforme Wood, Bruner e Ross (1976), pode ser chamada de andaimaria. Os adultos ficam olhando as crianças lutarem para dominar certa habilidade, fazem várias coisas para tornar a tarefa mais simples ou chamar a atenção da criança para certos aspectos-chave da tarefa, ou eles mesmos fazem uma parte da tarefa para que a criança não fique assoberbada por um excesso de variáveis. Em algumas culturas, esse tipo de formato educativo simplesmente adota a forma do adulto mandando a criança sentar e olhar enquanto ele tece um tapete, prepara a refeição ou trabalha um jardim (Greenfield e Lave, 1982). Mas em todas as sociedades humanas considera-se que algumas tarefas ou parcelas de conhecimento são tão importantes que os adultos têm de ensiná-las diretamente aos jovens (Kruger e Tomasello, 1996). Estas variam de atividades de sustento extremamente importantes até a memorização dos ancestrais da família ou de rituais religiosos. O ponto principal é que tanto na andaimaria quanto na instrução direta, o adulto se interessa pela aquisição por parte da criança de uma habilidade ou parcela de conhecimento e, em muitos casos, permanece envolvido no processo até que a criança aprenda o material ou atinja certo nível de proficiência. Bullock (1987) em particular destacou que essa instrução intencional constitui um poderoso motor de transmissão cultural na medida em que garante, com certo grau de probabilidade, que uma aptidão específica ou parcela de conhecimento de fato serão passadas adiante.

King (1991) revisou uma enorme quantidade de evidências relativas à aprendizagem social de primatas não-humanos e também possíveis casos de ensino por parte de primatas adultos – o que ela chama de "doação de informação". Independentemente da interpretação de umas poucas anedotas interessantes, o quadro é claro: os jovens de todas as espécies primatas, com exceção dos humanos, ficam entregues a si mesmos para adquirir a informação de que necessitam para sobreviver e procriar; os adultos fazem muito pouco para doar-lhes informação. Uma das dimensões mais significativas da cultura humana é, portanto, a maneira como os adultos instruem ativamente os jovens. Em combinação com os efeitos gerais do fato de viver num determinado *habitus,* fica claro que o nicho ontogenético dos seres humanos em desenvolvimento é de grande riqueza cultural.

Aprendizagem por imitação

Por volta dos nove meses, as crianças humanas estão prontas para participar desse mundo cultural de modos profundamente novos. O primeiro e mais importante deles é que a nova compreensão que as crianças dessa idade têm dos outros como agentes intencionais possibilita aquilo que denominei de aprendizagem cultural, a forma ontogeneticamente primeira do que é aprendizagem por imitação. Ou seja, embora na primeira infância houvesse alguma mímica diádica, face a face, do comportamento, aos nove meses a criança começa a reproduzir as ações intencionais do adulto sobre objetos externos. É claro que isso abre a possibilidade de se apropriar do uso convencional de ferramentas e artefatos de vários tipos, e por isso representa a primeira aprendizagem cultural efetiva, na minha definição bastante estrita do termo. Embora existam poucos dados sistematizados sobre a questão, há indícios de que, ao contrário das crenças populares, crianças muito pequenas não costumam imitar comportamentos que os adultos realizam enquanto ignoram a criança, mas com muito mais freqüência imitam comportamentos que os adultos demonstram "para" elas (Killen e Uzgiris, 1981). Se isso for verdade, poderíamos estabelecer uma ligação bastante direta e interessante entre a instrução ativa das crianças por parte dos adultos e as primeiras formas de aprendizagem cultural.

Tornar-se membro de uma cultura significa aprender algumas coisas novas de outras pessoas. Mas existem várias maneiras de aprender coisas novas socialmente, como vimos no apanhado sobre a aprendizagem social dos primatas no Capítulo 2. No que tange a objetos, incluindo ferramentas e artefatos, existem processos de (a) intensificação de estímulo, nos quais um adulto pega um objeto e faz algo com ele, o que faz com que a criança fique mais interessada em tocar e manipular aquele objeto (o que, por sua vez, facilita a sua própria aprendizagem individual); (b) aprendizagem por emulação, na qual as crianças vêem um adulto manipular um objeto e assim aprendem novas coisas sobre as potencialidades dinâmicas daquele objeto que elas não teriam descoberto sozinhas; e (c) aprendizagem por imitação, na qual a criança aprende sobre ações intencionais humanas. Muitos dos estudos clássicos sobre a aprendizagem por imitação das crianças não incluíram as condições de controle necessárias para garantir que as crianças estivessem de fato imitando o comportamento intencional do adulto, e não simplesmente reproduzindo os efeitos que os adultos provocavam sobre os objetos. Mas existem inúmeros estudos recentes que incluíram esses controles e portanto são demonstrações particularmente convincentes da aprendizagem por imitação das crianças.

Meltzoff (1988) fez crianças de catorze meses observarem um adulto se inclinar e tocar um painel com a cabeça, fazendo com que uma luz se acendesse. A maioria das crianças reproduziu mais ou menos esse mesmo comportamento – mesmo sendo um comportamento incomum e estranho e mesmo que para elas teria sido mais fácil e mais natural tocar o painel com a mão. Uma interpretação desse comportamento é que as crianças entenderam (a) que o adulto tinha por objetivo acender a luz; (b) que ele escolheu um meio para fazer isso, dentre outros possíveis; e (c) que se elas tivessem o mesmo objetivo poderiam escolher o mesmo meio – ato em que a criança se imagina no lugar do outro. Uma aprendizagem por imitação desse tipo baseia-se portanto, fundamentalmente, na tendência das crianças a se identificarem com adultos, tendência presente desde uma idade muito precoce, e na capacidade delas de distinguirem nas ações dos outros o objetivo subjacente e os diferentes meios que podem ser escolhidos para alcançá-lo, capacidade presente a partir dos nove meses. Caso contrário, as crianças poderiam ter se envolvido numa aprendizagem por emulação na qual simplesmente acenderiam a luz com a mão (o que elas não fizeram), ou então poderiam simplesmente ter imitado a ação, como um papagaio, sem considerar sua natureza de ato voltado para um objetivo. Esta última interpretação é uma possibilidade no estudo de Meltzoff, mas foi eliminada nas tarefas de imitação de Carpenter, Nagell e Tomasello (1998). Eles também propuseram a crianças pequenas ações inéditas e incomuns que produziam resultados interessantes, mas observaram cuidadosamente os comportamentos associados das crianças enquanto elas reproduziam o ato. Descobriram que entre onze e catorze meses a maioria das crianças reproduzia a ação incomum e ficava na expectativa do resultado interessante – demonstrando assim que não estavam apenas imitando como papagaios mas antes imitando uma ação voltada para um objetivo.

Dois outros estudos recentes testaram de forma mais direta o que as crianças entendem sobre as ações intencionais dos outros no contexto da aprendizagem por imitação. No primeiro, Meltzoff (1995) apresentou a crianças de dezoito meses dois tipos de demonstrações (junto com algumas condições de controle). As crianças de um dos grupos viram o adulto realizar ações sobre objetos, da mesma maneira que nos estudos anteriores. As crianças do outro grupo, contudo, viram o adulto tentar mas falhar na obtenção do resultado previsto das suas ações; por exemplo, o adulto tentava separar duas partes de um objeto mas nunca conseguia apartá-las. Portanto, as crianças desse grupo nunca viram as ações planejadas serem realizadas. Meltzoff descobriu que em ambos os grupos as crianças reproduziam as ações planejadas igualmente bem; ou seja, pareciam entender o que o adulto pretendia fazer e realizaram aquela ação em vez de imitar o comportamento superficial do adulto. (E tiveram um desempenho muito melhor nessas duas condições do que nas condições de controle, nas quais o adulto apenas manipulava aleatoriamente os objetos.) No segundo estudo, Carpenter, Akhtar e Tomasello (1998) estudaram a imitação que as crianças faziam de ações acidentais e intencionais. Nesse estudo, crianças de catorze a dezoito meses viam um adulto realizar algumas seqüências de duas ações com objetos, que provocavam resultados interessantes. Uma das ações das seqüências planejadas era designada vocalmente como intencional ("Isso!") e a outra como acidental ("Opa!") – com a ordem sistematicamente manipulada entre as seqüências. Em seguida, as crianças tinham a oportunidade de tentar elas mesmas obter o resultado. De modo geral, as crianças imitaram quase duas vezes mais as ações intencionais do adulto do que as acidentais, independentemente da ordem em que lhes tinham sido apresentadas, indicando que diferenciavam entre os dois tipos de ações e que eram capazes, também nesse caso, de reproduzir o que o adulto pretendia fazer e não apenas seu comportamento superficial.

Portanto, a aprendizagem por imitação representa a entrada inicial das crianças no mundo cultural que as rodeia no sentido de que agora podem começar a aprender dos adultos, ou, mais precisamente, por meio dos adultos, de modos cognitivamente significativos. O que importa saber é que vários estudos estabeleceram que essa aprendizagem não se refere apenas às potencialidades dos objetos, que se revelam quando outros os manipulam, ou a comportamentos superficiais no sentido de movimentos motores precisos. Pelo contrário, perto de seu primeiro aniversário, as crianças humanas começam a sintonizar como os objetivos e os meios comportamentais que o adulto escolheu para atingi-los e a tentar reproduzi-los. Já que antes dessa idade as crianças não percebem o comportamento dos outros como intencional, elas só podem emular os resultados externos que o comportamento produz ou imitar sua forma sensório-motora. Depois dessa idade, não têm outra opção senão perceber o papai "tirando a mesa" ou "tentando abrir a gaveta" – não apenas fazendo movimentos corporais específicos ou produzindo mudanças de estado evidentes no ambiente –, e essas ações intencionais são o que tentam reproduzir.

Aprender as potencialidades intencionais dos artefatos

A aprendizagem por imitação desempenha um papel particularmente importante nas interações das crianças com certos tipos de objetos, sobretudo artefatos culturais. No início do desenvolvimento, quando os bebês agarram, sugam e manipulam objetos, aprendem algo sobre as potencialidades dos objetos para a ação (Gibson, 1979). Trata-se de uma aprendizagem individual direta, que às vezes pode ser suplementada por uma aprendizagem por emulação, na qual a criança descobre novas potencialidades dos objetos ao vê-los fazendo coisas que ela não sabia que eles podiam fazer. Mas as ferramentas e os artefatos de uma cultura têm outra dimensão – o que Cole (1996) chama de dimensão "ideal" – que produz outro conjunto de potencialidades para quem tiver as aptidões sociocognitivas e de aprendizagem social adequadas. Quando as crianças humanas observam outras pessoas usando ferramentas e artefatos culturais, geralmente entram no processo de aprendizagem por imitação no qual tentam se colocar no "espaço intencional" do usuário – discernindo o objetivo do usuário, "para" que ele está usando o artefato. Ao se envolver nessa aprendizagem por imitação, a criança afirma junto com a outra pessoa "para" que "nós" usamos esse objeto: nós usamos martelos para martelar e lápis para escrever. Depois de entrar nesse processo, a criança passa a ver alguns objetos e artefatos culturais como tendo, além de suas potencialidades sensório-motoras naturais, outro conjunto do que poderíamos chamar de potencialidades intencionais, em função de sua compreensão das relações intencionais que outras pessoas têm com aquele objeto ou artefato – ou seja, as relações intencionais que os outros têm com o mundo através do artefato (Tomasello, 1999a).

A distinção entre potencialidades naturais e intencionais fica particularmente clara no jogo simbólico das crianças pequenas, porque neste elas basicamente extraem as potencialidades intencionais de diferentes objetos e brincam com elas. Assim, uma criança de dois anos pega um lápis e faz de conta que ele é um martelo. Mas, como bem notou Hobson (1993), com isso a criança faz mais do que simplesmente manipular o lápis de modo pouco usual. No jogo simbólico da criança pequena ela também olha para um adulto com uma expressão divertida – porque ela sabe que esse não é o uso intencional/convencional desse objeto e que seu uso não-convencional é algo que pode ser considerado "divertido". Uma interpretação possível desse comportamento é que o jogo simbólico envolve dois passos fundamentais. Primeiro, a criança tem de ser capaz de compreender e adotar as intenções dos adultos quando eles usam objetos e artefatos; ou seja, a criança primeiro entende como nós, os humanos, usamos lápis – suas potencialidades intencionais. O segundo passo implica que a criança "desconecte" as potencialidades intencionais dos objetos e artefatos a elas associados de modo que possam ser intercambiadas e usadas com objetos "inapropriados" de modo lúdico. Assim, a criança usa um lápis da maneira como, convencionalmente, se usaria um martelo, sorrindo para o adulto nesse processo para indicar que isso não é estupidez mas brincadeira. Essa capacidade de destacar as potencialidades intencionais de objetos e artefatos e de intercambiá-las de modo relativamente livre no jogo simbólico é, para mim, uma evidência bastante convincente de que a criança aprendeu as potencialidades intencionais contidas em muitos artefatos culturais de uma maneira semi-independente de sua materialidade.

Esse processo foi ilustrado de modo particularmente claro num recente estudo de Tomasello, Striano e Rochat. Propuseram a crianças de dezoito a trinta e cinco meses um jogo no qual o adulto indicava qual de vários objetos ele queria e a criança empurrava o objeto por um plano inclinado. Numa tarefa de esquentamento, crianças de todas as idades tiveram um desempenho quase perfeito quando o adulto pedia um objeto pelo nome. Na tarefa real, o adulto pedia o objeto mostrando uma réplica de brinquedo do objeto em questão (por exemplo, pedia um martelo de verdade mostrando um pequeno martelo de plástico). Nesse caso, contudo, as crianças menores tiveram muita dificuldade para interpretar as intenções comunicativas do falante com a réplica – um achado surpreendente, uma vez que, da perspectiva do adulto, a iconicidade do martelo de brinquedo deveria facilitar muito a interpretação da criança. Uma possível razão dessa dificuldade é que as crianças menores se envolviam com o objeto de brinquedo como um objeto sensório-motor que permitia agarrar, manipular etc. – o que tornava difícil vê-lo como puro símbolo (e, de fato, as crianças pequenas muitas vezes procuravam pegar o objeto quando o adulto o mostrava). O interessante é que, por volta dos vinte e seis meses de idade, as crianças eram capazes de usar objetos como símbolos nesse jogo, mas não num caso especial. Mostravam grande dificuldade quando o objeto que era usado como símbolo tinha outro uso intencional, por exemplo, quando o adulto usava uma xícara como chapéu. Isso parecia agregar mais um sentido divergente para a xícara; ou seja, a xícara era simultaneamente:

- um objeto sensório-motor a ser agarrado e sugado;
- um artefato intencional com o uso convencional de beber; e
- um símbolo de chapéu naquela situação.

Esses resultados mostram de forma bastante clara que a compreensão que as crianças têm das potencialidades intencionais de objetos – que deriva em última instância de suas observações e interações com outras pessoas na linha cultural de desenvolvimento – é um tanto diferente de sua compreensão previamente estabelecida das potencialidades sensório-motoras de objetos formada na linha individual de desenvolvimento, e, na verdade, essas duas compreensões podem até ser excludentes.

Pode-se, portanto, formular a hipótese de que, quando as crianças começam a entender os outros como agentes intencionais, e, através deles, aprendem por imitação o uso convencional dos artefatos, o mundo dos artefatos culturais fica impregnado de potencialidades intencionais que complementam suas potencialidades sensório-motoras – ficando muito evidente a forte tendência das crianças de imitar as interações dos adultos com os objetos (cf. Striano, Tomasello e Rochat, 1999, e Capítulo 4). No terreno dos objetos, essa compreensão abre a possibilidade do jogo simbólico com as potencialidades intencionais de vários objetos e artefatos. Apesar dos interessantes comportamentos de alguns macacos criados por humanos na manipulação de artefatos humanos, trata-se de um comportamento exclusivamente humano (Call e Tomasello, 1996). Deve-se notar também que algo semelhante ocorre no terreno das convenções sociais que não usam objetos, por exemplo, a linguagem e outros artefatos simbólicos que contêm convenções comunicativas. No entanto, como esse processo de aprendizagem é um pouco diferente nesse caso, deixarei essa discussão para o próximo capítulo.

Aprender a se comunicar por gestos

Outro terreno importante no qual a aprendizagem por imitação se faz sentir é o da comunicação gestual. Os primeiros gestos dos bebês humanos são ritualizações tipicamente diádicas praticamente iguais aos gestos dos chimpanzés (ver Capítulo 2). Por exemplo, muitas crianças no mundo todo levantam os braços quando querem ser pegas no colo (Lock, 1978). Assim como os gestos dos chimpanzés, gestos primitivos desse tipo são:

- diádicos, no sentido de que não há objeto externo envolvido;

- imperativos, no sentido de que se referem ao que a criança quer; e
- ritualizados, e não imitados, de modo que são sinais (procedimentos para conseguir que coisas sejam feitas) e não símbolos (convenções para compartilhar experiências).

Então, entre onze e doze meses, as crianças também começam a produzir gestos declarativos triádicos tais como algumas formas de apontar. Ainda não se sabe como as crianças aprendem a apontar para chamar a atenção de outras pessoas, mas as duas possibilidades são ritualização e aprendizagem por imitação.

Muitas crianças usam o braço e o dedo indicador estendidos para orientar a própria atenção às coisas, e, se o adulto responder de modo apropriado, esse tipo de apontamento pode vir a se ritualizar. Nesse sentido, seria possível uma criança apontar para outros sem entender ainda os gestos de apontar que eles fazem dirigindo-se a ela – ou seja, ela entenderia apontar apenas de seu próprio ponto de vista – e, de fato, há um certo número de estudos empíricos que encontraram tal dissociação entre compreensão e produção em muitas crianças (Franco e Butterworth, 1996). As crianças que aprenderam a apontar via ritualização só compreenderão esse gesto como um procedimento eficaz para conseguir que os outros façam coisas (um sinal, que é como os chimpanzés entendem seus gestos), e não como um símbolo compartilhado.

A alternativa é que a criança observe um adulto lhe fazer um gesto de apontar e compreenda que o adulto está tentando induzi-la a compartilhar a atenção a algo; ou seja, ela entende o objetivo comunicativo do gesto. Nesse caso, ao perceber que, quando ela tem o mesmo objetivo pode empregar os mesmos meios, a criança aprende o gesto por imitação, criando assim um ato gestual intersubjetivo para compartilhar atenção. O fundamental é que nesse processo de aprendizagem a criança não está apenas imitando adultos que esticam o dedo; está efetivamente compreendendo e tentando reproduzir o ato intencionalmente comunicativo do adulto, incluindo meios e fim. É fundamental porque um estratagema comunicativo intersubjetivamente entendido só pode ser criado quando a criança primeiro entendeu a intenção comunicativa do adulto, e depois se identificou com aquela intenção comunicativa ao produzir os "mesmos" meios para o "mesmo" fim. A intersubjetividade do símbolo comunicativo resultante – como deveríamos chamá-lo nesses casos – deriva, pois, da natureza do processo de aprendizagem. Quando há aprendizagem por imitação, a criança entende que está usando o mesmo comportamento comunicativo que os outros; "compartilhamos" o símbolo. Voltarei de forma mais detalhada a esse processo no Capítulo 4, quando esmiuçar como as crianças usam os assim-chamados gestos simbólicos e a linguagem.

Não sabemos, empiricamente, se as crianças aprendem a apontar por ritualização ontogenética ou por aprendizagem por imitação, ou se, como suspeito, algumas crianças aprendem de um jeito (sobretudo antes de seu primeiro aniversário) e outras de outro. Pode até mesmo acontecer que uma criança que aprende a apontar via ritualização, num momento posterior venha a compreender o ato de apontar do adulto de maneira nova, obtendo assim uma nova compreensão de seu próprio ato de apontar e suas equivalências em relação à versão adulta. Nesse sentido, Franco e Butterworth (1996) descobriram que muitas crianças, ao começarem a apontar, parecem não monitorar a reação do adulto, mas alguns meses depois olham para o adulto depois de terem apontado a fim de observar sua reação, e alguns meses mais tarde olham primeiro para o adulto, para se assegurar de que a atenção dele esteja voltada para elas, antes de se porem a apontar. Portanto, a hipótese é que, pouco antes de seu primeiro aniversário, os bebês humanos começam a aprender por imitação a apontar para os outros em direção a algo (tenham ou não apontado de modo ritualizado antes disso), e é nesse momento que aprendem a convenção ou o artefato cultural de apontar, no sentido de que entendem seu significado intencional e de atenção.

Aprender sobre mim

Ninguém sabe realmente como as crianças entendem a si mesmas, mas Tomasello (1993, 1995b) propôs uma explicação que deriva diretamente da explicação quanto à compreensão dos outros como agentes intencionais. A idéia é a seguinte: quando, entre nove e doze meses de idade, as crianças começam a acompanhar e direcionar a atenção dos outros para entidades externas, às vezes acontece de a outra pessoa, cuja atenção o bebê está monitorando, se concentrar na própria criança. Nesse caso, a criança monitora a atenção que aquela pessoa dedica a *ela* de uma maneira que antes não era possível, ou seja, antes da revolução sociocognitiva dos nove meses. A partir desse ponto, as interações face a face do bebê com os outros – que, superficialmente, parece estar em continuidade com suas interações face a face da primeira infância – transformam-se radicalmente. Agora ele sabe que está interagindo com um agente intencional que o percebe e pretende coisas a seu respeito. Quando o bebê não entendia que os outros percebiam e pretendiam coisas de um mundo externo, não havia como pensar em como eles percebiam e pretendiam coisas em relação a *mim*. Obtida essa compreensão, a criança pode monitorar a relação intencional do adulto com o mundo, que inclui ela mesma (o "eu" de William James e George Herbert Mead). Por intermédio de algo semelhante a esse mesmo processo, nessa idade as crianças também se tornam capazes de monitorar as atitudes emocionais dos adultos para com elas – um tipo de referência social das atitudes dos outros para com o eu. Essa nova compreensão de como os outros se *sentem* em relação a mim inaugura a possibilidade do desenvolvimento da timidez, da autoconsciência e de um sentimento de auto-estima (Harter, 1983). A prova disso é o fato de que poucos meses depois da revolução sociocognitiva, no primeiro aniversário, as crianças começam a mostrar os primeiros sinais de timidez e recato na frente de outras pessoas e de espelhos (Lewis *et al.*, 1989).

É importante enfatizar que o que acontece no primeiro aniversário não é o aparecimento súbito de um autoconceito plenamente desenvolvido, mas apenas a abertura de uma possibilidade. Ou seja, o que as habilidades sociocognitivas recém-descobertas da criança inauguram é a possibilidade de passarem a aprender sobre o mundo do ponto de vista dos outros, e uma das coisas sobre as quais podem vir a aprender dessa maneira é sobre elas mesmas. Pelo fato de na aprendizagem cultural a criança empregar todos os processos básicos de aprendizagem e de categorização que emprega na sua aprendizagem direta do mundo, suas simulações das percepções que os outros têm dela são usadas para categorizar a si mesma em relação às outras pessoas de várias maneiras. Esse componente categorial também é uma dimensão importante do autoconceito, sobretudo durante o período pré-escolar quando as crianças entendem a si mesmas em termos de categorias concretas como criança, menino, bom de subir em árvore, ruim de andar de bicicleta etc. (Lewis e Brooks-Gunn, 1979).

As origens ontogenéticas da cultura

Minha hipótese é que a capacidade sociocognitiva fundamental que sustenta a cultura humana é a capacidade e tendência de cada ser humano de se identificar com outros seres humanos. Essa capacidade é uma parcela da herança biológica exclusiva da espécie *Homo sapiens*. Talvez faça parte das capacidades cognitivas das crianças quando elas nascem, ou alguns meses depois. Não se sabe que tipos de fatores vivenciais desempenham um papel na ontogênese dessa capacidade, se é que eles existem, e em certa medida isso sempre será desconhecido porque o desenvolvimento humano não é algo com que os cientistas possam fazer experimentos irrestritos. Mas, para que as crianças se tornem significativamente diferentes dos outros primatas em termos cognitivos, essa habilidade singular tem de interagir, durante a ontogênese, com outras habilidades cognitivas em desenvolvimento – tem de interagir, sobretudo, com o desenvolvimento da própria intencionalidade da criança, da maneira como isso se evidencia na diferenciação entre objetivos e meios comportamentais nas suas ações sensório-motoras sobre o meio. Dada a identificação das crianças com os outros, vivenciar sua própria intencionalidade dessa nova maneira leva os bebês de nove meses a compreender que as outras pessoas são agentes intencionais, como eu. Isso inaugura a possibilidade de a criança se envolver em aprendizagens culturais através dessas outras pessoas.

Estas nada mais são que as origens ontogenéticas da linha cultural de desenvolvimento cognitivo formulada por Vigotski. Não queremos dizer que bebês de seis meses não são seres culturais no sentido de estarem enredados no "*habitus*" de suas culturas. São seres culturais, e ao longo dos primeiros nove meses de vida estão em pleno processo de se tornarem membros de suas culturas de modo cada vez mais ativo e participativo. Mas, antes de entenderem os outros como seres intencionais com quem podem compartilhar a atenção para as entidades externas, estão apenas aprendendo individualmente sobre o mundo no qual nasceram. Depois de entenderem os outros como agentes intencionais iguais a eles mesmos, todo um novo mundo de realidades intersubjetivamente partilhadas começa a se abrir. É um mundo povoado de artefatos e práticas sociais materiais e simbólicos que os membros de sua cultura, tanto os passados como os presentes, criaram para que os outros os usassem. A fim de ser capaz de usar esses artefatos como foram feitos para ser usados, e de participar dessas práticas sociais da forma como elas foram concebidas, as crianças têm de ser capazes de imaginar a si mesmas na posição dos usuários e participantes adultos quando os observam. Agora, as crianças compreendem como "nós" usamos os artefatos e as práticas de nossa cultura – "para" que eles servem.

Monitorar as relações intencionais dos outros com o mundo externo também significa que a criança – quase por acidente, poderíamos dizer – monitora a atenção das outras pessoas quando estas se ocupam dela. Isso dá início ao processo de formação do autoconceito, no sentido de que a criança entende, mental e emocionalmente, como os outros vêem a "mim". Antecipando um tema do Capítulo 4, essa capacidade de ver o eu como um dos participantes, entre outros, de uma interação é a base sociocognitiva da aptidão da criança de compreender os eventos socialmente compartilhados que constituem o formato básico da atenção conjunta para a aquisição da linguagem e de outros tipos de convenções comunicativas.

É significativo notar que crianças autistas apresentam déficits biológicos precisamente no complexo de habilidades que viemos discutindo (Baron-Cohen, 1995; Hobson, 1993; Happé, 1995; Loveland, 1993; Sigman e Capps, 1997). Apresentam problemas em diversas capacidades de atenção conjunta, na aprendizagem por imitação, normalmente não se envolvem em jogos simbólicos, não parecem entender a si mesmas da mesma maneira que outras crianças, e apresentam dificuldades na aprendizagem e no uso de símbolos lingüísticos com propósitos comunicativos apropriados (como veremos no Capítulo 4). No tocante a esses déficits, existe grande variabilidade entre as crianças autistas, confundindo-se às vezes com outras desordens como a Síndrome de Asperger, de modo que é temerário fazer afirmações gerais. Por enquanto gostaria apenas de destacar que, se pensarmos a ontogênese da habilidade sociocognitiva exclusivamente humana de participar da cultura não como um vínculo causal direto entre genes e adultos, mas como um processo, que leva muitos meses e anos para se desenvolver, em que as crianças em vários estágios de desenvolvimento interagem com seus meios físico e social, poderemos certamente imaginar que diferentes tipos de problemas em diferentes momentos desenvolvimentais podem provocar diferentes resultados no desenvolvimento cognitivo dessas crianças desafortunadas.

Em geral, praticamente todos concordam que algo bastante significativo ocorre com a cognição social dos bebês humanos por volta dos nove meses. Embora a cognição social dos bebês humanos antes dessa idade tenha muito em comum com a dos primatas não-humanos, talvez com algumas características particulares, por volta dos nove meses não há dúvida de que estamos diante de processos de cognição social únicos da espécie. Um longo caminho ainda tem de ser percorrido antes que as crianças entendam coisas como falsas crenças, mas, no presente contexto, a compreensão dos outros como agentes intencionais é o passo fundamental na ontogênese da cognição social humana, porque possibilita às crianças começar sua viagem pela linha cultural de desenvolvimento, que irá durar a vida toda. Capacitando-as para se engajarem em vários processos de aprendizagem cultural e na internalização das perspectivas das outras pessoas, essa nova compreensão permite que as crianças medeiem culturalmente sua compreensão do mundo através da compreensão dos outros, incluindo as perspectivas e a compreensão das outras pessoas incorporadas nos artefatos materiais e simbólicos criados por pessoas muito afastadas no tempo e no espaço.

4. COMUNICAÇÃO LINGÜÍSTICA E REPRESENTAÇÃO SIMBÓLICA

> Toda notação particular realça algum ponto de vista particular.
>
> LUDWIG WITTGENSTEIN

Nas discussões sobre cognição humana de um ponto de vista filogenético, a linguagem costuma ser invocada como uma das razões da singularidade cognitiva humana. Mas invocar a linguagem como causa evolucionária da cognição humana é como invocar o dinheiro como causa evolucionária da atividade econômica humana. Ninguém questiona o fato de que adquirir e usar uma língua natural contribui com a natureza da cognição humana e até a transforma – assim como o dinheiro transforma a natureza da atividade econômica humana. Mas a linguagem não surgiu do nada. Não caiu na terra vindo do espaço sideral como algum asteróide perdido, assim como, apesar das idéias de alguns estudiosos contemporâneos como Chomsky (1980), tampouco surgiu de alguma mutação genética bizarra sem nenhuma relação com outros aspectos da cognição e vida social humanas. Assim como o dinheiro é uma instituição social simbolicamente incorporada que surgiu historicamente de atividades econômicas preexistentes, a linguagem natural é uma instituição social simbolicamente incorporada que surgiu historicamente de atividades sociocomunicativas preexistentes.

Para que as crianças aprendam a usar símbolos lingüísticos ou monetários da maneira convencional de suas sociedades, algum análogo ontogenético dessas atividades comunicativas e econômicas historicamente originais tem de estar presente primeiro. No caso da linguagem, o análogo ontogenético são, sem dúvida, as várias atividades comunicativas não-lingüísticas e de atenção conjunta de que participam crianças em idade pré-lingüística e adultos – como acabamos de ver. Mas para aprender uma língua é necessário um trabalho de atenção conjunta suplementar. Determinar a intenção comunicativa específica de um adulto quando ele usa um elemento de linguagem desconhecido no contexto de uma atividade de atenção conjunta não é algo que se dá de modo direto. Exige que a criança seja capaz de compreender os diferentes papéis que falante e ouvinte estão desempenhando na atividade de atenção conjunta, bem como a intenção comunicativa específica do adulto naquela atividade – e, em seguida, que ela seja capaz de exprimir para as outras pessoas a mesma intenção comunicativa que lhe foi previamente expressa (ver Hobson, 1993). Em geral, ela tem de fazer isso não quando o adulto pára de fazer o que está fazendo e tenta ensinar-lhe uma palavra, mas no fluxo de interações sociais que ocorrem naturalmente e nas quais tanto o adulto como a criança tentam conseguir que certas coisas sejam feitas no mundo.

As conseqüências de aprender a usar símbolos lingüísticos e outros artefatos simbólicos são múltiplas. É claro que a partir disso as crianças conseguem fazer coisas que de outro modo não conseguiriam em certas situações particulares, já que esses artefatos simbólicos foram criados com o propósito de possibilitar ou facilitar certos tipos de interações cognitivas e sociais. O mais importante, no entanto, é que isso leva a uma forma radicalmente nova de representação cognitiva que transforma a maneira como as crianças vêem o mundo. Enquanto os primatas não-humanos e os neonatos humanos representam cognitivamente seus ambientes preservando percepções passadas e propriocepções de sua própria experiência (basicamente representações sensório-motoras), depois que as crianças iniciam o processo de comunicar-se simbolicamente com outros agentes intencionais, elas vão além dessas representações diretas e individuais. As representações simbólicas que as crianças aprendem em suas interações sociais com outras pessoas são especiais porque são (a) intersubjetivas, no sentido de que um símbolo é socialmente "compartilhado" com outras pessoas; e (b) perspectivas, no sentido de que cada símbolo apreende uma maneira particular de ver algum fenômeno (a categorização sendo um caso especial desse processo). O ponto teórico central é que os símbolos lingüísticos incorporam uma miríade de maneiras de interpretar intersubjetivamente o mundo que se acumularam numa cultura ao longo do tempo histórico, e o processo de aquisição do uso convencional desses artefatos simbólicos, e portanto sua internalização, transforma fundamentalmente a natureza das representações cognitivas da criança.

Bases sociocognitivas da aquisição da linguagem

A explicação da adaptação humana para a cultura no Capítulo 3 apoiava-se na habilidade que surge entre os nove e doze meses para compreender os outros como agentes intencionais. Essa habilidade não emerge no vazio, é claro, mas emerge *in situ* à medida que a criança encontra outras pessoas e interage com elas de várias maneiras. Numa dessas maneiras, as outras pessoas fazem uns barulhos e movimentos manuais engraçados para a criança parecendo esperar alguma resposta em troca. Para chegar a ver esses barulhos e movimentos manuais como algo com um significado comunicativo que pode ser aprendido e usado, a criança tem de compreender que eles são motivados por um tipo especial de intenção, isto é, uma intenção comunicativa. Mas essa compreensão só pode ocorrer dentro de algum tipo de cena de atenção conjunta que lhe forneça sua fundamentação sociocognitiva; ademais, aprender a expressar a mesma intenção comunicativa (usando os mesmos meios comunicativos) que os outros exige compreender que os papéis dos participantes desse evento comunicativo podem potencialmente se inverter: Posso fazer-lhe o que ele/a acabou de fazer para mim. Portanto, a presente exposição enfoca, sucessivamente: (a) cenas de atenção conjunta como fundamentação sociocognitiva dos primórdios da aquisição da linguagem; (b) a compreensão das intenções comunicativas como o principal processo sociocognitivo por meio do qual as crianças compreendem o uso adulto de símbolos lingüísticos; e (c) a imitação com inversão de papéis como o principal processo de aprendizagem cultural por meio do qual as crianças adquirem o uso ativo dos símbolos lingüísticos.

Cenas de atenção conjunta

Muitos teóricos, recuando muitos séculos na tradição intelectual do Ocidente, descrevem os atos de referenciação lingüística com apenas dois itens: o símbolo e seu referente no mundo perceptual. Mas essa idéia se revela bastante inadequada. É teoricamente inadequada, como demonstraram os filósofos Wittgenstein (1953) e Quine (1960), e é empiricamente inadequada em vários sentidos, talvez sobretudo em sua incapacidade de dar conta da aquisição e do uso de símbolos lingüísticos cujas conexões com o mundo perceptual sejam, no mínimo, tênues, ou seja, a maioria dos símbolos lingüísticos que não são nomes próprios ou substantivos básicos (por exemplo, verbos, preposições, artigos, conjunções; cf. Tomasello e Merriman, eds., 1995). Temos, pois, de reconhecer explicitamente a questão teórica de que a referência lingüística é um ato *social* no qual uma pessoa tenta fazer com que outra dirija sua atenção para algo do mundo. E também temos de reconhecer o fato empírico de que a referência lingüística só pode ser entendida dentro do contexto de certos tipos de interação social que chamarei de cenas de atenção conjunta (Bruner, 1983; Clark, 1996; Tomasello, 1988, 1992a).

Cenas de atenção conjunta são interações sociais nas quais a criança e o adulto prestam conjuntamente atenção a uma terceira coisa, e à atenção um do outro à terceira coisa, por um período razoável de tempo. Os termos usados em discussões passadas são, por exemplo, *interação de atenção conjunta, episódio de atenção conjunta, envolvimento de atenção conjunta* e *formato de atenção conjunta*. Estou introduzindo um termo novo, embora relacionado com os anteriores, para garantir que consiga realçar com suficiente ênfase dois aspectos essenciais que nem sempre foram realçados em discussões anteriores sobre esse fenômeno geral.

O primeiro aspecto essencial concerne ao que está incluído em cenas de atenção conjunta. Por um lado, essas cenas não são eventos perceptuais; incluem apenas um subconjunto de coisas do mundo perceptual da criança. Por outro, essas cenas tampouco são eventos lingüísticos; contêm mais coisas que as explicitamente indicadas em qualquer conjunto de símbolos lingüísticos. Cenas de atenção conjunta ocupam, pois, uma espécie de meio-de-campo – um meio-de-campo essencial de realidade socialmente compartilhada – entre o mundo perceptual mais amplo e o mundo lingüístico menos extenso. O segundo aspecto essencial que precisa ser enfatizado é o fato de que a compreensão que a criança tem de uma cena de atenção conjunta inclui como elemento fundamental a própria criança e seu papel na interação, conceituado do mesmo ponto de vista "externo" que a outra pessoa e o objeto, de modo tal que todos estejam num formato representacional comum – o que se revela de crucial importância no processo de aquisição de um símbolo lingüístico.

Ilustrarei esses dois aspectos essenciais das cenas de atenção conjunta com um exemplo. Suponhamos que uma criança está no chão brincando com um brinquedo, mas também está percebendo muitas outras coisas na sala. Um adulto entra na sala e dirige-se para a criança a fim de brincar junto com ela com o brinquedo. A cena de atenção conjunta é, então, composta daqueles objetos e atividades que a criança sabe fazerem parte do foco de atenção dela e do adulto, e ambos sabem que esse é seu foco (não se trata de atenção conjunta se, por acidente, ambos estão prestando atenção na mesma coisa mas sem se dar conta do parceiro; Tomasello, 1995a). Nesse caso, coisas como o tapete, o sofá e a fralda da criança não fazem parte da cena de atenção conjunta, mesmo que a criança enquanto indivíduo as esteja percebendo numa continuidade, porque elas não fazem parte de "o que nós estamos fazendo". Por outro lado, se o adulto entra na sala com uma fralda nova e coloca a criança sobre o tapete para uma troca de fraldas, a cena de atenção conjunta é algo totalmente diferente. Nesse caso, os itens enfocados incluem as fraldas, os alfinetes e talvez o tapete – mas não os brinquedos porque "nós" não temos nenhum objetivo em relação aos brinquedos. O que interessa é que cenas de atenção conjunta são definidas intencionalmente; ou seja, extraem sua identidade e coerência da compreensão que a criança e o adulto têm de "o que nós estamos fazendo" em termos de atividades voltadas para um objetivo nas quais estamos envolvidos. Num caso, estamos brincando com um brinquedo, o que significa que certos objetos e atividades fazem parte do que estamos fazendo, e, no outro caso, estamos trocando uma fralda, o que traz à tona, do ponto de vista de nossa atenção conjunta, um conjunto completamente diferente de objetos e atividades. Em qualquer cena de atenção conjunta, portanto, estamos mutuamente implicados apenas num subconjunto de todas as coisas que poderíamos perceber na situação.

Mas cena de atenção conjunta não é a mesma coisa que cena referencial explicitamente simbolizada num elemento de linguagem; a cena de atenção conjunta simplesmente fornece o contexto intersubjetivo em que se dá o processo de simbolização. Usando os adultos para realçar os princípios gerais aí envolvidos, suponhamos, por exemplo, que um americano se encontra numa estação de trem húngara quando um falante nativo se aproxima – do nada, digamos – e começa a falar com ele em húngaro. É muito improvável que nessa situação o visitante americano adquira o uso convencional de qualquer palavra ou frase húngara. Mas suponhamos agora que o americano vai até o guichê onde são vendidos os bilhetes de trem e começa a falar com o bilheteiro húngaro tentando obter uma passagem. Nessa situação, é possível que o visitante aprenda algumas palavras e frases em húngaro porque, nesse contexto, os dois interagentes compreendem respectivamente os objetivos interativos um do outro quanto a obter informação sobre horários de trens, comprar um bilhete, trocar dinheiro etc. – objetivos expressos diretamente por meio da execução de ações significativas e previamente entendidas, tais como dar passagem e trocar dinheiro. A chave da aprendizagem da língua numa situação como essa seria o falante nativo empregar alguma palavra ou frase desconhecida de uma maneira que sugere o motivo pelo qual ele a pronuncia naquele momento – por exemplo, ao pegar as notas da mão do visitante ou ao lhe oferecer a passagem ou o troco. Nesses casos, o aprendiz faz uma inferência do seguinte tipo: se a expressão desconhecida significasse X, ela seria *relevante* para o objetivo do bilheteiro nessa cena de atenção conjunta (Sperber e Wilson, 1986; Nelson, 1996). A cena referencial simbolizada na linguagem concerne, pois, apenas a um subconjunto de coisas que ocorrem nas interações intencionais da cena de atenção conjunta.

O segundo fato-chave sobre cenas de atenção conjunta é que, do ponto de vista da criança, elas incluem num plano conceitual idêntico os três elementos participantes: a entidade da atenção conjunta, o adulto e a própria criança. A inclusão da criança não é algo que eu ou, até onde sei, qualquer outra pessoa tenha enfatizado anteriormente, pois, com efeito, às vezes a atenção conjunta é caracterizada quando a criança coordena sua atenção entre apenas duas coisas: o objeto e o adulto. Mas, como foi sublinhado no Capítulo 3, quando a criança começa a monitorar a atenção que os adultos voltam para as entidades exteriores, essa entidade exterior às vezes é a própria criança – e assim ela começa a monitorar a atenção dos adultos para ela e passa a se ver de fora, por assim dizer. É também desse ponto externo vantajoso que ela compreende o papel do adulto, de forma que, em termos gerais, é como se visse toda a cena de cima, sendo ela mesma apenas um de seus personagens. Outras espécies de primatas e bebês humanos de seis meses vêem a interação social de forma oposta, de uma perspectiva "interior", na qual os outros participantes aparecem num formato (exterocepção da terceira pessoa) e "eu" aparece num formato diferente (propriocepção da primeira pessoa; cf. Barresi e Moore, 1996). A distinção que aqui realço é a mesma que os teóricos da imagem fazem quando distinguem imagens mentais do ponto de vista do ego (por exemplo, vejo uma bola sair rolando do meu pé) e imagens oriundas de um ponto de vista externo (por exemplo, vejo a mim mesmo [todo meu corpo] chutando a bola – de uma perspectiva externa, praticamente da mesma maneira como vejo outras pessoas chutando bolas).

A importância dessa maneira de compreender cenas de atenção conjunta não deve ser exagerada. Para que funcione como um "formato" para a aquisição da linguagem, é preciso que a criança entenda que os participantes da cena de atenção conjunta desempenham papéis que são, em algum sentido, intercambiáveis (Bruner, 1983). Isso permite que a criança, como veremos adiante, assuma o papel do adulto e use uma palavra nova para direcionar a atenção deste da mesma maneira que o adulto acabou de fazer para direcionar a sua: o que vou chamar de imitação com inversão de papéis. Por enquanto, imaginemos uma cena hipotética de atenção conjunta, do ponto de vista da criança, como na Figura 4.1. Os pontos centrais são que (a) a partir da cena perceptual, a cena de atenção conjunta destaca um subconjunto de objetos e atividades para consideração mútua, e, a par-

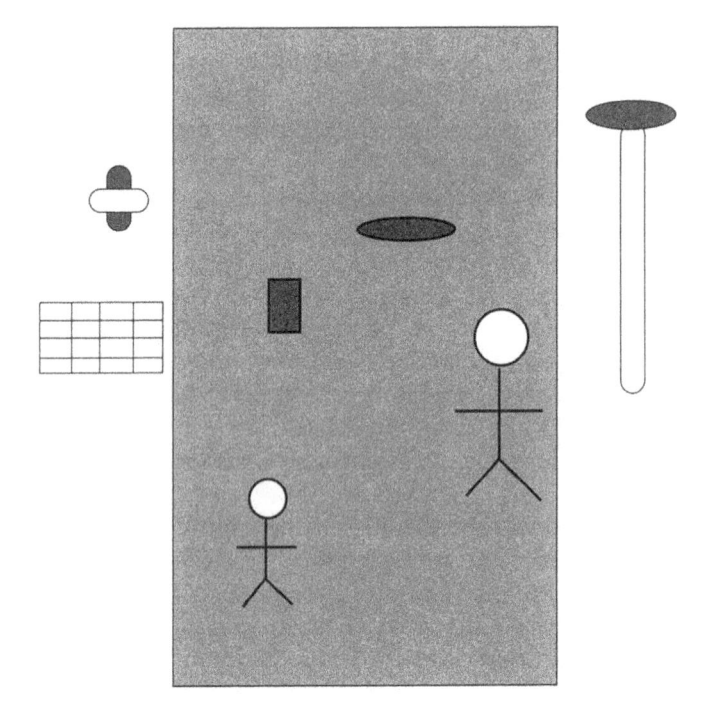

Figura 4.1 Uma cena de atenção conjunta contendo criança (si mesmo), adulto e dois objetos de atenção conjunta, com três objetos percebidos mas que estão fora da cena de atenção conjunta.

tir da cena de atenção conjunta, a cena referencial destaca um subconjunto de objetos e atividades para consideração mútua; e (b) a criança se vê como participante da cena em pé de igualdade com o adulto e a entidade da atenção conjunta.

Compreender intenções comunicativas

Imaginemos agora que um adulto dirige-se por meio de um elemento desconhecido de linguagem a uma criança pequena demais para compreender ou participar de uma cena de atenção conjunta, e muito menos para entender a linguagem. Para essas crianças tão pequenas, o adulto só está fazendo barulhos. É claro que às vezes esses pequeninos aprendem a associar um desses barulhos com um evento perceptual de maneira muito parecida a como um animal doméstico entende que o som *jantar* anuncia a chegada de comida. Mas isso não é linguagem. Sons tornam-se linguagem para crianças pequenas quando, e somente quando, elas entendem que o adulto está fazendo aquele som com a intenção de que prestem atenção a algo. Essa compreensão não é uma conclusão inevitável, mas uma realização desenvolvimental. Exige a compreensão das outras pessoas como agentes intencionais, como descrito no Capítulo 3; exige a participação numa cena de atenção conjunta, como acabamos de discutir; e exige também a compreensão de um tipo particular de ato intencional dentro de uma cena de atenção conjunta, ou seja, um ato comunicativo que expressa uma intenção comunicativa.

Uma maneira de entender isso é observar o comportamento de macacos e de crianças de dois anos de idade quando os experimentadores tentam comunicar-se com eles empregando signos comunicativos totalmente novos para eles. Tomasello, Call e Gluckman (1997) fizeram exatamente isso, indicando tanto para chimpanzés como para crianças humanas de dois e três anos qual de três recipientes distintos continham uma recompensa (a) apontando para o recipiente correto; (b) colocando um pequeno marcador de madeira sobre a tampa do recipiente correto; ou (c) erguendo uma réplica perfeita do recipiente correto. As crianças já conheciam o significado de apontar, mas desconheciam o uso de marcadores e de réplicas como signos comunicativos. Mesmo assim elas usaram esses signos insólitos de modo bastante eficaz para encontrar a recompensa. Em contraposição, nenhum macaco foi capaz de fazer isso com nenhum dos signos comunicativos que ele não conhecia antes do teste. Uma das explicações desses resultados é que os macacos não conseguiam compreender que o ser humano tinha intenções em relação a seus próprios estados de atenção. Assim, os macacos trataram as tentativas de comunicação dos humanos como pistas discriminativas em pé de igualdade com todos os outros tipos de pistas discriminativas que têm de ser trabalhosamente aprendidas por meio de experiências repetidas. As crianças, em contrapartida, trataram cada tentativa de comunicação como expressão da intenção do adulto para direcionar sua atenção de maneira relevante para a situação presente.

Ou seja, as crianças entenderam algo das intenções comunicativas dos experimentadores. A conceituação e explicação das intenções comunicativas têm uma longa e rica história filosófica (cf. Levinson, 1983, para um apanhado útil), mas seguirei a linha proposta por Clark (1996), que fornece uma explicação mais psicológica de algumas dessas mesmas questões. Na presente análise, para compreender a sua intenção comunicativa tenho de compreender que:

Você pretende que [eu também preste atenção a (X)].

Segundo todos os analistas depois de Grice (1975), a compreensão de uma intenção comunicativa tem de conter a estrutura acima. Assim, se você vem e me empurra sobre uma cadeira, reconheço sua intenção de que eu me sente, mas, se você me disser "Sente", reconhecerei sua intenção de que eu atenda à sua proposta de que eu me sente. Essa análise torna claro que a compreensão de uma intenção comunicativa é um caso especial da compreensão de uma intenção; trata-se de compreender a intenção de outra pessoa em relação ao meu estado de atenção. Compreender isso é obviamente mais complexo que apenas compreender a intenção pura e simples de outra pessoa. Para entender que a intenção do outro é chutar uma bola, tenho apenas de determinar seu objetivo no que diz respeito à bola. Mas, para compreender o que outra pessoa pretende quando emite o som "Bola!" na minha direção, tenho de determinar seu objetivo no que diz respeito aos meus estados de atenção/intencionais em relação a uma terceira entidade.

Portanto, a presente exposição deriva de maneira bastante direta de minha análise anterior da compreensão que as crianças têm dos outros como agentes intencionais, e sua compreensão e visão de si como um agente intencional que participa de cenas de atenção conjunta como outros agentes intencionais. Nessa formulação, apenas a criança que consegue monitorar os estados intencionais dos outros para com ela – na verdade, para com seus próprios estados intencionais – pode entender uma intenção comunicativa. Se tentarmos expor isso num diagrama e diferenciá-lo do caso dos chimpanzés que não entendem intenções comunicativas, obteremos algo parecido com a Figura 4.2. Na Figura 4.2a temos a experiência do chimpanzé quando ele vê outro indivíduo "levantar os braços". O chimpanzé primeiro vê o "levantar do braço"; a isso se segue a expectativa do que acontecerá em seguida (dada sua experiência em situações semelhantes no passado). Na Figura 4.2b temos a experiência da criança quando ela entende com sucesso a tentativa lingüística do adulto de conseguir que ela preste atenção a uma entidade exterior. No primeiro quadro temos a criança vendo a si mesma de fora como um participante da interação na qual o adulto está tentando que ela preste atenção em X, e no segundo quadro vemos a criança respondendo de modo apropriado à proposta do adulto e compartilhando com ele a atenção a X (ambos os participantes prestam atenção no objeto e na atenção do outro ao objeto).

Imitação com inversão de papéis e intersubjetividade

Agora que a criança está equipada para compreender as intenções comunicativas das outras pessoas, tem de ser capaz de usar essa compreensão para aprender a produzir o elemento de linguagem que ela compreendeu. Isso obviamente nos leva de volta para a aprendizagem cultural, ou seja, a aprendizagem por imitação. Mas, para aprender a produzir um símbolo comunicativo, o processo de aprendizagem por imitação é diferente da aprendizagem por imitação de outros tipos de ações intencionais. Por exemplo, se a criança vê um adulto fazer

Figura 4.2a O que chimpanzés conceituam quando percebem e interpretam um sinal gestual: primeiro vêem o gesto do parceiro, e depois imaginam o que o parceiro fará em seguida. O Eu não é conceituado.

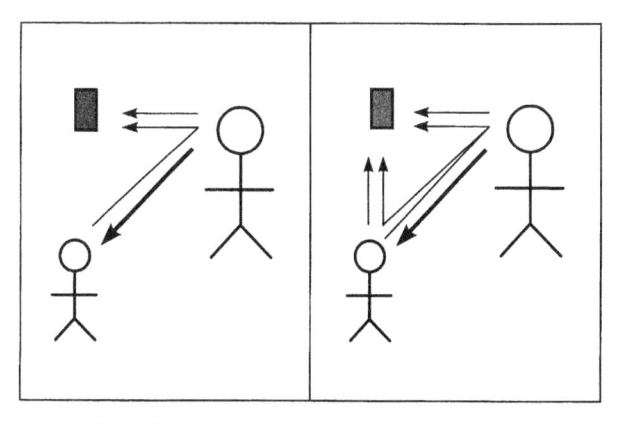

Figura 4.2b O que bebês humanos conceituam quando percebem e interpretam um símbolo lingüístico: primeiro entendem que o parceiro quer que eles compartilhem sua atenção, e depois imaginam como seria este compartilhar. Compartilhar significa que ambos os parceiros prestam atenção tanto ao referente como à atenção do outro ao referente. O Eu é conceituado da mesma maneira que o parceiro.

funcionar um brinquedo novo de uma determinada maneira e em seguida aprende por imitação a fazer a mesma coisa, há um paralelo entre a maneira como o adulto e a criança tratam o brinquedo – a criança apenas substitui o adulto. Contudo, quando um adulto dirige-se à criança com um novo símbolo comunicativo destinado a direcionar sua atenção para o brinquedo, e a criança quer aprender por imitação esse comportamento comunicativo, a situação muda porque, como acabamos de expor, o objetivo do adulto ao empregar o símbolo comunicativo envolve a própria criança – especificamente, o adulto tem intenções no que tange ao estado de atenção da criança. Em conseqüência, se a criança apenas substituir o adulto, ela acabará dirigindo o símbolo para si mesma – que não é o que se espera e é necessário.

Para aprender a usar um símbolo comunicativo de maneira convencionalmente apropriada, a criança tem de se envolver no que chamei de imitação com inversão de papéis (Tomasello). Ou seja, a criança tem de aprender a usar um símbolo dirigido ao adulto da mesma maneira como o adulto o usou dirigido a ela. Este é claramente um processo de aprendizagem por imitação no qual a criança se alinha com o adulto tanto quanto ao objetivo como quanto aos meios para atingir o objetivo; só que nesse caso não basta a criança substituir o adulto no lugar de agente (o que ocorre em todos os tipos de aprendizagem cultural), ela também tem de colocar o adulto no seu lugar como alvo do ato intencional (isto é, ela tem de colocar o estado de atenção do adulto como objetivo no lugar de seu próprio estado de atenção como objetivo). Se olharmos para o segundo quadro da Figura 4.2b, veremos que a inversão de papéis presente nesse tipo de aprendizagem por imitação deriva de maneira direta da visão externa inerente à cena de atenção conjunta. O papel da criança e o papel do adulto na cena de atenção conjunta são entendidos de um ponto de vista "externo", e por isso podem ser livremente intercambiados quando necessário. (Um aspecto interessante dessa história é que algumas crianças em idade muito precoce, e todas as crianças de mais idade, aprendem novos elementos de linguagem pela observação de terceiros conversando entre si (cf. Brown). O processo de substituição mútua dos participantes continua sendo o processo básico; só que, nesse caso, a criança não é um dos participantes originais do intercâmbio lingüístico. Aprender linguagem dessa maneira ainda não foi estudado detalhadamente para sabermos como as crianças realizam esse feito, ou se isso lhes cria dificuldades no começo do desenvolvimento.)

O resultado desse processo de imitação com inversão de papéis é um símbolo lingüístico: um mecanismo comunicativo entendido intersubjetivamente por ambos os lados da interação. Em outras palavras, esse processo de aprendizagem garante que a criança entenda que ela adquiriu um símbolo que é socialmente "compartilhado", no sentido de que ela pode supor que na maioria das circunstâncias o ouvinte entenderá e poderá produzir aquele mesmo símbolo – e o ouvinte também sabe que ambos podem compreender e produzir o símbolo. O processo de compreensão de signos comunicativos – como na comunicação gestual dos chimpanzés e de algumas crianças em idade pré-lingüística – é muito diferente pelo fato de que cada participante só entende seu próprio papel, e apenas de sua perspectiva interna. Mas, mesmo no caso de gestos não-lingüísticos, se o processo de aprendizagem envolver a compreensão de intenções comunicativas e a execução de imitação com inversão de papéis dentro de uma cena de atenção conjunta, o produto será um símbolo comunicativo. Assim, se uma criança aprende a apontar coisas para os outros imitando o gesto de apontar dos adultos para ela, seu ato de apontar torna-se simbólico (ver também os "gestos simbólicos" primitivos das crianças, do aceno de "tchau" ao bater os braços para um pássaro, conforme estudo de Acredolo e Goodwyn, 1988). É interessante notar também que a intersubjetividade inerente aos símbolos socialmente compartilhados, mas não aos sinais de mão única, estabelece vários tipos de "implicaturas" pragmáticas como aquelas investigadas por Grice (1975) relativas às expectativas de que os outros usarão os meios convencionais de expressão – que ambos sabemos conhecer – e não outros, mais embaraçosos ou indiretos. Isso acontece, por exemplo, quando uma criança entende que um símbolo novo está sendo empregado para indicar um aspecto novo de uma situação, porque se o adulto tivesse em vista um aspecto da situação sobre o qual já houvera comunicação anterior ele teria empregado um símbolo conhecido (o assim chamado mapeamento rápido; Carey, 1978).

Portanto, em termos gerais, adquirir o uso convencional de símbolos lingüísticos intersubjetivamente compreendidos exige que a criança:

- entenda os outros como agentes intencionais;
- participe de cenas de atenção conjunta que estabeleçam as bases sociocognitivas para atos de comunicação simbólica, inclusive lingüística;
- entenda não só intenções mas intenções comunicativas, nas quais alguém quer que ela preste atenção a algo na cena de atenção conjunta; e
- inverta o papel com os adultos no processo de aprendizagem cultural e assim use em relação a eles

o que eles usaram em relação a ela – o que na verdade cria a convenção comunicativa intersubjetivamente compreendida ou o símbolo.

Aprender símbolos lingüísticos dá às crianças pequenas condições de começar a tirar vantagem de todos os tipos de aptidões e conhecimentos sociais preexistentes em suas comunidades locais e culturas em geral. Mas faz mais que isso. O que torna os símbolos lingüísticos realmente únicos de um ponto de vista cognitivo é o fato de que cada símbolo incorpora uma perspectiva particular sobre alguma entidade ou evento: esse objeto é simultaneamente uma rosa, uma flor e um presente. A natureza perspectiva dos símbolos lingüísticos multiplica ao infinito a especificidade com que podem ser usados para manipular a atenção dos outros, e esse fato tem profundas implicações quanto à natureza da representação cognitiva, que exploraremos mais adiante. Mas no presente contexto – no qual estamos preocupados em saber como crianças pequenas aprendem novos símbolos lingüísticos – isso cria um problema. O problema é que essa grande especificidade exige que a criança não só determine que o adulto tem intenções em relação à sua atenção, mas identifique o alvo específico que o adulto quer que ela identifique numa cena específica de atenção conjunta.

Bases sociointerativas da aquisição da linguagem

Até agora equipamos a criança com vários tipos de aptidões sociocognitivas (e pressupusemos as aptidões gerais dos primatas de percepção, memória, categorização etc.), mas resta ainda a questão de como essas aptidões são usadas na prática para aprender símbolos lingüísticos. O problema – formulado pela primeira vez por Wittgenstein (1953) e depois elaborado por Quine (1960) – deriva da natureza perspectiva dos símbolos lingüísticos (embora esses filósofos não tenham formulado a questão dessa forma). Por causa da natureza perspectiva dos símbolos lingüísticos, não existe procedimento algorítmico para determinar a intenção comunicativa específica de uma pessoa numa situação específica. Quando um adulto levanta uma bola e diz *dax*, como a criança vai saber se o adulto está se referindo apenas àquela entidade, ou à sua cor, ou a alguma classe mais ampla de entidades (como brinquedos), ou ao ato de levantar coisas, ou a uma de infinitas outras coisas? Alguns pesquisadores tentaram resolver esse problema propondo que na época em que se inicia a aquisição da linguagem as crianças estão equipadas com certas "restrições" relativas à aprendizagem de palavras que automaticamente as orientam para a referência pretendida pelo falante de maneira eficaz (cf. Markman, 1989, 1992; Gleitman, 1990).

Sou cético quanto a soluções que envolvam uma "harmonia preestabelecida" desse tipo, e em vez disso optei por uma abordagem baseada na compreensão sociopragmática que as crianças têm das intenções comunicativas dos adultos em contexto (Tomasello, 1992a, 1995c). Assim, pelo menos parte de minha solução para o problema postulado por Wittgenstein apóia-se na compreensão que a criança tem das intenções comunicativas do adulto inseridas numa cena de atenção conjunta significativa – o que Wittgenstein chamava de uma "forma de vida" –, sendo esta compreensão independente de qualquer compreensão da linguagem a ser aprendida (embora, é claro, dependa da compreensão pela criança de outra linguagem na situação). A forma como isso se dá na prática é muitas vezes bastante sutil e complexa, já que as crianças têm de identificar as intenções comunicativas do adulto no fluxo da interação social e do intercâmbio discursivo em andamento. Outra parte da solução provém do mesmo lugar que o problema. A natureza perspectiva dos símbolos lingüísticos significa que em muitos casos esses símbolos contrastam entre si quanto ao significado – definem-se, em certo sentido, um em função do outro, como em *comprar, vender, emprestar, tomar emprestado* – e isso ajuda as crianças a aprender significados sutilmente diferentes, sobretudo depois de terem aprendido algumas palavras básicas.

Atenção conjunta e primórdios da linguagem

Bruner (1975, 1983) foi o primeiro pesquisador da aquisição da linguagem das crianças a se debruçar sobre o problema de Wittgenstein e propor uma resposta. Seguindo a abordagem geral de Wittgenstein, Bruner afirma que a criança adquire o uso convencional de um símbolo lingüístico aprendendo a participar de um formato interativo (forma de vida, cena de atenção conjunta) que ela primeiro entende de forma não-lingüística, de modo que a linguagem do adulto se inscreva em experiências compartilhadas cujo significado social ela já consegue avaliar. Um componente-chave desse processo é obviamente uma criança que entenda os adultos como seres intencionais de modo que possa partilhar com eles a atenção em contextos específicos. Mas outro componente é o mundo social preexistente e externo no qual a criança vive. Para adquirir linguagem, a criança tem de viver num mundo que tenha atividades sociais estruturadas que ela possa entender, da mesma maneira que nosso hipotético visitante da Hungria entendeu o processo de compra de bilhetes e de destinos de trens. Para as crianças, isso muitas vezes implica a recorrência da mesma atividade geral de forma regular ou rotineira, para que ela possa vir a discernir como a atividade funciona e como os vários papéis sociais contidos nela são exercidos. É claro que se estamos interessados na aquisição da linguagem devemos considerar o caso em que o adulto emprega um símbolo lingüístico inédito de uma maneira que a criança possa compreender como relevante para a atividade partilhada (de uma maneira que o primeiro falante húngaro na estação de trem não fez). Em termos gerais, poderíamos dizer que, se uma criança nascesse num mundo em que o mesmo evento nunca ocorre de forma repetida, o mesmo objeto nunca aparece duas vezes e os adultos nunca usam a mesma linguagem no mesmo contexto, seria difícil imaginar como a criança – sejam quais forem suas aptidões cognitivas – poderia adquirir uma língua natural.

Vários estudos mostraram que depois de iniciarem a aquisição da linguagem as crianças aprendem melhor as palavras novas em cenas de atenção conjunta socialmente partilhadas com outros, geralmente aquelas que são recorrentes em sua experiência diária, tais como tomar banho, comer, trocar fraldas, ler livros e andar de carro. Essas atividades são em muitos sentidos análogas à situação de comprar-bilhetes-na-estação-de-trem em que a criança entende seus próprios objetivos e os do adulto na situação, o que lhe permite inferir a relevância da linguagem do adulto para aqueles objetivos, o que leva a inferências sobre seu foco preciso de atenção. Assim, Tomasello e Todd (1983) demonstraram que crianças que passam mais tempo em atividades de atenção conjunta com suas mães entre os doze e dezoito meses têm vocabulários mais amplos aos dezoito meses de idade (ver também Smith *et al.*, 1988; Tomasello, Mannle e Kruger, 1986). No que tange ao uso da linguagem por parte do adulto nessas cenas de atenção conjunta, Tomasello e Farrar (1986) encontraram fundamentos tanto correlacionais como experimentais para a hipótese de que as mães que usavam a língua na tentativa de acompanhar a atenção de seus filhos (isto é, falavam sobre um objeto que já era o foco do interesse e da atenção da criança) tinham filhos com vocabulários mais amplos que mães que usavam a língua na tentativa de direcionar a atenção do filho para algo novo (ver também Akhtar, Dunham e Dunham, 1991; Dunham, Dunham e Curwin, 1993).

Talvez de especial importância sejam as conclusões de Carpenter, Nagell e Tomasello (1998) segundo as quais algumas relações semelhantes podem ser encontradas em crianças de menor idade, quando estão apenas começando a aprender a usar a linguagem. Eles descobriram que os bebês que passavam mais tempo num envolvimento de atenção conjunta com suas mães aos doze meses de idade compreendiam e produziam mais linguagem nessa mesma idade e nos meses imediatamente subseqüentes. Também descobriram que mães que acompanhavam o foco de atenção dos filhos com palavras aos doze meses tinham filhos com vocabulários de compreensão mais amplos nos meses imediatamente subseqüentes (as relações com a produção da linguagem apareciam um pouco mais tarde). Quando essas duas variáveis – o tempo passado pela criança em envolvimento de atenção conjunta e a tendência da mãe de "acompanhar" o foco de atenção da criança ao empregar linguagem referencial – foram aplicadas simultaneamente em equações de regressão, mais da metade da variância em compreensão e produção de linguagem das crianças foi predita em vários pontos durante o período entre doze e quinze meses de idade, cada variável sendo responsável por quantidades significativas de variância específica. Várias medidas do desenvolvimento cognitivo não-social das crianças – envolvendo sobretudo seu conhecimento de objetos e espaço – apareceram de modo não-correlacionado com linguagem e outras atividades de atenção conjunta, fornecendo indícios de que a correlação entre envolvimento de atenção conjunta e linguagem não era apenas resultado de algum avanço desenvolvimental generalizado.

A conclusão clara desse estudo – que confirma as conclusões correlacionais e experimentais de estudos semelhantes com crianças um pouco mais velhas – é que a recém-adquirida habilidade dos bebês de cerca de um ano de idade de se envolver em atividades de atenção conjunta com adultos sem mediação lingüística está inteiramente relacionada com as recém-adquiridas habilidades lingüísticas (cf. Rollins e Snow, 1999, para algumas conclusões semelhantes quanto a atenção conjunta e aptidões sintáticas precoces). Essa conclusão é importante porque demonstra que a conhecida correspondência etária entre capacidade de atenção conjunta e linguagem – ambas emergem nos meses que antecedem ou sucedem o primeiro aniversário da criança, sendo que a capacidade de atenção conjunta não-lingüística aparece um pouco antes – não é uma coincidência. O problema que essa conclusão coloca para as teorias dos primórdios da aquisição da linguagem que não enfocam as dimensões sociais do processo é imediato e grave. Para as teorias que enfocam primariamente as dimensões cognitivas da aprendizagem da palavra (por exemplo, Markman, 1989) ou os processos associativos de aprendizagem envolvidos (Smith, 1995), a questão que se coloca é por que a aquisição da linguagem começa no momento em que começa. Por que começa logo depois da emergência da capacidade de atenção conjunta? E qualquer resposta que invoque processos cognitivos não-sociais ou de aprendizagem – por exemplo, que com um ano as crianças pela primeira vez são capazes de conceituar ou aprender novos tipos de coisas em geral – tem de responder à pergunta: por que os primórdios da linguagem aparecem de modo correlacionado com aptidões sociocognitivas não-lingüísticas e sociointerativas? Até onde sei, a única teoria dos primórdios da aprendizagem da palavra e da aquisição da linguagem que pode dar conta dessas descobertas é a teoria sociopragmática desenvolvida por Bruner (1983), Nelson (1985) e Tomasello (1992a, 1995c).

O interessante é que, no estudo de Carpenter, Nagell e Tomasello (1998), as relações entre a linguagem materna de "acompanhamento" e a aprendizagem da linguagem por parte da criança vão se enfraquecendo à medida que a criança cresce. Trata-se de uma constatação intrigante porque sugere a possibilidade de que o fato de as mães usarem sua linguagem para acompanhar o foco de atenção da criança é um tipo de andaime para os primórdios da aquisição da linguagem que ajuda os aprendizes de linguagem novatos a discernir as intenções comunicativas do adulto, mas que esse tipo de andaime não é necessário à medida que a criança cresce e se torna mais habilidosa na determinação dessas intenções comunicativas em interações lingüísticas menos facilitadas. Com efeito, a partir dos dezoito meses em média, crianças pequenas revelam habilidades realmente espantosas de discernir as intenções comunicativas do adulto numa ampla variedade de contextos interativos que não estão especificamente adaptadas para elas.

Aprender palavras no fluxo de interações sociais

Acontece com certa freqüência na cultura da classe média ocidental de um adulto segurar ou apontar para um objeto ao mesmo tempo que o nomeia para a criança. As dimensões sociais desse processo são óbvias: a criança tem de certa forma de determinar para qual aspecto da situação o adulto quer que ela preste atenção. Apesar das complexidades dessa situação, tal como analisadas por Wittgenstein e Quine, esse caso é no entanto *relativamente* simples pelo fato de coisas como seguir visualmente a direção do olhar e gestos de apontar serem tão básicas para os bebês. No entanto, verifica-se que, em muitas culturas do mundo, os adultos não se envolvem nesse tipo de jogo de nomear com crianças pequenas (Brown). Além disso, mesmo na cultura da classe média ocidental, os adultos não usam com freqüência esse jogo de nomear a não ser com palavras que nomeiem objetos. Por exemplo, usam verbos sobretudo para regrar ou antecipar o comportamento das crianças, mas não para nomear ações para elas; seria de fato estranho se um adulto exclamasse para a criança: "Veja, este é um exemplo de guardar (ou dar, ou pegar)" (Tomasello e Kruger, 1992). As crianças, pelo contrário, costumam escutar muitos verbos, sobretudo quando o adulto dirige o comportamento delas em frases como "Guarde seus brinquedos" enquanto aponta para a caixa de brinquedos. Em tais casos, fica claro que as pistas sociopragmáticas que indicam o referente pretendido pelo adulto ao se dirigir à criança (isto é, a ação de guardar) são bem mais sutis, complexas e variadas do que em contextos de denominação ostensiva de objetos, e, na verdade, mudam de modo fundamental de situação para situação: o adulto pede que a criança coma as ervilhas direcionando a colher para o rosto da criança, pede que a criança lhe dê algo estendendo a mão, e pede que os brinquedos sejam guardados apontando para a destinação desejada. Portanto, não existe um "jogo de nomear original" padronizado para verbos como existe para os objetos em algumas culturas (Tomasello, 1995c). A situação complica-se ainda mais se pensarmos em outros tipos de palavras como as preposições (Tomasello, 1987).

Alguns estudos recentes demonstraram experimentalmente que crianças pequenas aprendem palavras novas numa grande variedade de situações sociointerativas complexas. Aprendem palavras novas não só quando o adulto pára e nomeia objetos para elas, mas também no fluxo de interações sociais em que ambos estão tentando fazer coisas. Em nenhum desses casos a criança pode contar com o adulto acompanhando seu foco de atenção já estabelecido; pelo contrário, ela tem de se adaptar ao foco de atenção do adulto. Por exemplo, Baldwin (1991, 1993) ensinou a crianças de dezenove meses novas palavras em duas situações inéditas. Numa situação, o adulto acompanhava o foco de atenção da criança, e, como em outros estudos, a criança aprendeu a nova palavra bastante bem – na verdade, melhor do que em qualquer outra condição. Mas o adulto também ensinou com sucesso novas palavras numa situação em que o adulto olhava e rotulava um objeto para o qual a criança não estava olhando, exigindo assim que a criança voltasse seu olhar para ele e depois determinasse o foco de sua atenção.

Meus colaboradores e eu realizamos uma série de estudos que demonstram esse mesmo ponto mas de forma ainda mais contundente. Em todos os nossos estudos propusemos situações em que um adulto conversava com uma criança enquanto ambos se envolviam em vários jogos, com palavras novas sendo introduzidas da maneira mais natural possível no transcorrer do jogo. Em todos os casos havia vários referentes potenciais à disposição; ou seja, havia vários referentes novos para os quais a criança não dispunha de meios de expressão lingüística e a palavra nova era introduzida num único tipo de contexto lingüístico. Foram fornecidas várias pistas sociopragmáticas do referente pretendido pelo adulto nos diferentes estudos para ver se as crianças eram sensíveis a elas. Os estudos foram planejados de forma que nenhuma das conhecidas restrições de aprendizagem de palavras propostas por vários investigadores (por exemplo, objeto total, excludência mútua, subsídio sintático [*syntactic bootstrapping*]; Markman, 1989, Gleitman, 1990) ajudasse a criança a distinguir entre possíveis referentes. Os estudos também foram planejados de modo que a direção do olhar nunca servisse de diagnóstico da intenção referencial do adulto. Em todos os estudos as crianças entre dezoito e vinte e quatro meses de idade, e em todos os casos a maioria das crianças, aprenderam as palavras novas em termos de compreensão ou produção ou ambos (e melhor que em várias condições de controle).

Para dar uma idéia do tipo de situações nas quais as crianças conseguiram ler as intenções comunicativas dos adultos, e portanto aprenderam a palavra nova, vou resumir aqui sete das situações nas quais crianças de dezoito a vinte e quatro meses aprenderam palavras novas com alguma facilidade. Em cada caso, podem ser encontrados no estudo original os detalhes das condições de controle e outros dados.

- No contexto de um jogo de achar, um adulto anunciava sua intenção de "encontrar o '*toma*'" e se punha a procurar em vários baldes enfileirados, cada qual contendo objetos inusitados. Às vezes encontrava-o no primeiro balde examinado. Às vezes, contudo, tinha de procurar por mais tempo, desprezando objetos não procurados com um franzir do cenho e devolvendo-os a seus baldes até encontrar aquele procurado. As crianças aprenderam a nova palavra para o objeto que o adulto pretendia achar (indicado por um sorriso e o fim da busca) *independentemente do fato de objetos terem sido rejeitados durante o processo de busca ou da quantidade destes*. (Tomasello e Barton, 1994; Tomasello, Strosberg e Akhtar, 1996)
- Também no contexto de um jogo de achar, um adulto pedia que a criança encontrasse quatro objetos diferentes em quatro diferentes esconderijos, um dos quais era um celeiro de brinquedo muito chamativo. Depois de a criança aprender que objetos estavam em quais lugares, o adulto anunciava sua intenção de "encontrar o *gazzer*". Dirigia-se em seguida ao celeiro de brinquedo, mas constatava que ele estava "trancado". Franzia o cenho para ele e dirigia-se para outro esconderijo dizendo "Vejamos o que mais podemos encontrar" e ti-

rava um objeto com um sorriso. Mais tarde, as crianças demonstraram ter aprendido *"gazzer"* para o objeto que elas sabiam que o experimentador queria encontrar no celeiro *mesmo não tendo visto o objeto depois de ter escutado a palavra nova, e mesmo que o adulto tivesse franzido o cenho para o celeiro e sorrido para um objeto que apenas servira para distrair a atenção*. (Akhtar e Tomasello, 1996; Tomasello *et al.*, 1996)

- Um adulto criava um *script* com uma criança no qual uma ação inédita era sempre realizada com um determinado boneco e só com ele (por exemplo, Garibaldo num balanço, com outras duplas boneco-ação também sendo demonstradas). Então ele pegava Garibaldo e anunciava "Vamos *meek* Garibaldo", mas o balanço não era encontrado em lugar nenhum – de modo que a ação não era realizada. Posteriormente, usando um outro personagem, as crianças demonstravam sua compreensão do novo verbo *mesmo que nunca tivessem visto a ação referente ser realizada depois de o novo verbo ter sido introduzido*. (Akhtar e Tomasello, 1996)

- Um adulto anunciava sua intenção de "*dax* Mickey Mouse" e passava então a realizar uma ação acidentalmente e outra intencionalmente (ou, às vezes, na ordem inversa). As crianças aprenderam a palavra relativa à ação intencional e não aquela relativa à ação acidental, *independentemente de qual vinha primeiro na seqüência*. (Tomasello e Barton, 1994)

- Uma criança, sua mãe e um experimentador brincavam juntos com três objetos novos. Em seguida, a mãe saía da sala. Um quarto objeto era apresentado e a criança e o experimentador brincavam com ele, comentando a ausência da mãe. Quando a mãe voltava para a sala, olhava para os quatro objetos juntos e exclamava: "Olha! Um *modi*! Um *modi*!" Compreendendo que a mãe não ficaria entusiasmada com os objetos com os quais já brincara anteriormente, mas que podia muito bem ficar entusiasmada com o objeto que ela estava vendo pela primeira vez, *as crianças aprenderam a palavra nova para o objeto que a mãe ainda não vira*. (Akhtar, Carpenter e Tomasello, 1996)

- Um adulto apresentava à criança um tubo encurvado, pelo qual objetos podiam ser lançados com grande efeito. Numa condição, ele primeiro lançava um novo objeto, e depois outro, e em seguida anunciava "Agora, *modi*" ao lançar outro objeto novo. Nessa condição, as crianças pensavam que *modi* era o nome daquele objeto. Em outra condição, o adulto pegava um objeto novo e primeiro fazia algo com ele, depois outra coisa, e então anunciava "Agora, *modi*" ao lançá-lo pelo tubo. Nessa condição, as crianças pensavam que *modi* era o nome da ação de lançar objetos pelo tubo. O elemento comum é que em cada caso *a criança supunha que o adulto estava falando sobre a entidade, objeto ou ação, que era nova na situação comunicativa*. (Tomasello e Akhtar, 1995)

- Um adulto brincava com a criança num carrossel várias vezes. Em seguida passavam a outra atividade. Depois o adulto voltava para o carrossel. Ao fazer isso, numa condição ele aprontava o carrossel para brincar, depois oferecia um objeto novo para a criança enquanto alternava o olhar entre a criança e o carrossel, dizendo *"Widgit,* Jason". Nesse caso, as crianças pensavam que *widgit* era um pedido de que usassem o novo brinquedo com o carrossel. Na outra condição, o adulto não aprontava o carrossel para funcionar e não alternava o olhar com o aparelho, mas, em vez disso, simplesmente oferecia o novo objeto para a criança e dizia "Jason, *widget*" enquanto alternava o olhar entre o objeto e a criança. Nesse caso, as crianças pensavam que *widgit* era o nome do objeto, não a ação associada com o carrossel. (Tomasello e Akhtar, 1995)

Embora cada um desses estudos possa ser explicado de outras maneiras (por exemplo, ver Samuelson e Smith, 1998), quando considerados em conjunto a explicação, a meu ver, mais plausível é que, quando as crianças têm por volta de dezoito a vinte e quatro meses, elas já desenvolveram uma compreensão profunda e flexível das outras pessoas como seres intencionais, e portanto estão aptas para determinar as intenções comunicativas do adulto numa ampla variedade de situações comunicativas relativamente novas – supondo que elas possam encontrar alguma maneira de entender essas situações como cenas de atenção conjunta. A suposição de que a linguagem do adulto é relevante para suas atividades sociais e instrumentais é simplesmente a expressão natural dessa compreensão intencional. Assim, em vários desses estudos, primeiro a criança tinha de entender que ela e o adulto estavam brincando de achar. Dada essa compreensão intencional (e alguns detalhes do próprio jogo), a criança podia inferir que quando o adulto franzia o cenho para um objeto não era aquele que ele estava procurando – a

ORIGENS CULTURAIS DA AQUISIÇÃO DO CONHECIMENTO 163

não ser que o franzir do cenho ocorresse quando o adulto tentava sem sucesso abrir o celeiro de brinquedo que continha o brinquedo desejado, caso em que o franzir do cenho significava frustração por não ser capaz de pegar o objeto pretendido. A questão é que os comportamentos específicos do adulto, tais como um sorriso ou uma carranca, não são suficientes por si sós para indicar para a criança o referente pretendido pelo adulto. Mas, numa cena de atenção conjunta mutuamente compreendida, podem ser. Também é importante notar que nos dois últimos estudos descritos, a estrutura do evento do jogo e o comportamento e o discurso do adulto foram indicadores tão fortes da intencionalidade que a criança foi levada a crer que a mesmíssima frase indicava, num caso, um objeto e, no outro, uma ação.

O quadro geral é o seguinte. Para adquirir o uso convencional de um símbolo lingüístico, a criança tem de ser capaz de determinar as intenções comunicativas do adulto (as intenções do adulto no que se refere à sua atenção), e então envolver-se num processo de imitação com inversão de papéis no qual usa o novo símbolo em relação ao adulto da mesma maneira e com o mesmo propósito comunicativo do adulto em relação a ela. Inicialmente, com um ano de idade, as crianças são capazes de realizar esse feito principalmente em cenas de atenção conjunta repetitivas e previsíveis, nas quais o adulto acompanha o foco de atenção da criança. Mas, à medida que a criança ganha aptidão na determinação das intenções comunicativas do adulto numa variedade mais ampla de cenas de atenção conjunta, formatos fortemente estruturados com adultos muito sensíveis tornam-se menos cruciais para o processo; a criança tem de estabelecer a atenção conjunta de maneira mais ativa determinando o foco de atenção do adulto num conjunto muito variado de contextos sociocomunicativos. De possível relevância para essa explicação é a descoberta de que algumas crianças adquirem sua língua natal em culturas nas quais quase não existe a sensibilidade atenta e suportiva que caracteriza muitas famílias ocidentais de classe média (Schieffelin e Ochs, 1986). Embora ainda faltem estudos quantitativos, alguns registros revelam que essas crianças raramente adquirem um grande número de palavras antes do segundo aniversário (L. de Leon, comunicação pessoal), o que provavelmente significa que essas crianças adquirem a grande maioria de seus símbolos lingüísticos somente depois de serem capazes de maior atividade no estabelecimento de cenas de atenção conjunta e na determinação das intenções comunicativas do adulto dentro do fluxo de interações sociais.

Perspectiva, contraste e subsídio

Todos esses estudos sobre aprendizagem de palavras, bem como a maioria dos outros estudos sobre esse tema, giram em torno de como as crianças determinam, numa dada situação, o objeto, o evento ou a propriedade específicos a que o adulto está se referindo. Aprender o que um adulto *quer dizer* ao empregar uma palavra ou expressão lingüística particular é outra coisa. Por exemplo, quando, num experimento, a criança pega determinado objeto para *dax*, ainda não sabemos que outras coisas ela também poderia querer chamar de *dax* (por exemplo, todas as coisas com determinada forma, todas as coisas que rolam); ou seja, desconhecemos a intensão ou extensão de sua compreensão do uso convencional da palavra. Uma vez que na maioria das línguas naturais as palavras são categoriais, poderíamos falar das categorias cognitivas que subjazem ao uso dessas palavras. Mas prefiro empregar o termo mais geral *perspectiva*, que inclui, como caso especial, a possibilidade de situar a mesma entidade em diferentes categorias conceituais para diferentes propósitos comunicativos ou outros. Poderíamos então dizer que os símbolos lingüísticos são convenções sociais para induzir os outros a interpretar uma situação experiencial ou assumir uma perspectiva em relação a ela.

A natureza perspectiva dos símbolos lingüísticos é parte fundamental da concepção da linguagem conhecida como Lingüística Cognitiva ou Funcional. Langacker (1987a) propõe três tipos principais de perspectiva – o que ele chama de operações de interpretação [*construal operations*] – embora também enumere outros:

- granularidade-especificidade (cadeira de escrivaninha, cadeira, móvel, coisa);
- perspectiva (perseguir-fugir, comprar-vender, vir-ir); e
- função (pai, advogado, homem, hóspede, americano).

Fillmore (1985) enfatiza o papel de quadros [*frames*] contextuais recorrentes nos quais termos lingüísticos isolados ganham seu sentido. A idéia é que o fato de invocar determinado símbolo lingüístico com bastante freqüência traz consigo uma perspectiva sobre o contexto circundante; por exemplo, chamar o mesmo pedaço de terra de *costa, litoral* ou *praia,* dependendo do quadro contextual dentro do qual a fala se dá – ou chamar o mesmo evento de *vender* ou *mercadejar*, dependendo do ponto de vista adotado em relação ao evento. As construções metafóricas indicam a liberdade e flexibilidade desse processo, já que podemos dizer que *A vida é uma praia* ou *A corça está mercadejando seus dotes*. Em todos os casos, pois, o uso de um determinado símbolo lingüístico implica a escolha de um determinado nível de granularidade na categorização, uma determinada perspectiva ou ponto de vista sobre a entidade ou evento, e, em muitos casos, uma função num contexto. Além disso, em combinações gramaticais de vários tipos, aparecem perspectivas ainda mais específicas (*Ele carregou o vagão com feno versus Ele carregou feno no vagão*, ou *Ela arrebentou o vaso versus O vaso foi arrebentado*). Falaremos mais demoradamente desse processo no Capítulo 5, mas considero óbvio que a única razão pela qual as línguas são construídas dessa maneira é que as pessoas precisam se comunicar sobre coisas muito diferentes em circunstâncias comunicativas muito diversas de muitos pontos de vista diferentes – caso contrário, cada entidade ou evento, ou mesmo cada tipo de entidade ou evento, teria seu próprio rótulo verdadeiro e único – e não haveria mais o que falar a respeito.

No presente contexto, a questão mais importante é o que esse fato sobre a natureza da linguagem implica no que tange à aquisição da linguagem (exploraremos suas ramificações no tocante à representação cognitiva a seguir). Por um lado, a natureza perspectiva da linguagem pareceria criar para a criança grandes dificuldades decorrentes da indeterminação referencial e coisas do gênero, mas, por outro, as perspectivas se contrastam entre si – na verdade, limitam-se entre si – tornando os problemas um pouco mais manejáveis. Examinemos brevemente um exemplo (ver Clark, 1997, para muitos outros exemplos de crianças um pouco mais velhas). Dos dezoito aos vinte e quatro meses, minha filha adquiriu várias maneiras diferentes de pedir objetos (Tomasello, 1992b, 1998). As principais maneiras foram estas:

- pedir pelo nome (e ela conhecia o nome de muitos objetos);
- pedir com o pronome *that* ou *this*;
- pedir para *segurá*-lo (geralmente quando você estivesse fazendo isso e ela também queria);
- pedir para *obtê*-lo (genérico);
- pedir de *volta* (depois de você ter tirado o objeto dela);
- pedir para *pegar* para ela (geralmente quando estava inacessível para ela);
- pedir para *dá*-lo a ela (quando estava com você);
- pedir para usar *também* (isto é, usar junto com você);
- pedir para *usá*-lo (isto é, usá-lo sozinha e depois devolvê-lo a você);
- pedir para *comprar* o objeto para ela (numa loja);
- pedir para *ficar* com ele (se você estivesse ameaçando levá-lo embora).

Dois aspectos desses exemplos totalmente mundanos devem ser sublinhados. O primeiro é simplesmente que durante as primeiras fases da aquisição da linguagem a criança descobre que existem muitos modos diferentes de olhar para a mesma situação; a criança aprende que o adulto está escolhendo um modo, em contraposição a outros modos diferentes, de simbolizar a cena referencial – e aprende a fazer a mesma coisa. Às vezes posso pedir por um objeto com algum termo genérico, mas às vezes é preferível uma situação que leve em conta aspectos mais específicos da situação particular; posso pedir para *obter* um objeto, mas talvez meu pedido fosse mais efetivo se eu pedisse apenas para *usá*-lo; posso pedir o objeto pelo nome, ou posso simplesmente pedir por *isso* ou *aquilo*. O que a criança está aprendendo nesse momento é que um símbolo lingüístico incorpora um modo particular de interpretar coisas – perspectiva particular – moldado para certas situações comunicativas mas não para outras. Que as crianças de certa forma entendem esse aspecto do funcionamento dos símbolos lingüísticos é sugerido pelo fato de que conseguem, pouco depois de começarem a usar a linguagem de modo produtivo (dezoito a vinte e quatro meses), se reportar ao mesmo referente com expressões lingüísticas diversas em circunstâncias comunicativas diferentes (Clark, 1997). Outra observação comum é que em sua produção de linguagem as crianças dessa idade também conseguem pegar um determinado objeto e atribuir-lhe diferentes propriedades como *molhado*, ou *azul*, ou *meu* (Bates, 1979). Existem alguns tipos de símbolos lingüísticos que podem ser usados na maioria das situações basicamente com o mesmo significado, por exemplo, nomes de objetos de nível básico como *gato* e *maçã*, mas há sempre escolhas – e, de fato, mesmo nomes de objetos de nível básico costumam ser substituídos por pronomes por crianças pequenas em algumas situações. Portanto, os símbolos lingüísticos representam para as crianças perspectivas que têm certa liberdade em relação à situação perceptual, no sentido de que outros símbolos lingüísticos poderiam ter sido escolhidos para indicar a mesma experiência para outros fins comunicativos.

O segundo ponto é que essa capacidade de contrastar expressões lingüísticas entre si na "mesma" situação comunicativa desempenha um papel-chave na aprendizagem de novas palavras, sobretudo aquelas com significados mais específicos. Por exemplo, a aprendizagem da minha filha de termos como *compartilhar* e *usar* seria praticamente impossível, a meu ver, se ela já não tivesse termos mais genéricos tais como *dar* e *ter* para a situação básica de transferência de posse. A questão é que os detalhes do uso desses termos mais específicos só são compreendidos pela criança quando ela os encontra pela primeira vez em contraste com os termos genéricos que o adulto poderia ter usado mas não usou (Clark, 1987). Por que mamãe disse que eu não podia *ter* aquilo mas podia *usá*-lo? Por que ela chamou essa coisa que parece um *cão* de *vaca*? Alguns teóricos caracterizaram esse processo de contraste como uma restrição *a priori* sobre a aquisição de linguagem (excludência mútua de Markman, 1989), mas prefiro caracterizá-lo como um princípio pragmático aprendido sobre como as pessoas usam os símbolos lingüísticos. Assim, o argumento de Clark (1988) é que o princípio de que, de alguma maneira, todas as palavras contrastam entre si quanto ao significado é realmente um princípio do comportamento humano racional segundo o qual: "Se alguém está usando *esta* palavra e não *aquela* na presente situação, deve haver alguma razão para isso." Portanto, a criança examina a situação presente para tentar descobrir o que distingue, por exemplo, a presente situação, a qual o adulto disse *compartilhar*, da situação mais comum em que tanto ela como o adulto dizem *dar* ou *ter*. Embora o processo não tenha sido estudado de forma muito minuciosa, ser capaz de contrastar dessa maneira significados de palavras entre si muito provavelmente facilita a aquisição de novas palavras por parte das crianças, sobretudo aquelas que são derivadas [*spin-offs*] de situações conceitualmente mais básicas (ver Tomasello, Mannle e Werdenschlag, 1988, para outro exemplo).

Outro processo semelhante que também deveria ser mencionado nesse contexto é o processo de aprender novas expressões lingüísticas com a ajuda do contexto lingüístico no qual elas estão inseridas. Algumas versões desse processo foram elaboradas a partir do chamado subsídio sintático [*syntactic bootstrapping*], no qual a criança faz uso da presença de marcadores gramaticais tais como *the* em construções sintáticas completas como dicas do significado de uma palavra (Brown, 1973; Gleitman, 1990). Mas existem outras versões mais mundanas de subsídio menos fundamentadas sintaticamente. Ou seja, se a criança escuta *I'm tamming now* quando o adulto bate a mão contra a mesa, ela pode inferir que a ação referida por *tamming* não é uma ação que muda o estado do objeto sobre o qual se age, porque a mesa nem mesmo é mencionada (cf. Fisher, 1996). Versões mais sutis desse processo também podem ocorrer quando a criança escuta, por exemplo, um verbo com uma determinada preposição com função locativa, como em *He is meeking it out of the box*, caso este em que pode supor que o significado de "*out of*" não é parte do significado do verbo, já que tem sua própria expressão na locução preposicional. Esse processo pode igualmente ser pensado como uma espécie de contraste, no qual a criança tem de ratear o significado da frase completa do adulto em suas partes componentes, cada uma das quais desempenhando sua função no significado como um todo; cabe então atribuir à palavra nova sua porção no todo – o que Tomasello (1992b) chamou de análise distributiva funcional (ver também Goodman, McDonough e Brown, 1998). Portanto, em combinação com o princípio de contraste, da forma como é tradicionalmente entendido, a criança que já domina algo da linguagem pode escutar uma palavra nova e contrastá-la com as outras que o falante poderia ter escolhido em seu lugar (paradigmas), bem como com as outras palavras da frase que cumprem sua parte para expressar todo o significado dela (sintagmas). As inferências que as crianças fazem em tais situações são sempre pragmáticas no sentido de que se baseiam na compreensão que as crianças têm de por que o adulto escolheu empregar aquela palavra daquela maneira na presente frase, na presente cena de atenção conjunta. Supõe-se que a capacidade de fazer essas inferências aumenta à medida que as crianças aprendem mais linguagem.

Podemos, pois, caracterizar a essência dos símbolos lingüísticos como (a) intersubjetivos e (b) perspectivos. Um símbolo lingüístico é intersubjetivo no sentido de que é algo que o usuário produz, entende e entende que outros entendem; mas essa intersubjetividade também pode ser característica de outros tipos de símbolos comunicativos, do gesto simbólico do bebê de dezoito meses às bandeiras das nações. Portanto, a intersubjetividade é de fundamental importância para compreender o modo como os símbolos lingüísticos funcionam – e como eles se distinguem dos signos comunicativos de outras espécies animais – mas não diferencia os símbolos lingüísticos de outros tipos de símbolos humanos. O que distingue os símbolos lingüísticos de modo mais claro é sua natureza perspectiva. Esse aspecto deriva da aptidão humana de adotar diferentes perspectivas sobre a mesma coisa para propósitos comunicativos diversos e, inversamente, de tratar diferentes entidades como se fossem uma mesma para algum propósito comunicativo; na medida em que as perspectivas estão incorporadas em símbolos, elas criam contrastes. A intersubjetividade dos símbolos lingüísticos revela-se para as crianças pequenas muito cedo no processo de aquisição da linguagem, mas sua natureza perspectiva emerge de forma mais gradual à medida que a criança percebe que existem modos alternativos de ver as coisas e falar sobre elas. Isso cria problemas para a aquisição porque agora as possibilidades de referentes pretendidos multiplicam-se ao infinito – mas também cria algumas restrições à medida que a criança aprende por que as pessoas escolhem um meio de expressão em detrimento de outros numa determinada circunstância comunicativa.

Representação sensório-motora e simbólica

É indubitável que a aquisição da linguagem capacita as crianças humanas a se comunicarem e interagirem com co-específicos de modos singularmente poderosos. A linguagem é um meio de comunicação muito mais poderoso que a comunicação vocal e gestual de outras espécies primatas, fosse apenas pela maior especificidade e flexibilidade de referências que possibilita. Mas, além disso, afirmo que o processo de aquisição e uso de símbolos lingüísticos transforma fundamentalmente a natureza da representação cognitiva humana.

Embora muito se tenha escrito sobre linguagem e representação cognitiva, não considero que a importância da natureza intersubjetiva e perspectiva dos símbolos lingüísticos tenha sido plenamente apreciada. Muitos pesquisadores não acham que adquirir uma língua tenha qualquer efeito importante sobre a natureza da representação cognitiva porque vêem os símbolos lingüísticos simplesmente como rótulos úteis para conceitos já formulados (cf. Piaget, 1970). Outros pesquisadores caracterizam a cognição não-lingüística como um tipo de "língua do pensamento" e por isso, na minha opinião, não percebem a diferença essencial existente entre formas simbólicas e não-simbólicas de representação (cf. Fodor, 1983). Os pesquisadores especificamente preocupados com a influência da linguagem sobre a cognição (cf. Lucy, 1992; Levinson, 1983) em geral concentram-se no efeito de adquirir uma ou outra determinada língua natural sobre os processos de cognição não-lingüística, e não no efeito de adquirir uma língua em contraposição a nenhuma língua. A principal exceção a essa negligência generalizada é a proposta de Premack (1983), baseada em estudos com macacos com treino de linguagem e sem treino de linguagem, de que a representação não-lingüística é imagística ao passo que a representação lingüística é proposicional. Contudo, o termo *proposicional* não é muito útil neste contexto porque, prototipicamente, uma proposição só pode se realizar em alguma configuração de símbolos lingüísticos. A meu ver, temos de aprofundar mais a discussão.

Categorias e esquemas de imagens

Recordar determinados objetos, co-específicos, eventos e todos os outros aspectos da experiência pessoal – e, em alguns casos, antecipar experiências futuras baseando-se nessas recordações – é a condição *sine qua non* da cognição, e muitas espécies de mamíferos têm representações cognitivas desse tipo. Além disso, muitas espécies de mamíferos formam categorias de experiências perceptuais e motoras, no sentido de que tratam como semelhantes todos os fenômenos que são idênticos para algum propósito perceptual ou motor (ver Capítulo 2). Talvez por isso não cause estranheza o fato de que os bebês humanos também se lembrem de vários tipos de experiências de aprendizagem desde as primeiras semanas de vida, e também comecem a formar categorias perceptuais de objetos e eventos desde os primeiros tempos do desenvolvimento, a partir dos três a seis meses para alguns tipos de formas perceptuais (ver Haith e Benson, 1997, para um apanhado geral). Bebês pré-lingüísticos também são capazes de compreender algumas seqüências causais muito simples nas quais um evento "possibilita" outro (Mandler, 1992; Bauer, Hestergaard e Dow, 1994).

A capacidade dos organismos de operar não só com percepções do ambiente mas também com representações sensório-motoras do ambiente – especialmente categorias de objetos e esquemas de imagens de eventos dinâmicos – é um dos fenômenos mais notáveis do mundo natural. O mais importante é que isso dá aos organismos a capacidade de tirar proveito da experiência pessoal por meio da memória e da categorização e assim ficar menos dependentes da capacidade da Natureza de prever o futuro por meio de adaptações biológicas específicas e geralmente inflexíveis. Os tipos de representações sensório-motoras com que os bebês humanos trabalham, pelo menos a meu ver, parecem ser desse mesmo tipo geral. Contudo, os seres humanos adultos obviamente criam – e crianças maiores obviamente aprendem e usam – outra forma de representação. Criam e usam símbolos exógenos, socialmente constituídos e publicamente manifestos tais como línguas, figuras, textos e ma-

ORIGENS CULTURAIS DA AQUISIÇÃO DO CONHECIMENTO 175

pas. A hipótese é que trabalhar com esse tipo de representações culturais externas em interação social tem implicações importantes para a natureza das representações individuais internas – o que de certa forma remete às teorizações de Vigotski (1978) sobre internalização, mas com algumas diferenças decorrentes do maior conhecimento de que agora dispomos sobre os processos de aquisição da linguagem e de desenvolvimento simbólico.

*A internalização da atenção conjunta
para formar representações simbólicas*

Uma das coisas mais interessantes sobre o processo de aquisição da linguagem é que os adultos de quem a criança aprende passaram pelo mesmo processo num momento anterior de suas vidas, e que, ao longo das gerações, os artefatos simbólicos constituídos pelo inglês, turco ou qualquer outra língua acumulam modificações à medida que novas formas lingüísticas são criadas por gramatização, sintatização e outros processos de modificação lingüística – de forma que a criança de hoje está aprendendo todo um conglomerado histórico. Conseqüentemente, quando a criança aprende o uso convencional desses símbolos tão viajados, o que ela está aprendendo é a maneira como seus predecessores na cultura consideraram útil manipular a atenção dos outros em seu tempo. E pelo fato de as pessoas de uma cultura desenvolverem, ao longo do tempo histórico, muitos e variados propósitos para manipular a atenção dos outros (e pelo fato de terem tido de fazer isso em vários tipos de situações discursivas), a criança de hoje depara com uma panóplia de diferentes símbolos e construções lingüísticos que incorporam muitas interpretações diferentes de atenção de qualquer situação dada. Conseqüentemente, quando a criança internaliza um símbolo lingüístico – quando aprende as perspectivas humanas incorporadas num símbolo lingüístico –, ela representa cognitivamente não apenas os aspectos perceptuais ou motores de uma situação mas também uma das maneiras, entre as outras que conhece, de "nós", os usuários daquele símbolo, interpretarmos a situação presente com nossa atenção. O modo como os seres humanos usam símbolos lingüísticos cria, portanto, uma clara fratura em relação às representações perceptuais ou sensório-motoras diretas, o que se deve totalmente à natureza social dos símbolos lingüísticos.

Pode-se objetar que primatas não-humanos (e bebês humanos) também dispõem de muitos modos diferentes de interpretar ou representar cognitivamente uma mesma situação: ora um co-específico é amigo, ora, inimigo; ora uma árvore serve para subir e evitar predadores, ora é um lugar para fazer ninhos. É indubitável que nessas diferentes interações com a mesma entidade o indivíduo manifesta de forma diversa sua atenção dependendo de seu objetivo de momento; na terminologia de Gibson, o animal está prestando atenção a diferentes potencialidades do meio dependendo de seu objetivo. Mas mudar seqüencialmente a atenção dessa maneira em função de um objetivo não equivale a conhecer simultaneamente várias maneiras diferentes de interpretar algo – ou seja, imaginar ao mesmo tempo vários objetivos diferentes e suas implicações no que se refere à atenção. Um determinado usuário da linguagem olha para uma árvore e, antes de dirigir a atenção de seu interlocutor para aquela árvore, tem de decidir, baseando-se em sua avaliação do conhecimento e expectativas atuais do ouvinte, se diz *Aquela árvore lá, Ela, O carvalho, Aquele carvalho centenário, A árvore, A árvore do balanço, Aquele negócio no jardim da frente, O enfeite, O estorvo*, ou qualquer outra expressão. Deve decidir se a árvore *está/fica/cresce/foi plantada/está florindo* no jardim da frente. E essas decisões não são feitas com base no objetivo direto do falante com relação ao objeto ou à atividade envolvidos, mas antes com base em seu objetivo no que tange ao interesse e à atenção do ouvinte em relação àquele objeto ou àquela atividade. Isso significa que o falante sabe que o ouvinte também dispõe dessas mesmas escolhas de interpretação – mais uma vez, simultaneamente disponíveis. Com efeito, o fato de que o falante esteja, enquanto fala, monitorando a condição de atenção do ouvinte (e vice-versa) significa que ambos os participantes de uma conversa estão sempre conscientes de que existem pelo menos suas duas perspectivas sobre uma situação, bem como todas as outras simbolizadas em símbolos e construções não usados.

Também é importante que os símbolos lingüísticos tenham uma materialidade para eles, na forma de uma estrutura sonora confiável, porque esta é a única maneira de eles serem socialmente compartilhados. Portanto, esses mesmos símbolos públicos – que o falante ouve a si mesmo emitir enquanto os emite – estão disponíveis para verificação e categorização perceptual (o que não acontece, pelo menos da mesma maneira, com as representações sensório-motoras privadas). Essa natureza exterior abre a possibilidade de uma camada adicional de representações cognitivas quando as crianças percebem esses símbolos lingüísticos sendo usados e constroem categorias e esquemas deles na forma de categorias e construções lingüísticas abstratas – tais como substantivos e verbos ou as construções transitivas ou bitransitivas em inglês – que conduzem a habilidades tão incrivelmente importantes como a capacidade de interpretar metaforicamente objetos como ações, ações como objetos, e todo tipo de entidades com relação a outras entidades (fenômeno que será explorado mais amplamente no próximo capítulo). É difícil imaginar como um macaco de Gibraltar envolvido em suas tarefas diárias teria a possibilidade de tomar suas próprias representações cognitivas do ambiente – na forma de categorias sensório-motoras e esquemas de imagens – e usá-las como coisas a serem categorizadas, esquematizadas ou manipuladas cognitivamente de alguma outra forma. A natureza pública dos símbolos lingüísticos abre a possibilidade de as crianças tratarem suas interpretações cognitivas como objetos de interesse, atenção, reflexão e manipulação mental por conta própria.

Portanto, a questão não é só que os símbolos lingüísticos fornecem rótulos úteis para conceitos humanos ou até que eles influenciam ou determinam a forma desses conceitos, embora façam essas duas coisas. A questão é que a intersubjetividade dos símbolos lingüísticos humanos – e sua natureza perspectiva, que decorre dessa intersubjetividade – significa que os símbolos lingüísticos não representam o mundo de forma mais ou menos direta, como representações perceptuais ou sensório-motoras, mas são usados pelas pessoas para induzir outras a interpretar certas situações perceptuais/conceituais – prestar atenção a elas – de uma maneira e não de outra. Os usuários dos símbolos lingüísticos estão, portanto, implicitamente conscientes de que qualquer cena experiencial pode ser interpretada de várias perspectivas diferentes simultaneamente, o que separa esses símbolos do mundo sensório-motor dos objetos no espaço, e os coloca no âmbito da capacidade humana de ver o mundo da maneira que for conveniente para o propósito comunicativo em questão.

O que quero dizer é que a participação nessas trocas comunicativas é internalizada pela criança de uma maneira que lembra aquela concebida por Vigotski. A internalização não é um processo místico, como alguns a consideram, mas tão-somente o processo normal de aprendizagem por imitação quando ele se dá nesta situação intersubjetiva especial: aprendo a usar os meios simbólicos que as outras pessoas usaram para compartilhar a atenção entre elas. Ao aprender por imitação das outras pessoas um símbolo lingüístico dessa maneira, internalizo não só a intenção comunicativa delas (a intenção delas de que eu compartilhe a atenção) mas também a perspectiva específica que elas adotaram. Quando uso esse símbolo com outras pessoas, também monitoro sua manifestação de atenção em função dos símbolos que emiti, e portanto passo a ter à minha disposição (a) os dois focos reais: o meu e o do parceiro da comunicação, e (b) os outros possíveis focos simbolizados em outros símbolos lingüísticos que poderiam potencialmente ser usados nessa situação.

Alguns dos efeitos de operar com símbolos desse tipo são, obviamente, a flexibilidade e relativa liberdade em relação à percepção. Mas outros têm maior alcance e são bastante inesperados, creio eu, no sentido de que proporcionam às crianças modos realmente novos de conceituar coisas, tais como tratar objetos como ações, tratar ações como objetos, e toda uma miríade de tipos de interpretações metafóricas das coisas. Essas novas maneiras de pensar resultam dos efeitos acumulativos da participação em comunicações lingüísticas com outras pessoas nos primeiros anos do desenvolvimento cognitivo. Vou tratar mais detalhadamente disso nos Capítulos 5 e 6.

Objetos como símbolos

A distinção entre representações sensório-motoras, baseadas sobretudo na percepção, e representações lingüísticas, baseadas sobretudo em interpretação conceitual e perspectiva, não se limita exclusivamente à linguagem. Existe um outro fenômeno dos primórdios do desenvolvimento cognitivo que tem alguma similaridade com a aquisição e o uso de símbolos lingüísticos: o jogo simbólico. Por volta dos dois anos de idade, as crianças começam a usar objetos de várias maneiras que foram chamadas de simbólicas – conforme discutimos brevemente no Capítulo 3. Por exemplo, uma criança de vinte e quatro meses pode empurrar um bloco pelo chão e dizer "Vruum!". É quase certo que muitos desses comportamentos, sobretudo quando são produzidos por crianças com menos de dois anos, não sejam efetivamente simbólicos, mas antes simples imitações de ações do adulto com esses objetos. Mas em algum momento as crianças começam a usar objetos como símbolos, e não é por acaso que isso se dá no mesmo quadro temporal geral, talvez com certo atraso, da aquisição de símbolos lingüísticos. Minha proposta é que as crianças aprendem a usar objetos como símbolos de maneira bastante semelhante a como aprendem a usar símbolos lingüísticos. Começam tentando entender outra pessoa fazendo algo simbólico "para" elas (apesar do que alguns estudiosos afirmam, não acho que bebês de vinte e dois meses inventam símbolos por conta própria; ver Striano, Tomasello e Rochat, 1999, para dados). Não importam os meios, eles vêem que papai quer que eu interprete o bloco como um carro, e então aprendem a fazer isso "para" outras pessoas de maneira muito parecida com aquela em que invertem papéis e produzem símbolos lingüísticos para outras pessoas; o fato de que o símbolo é para os outros é indicado pela maneira como a criança olha para outras pessoas (e às vezes sorri) quando produz um símbolo lúdico. Portanto, os primeiros símbolos lúdicos são imitados dos outros e ao mesmo tempo produzidos para os outros como tentativas de conseguir que eles interpretem coisas de certo modo. À medida que crescem, é claro, as crianças começam a produzir símbolos lúdicos sozinhas, assim como só começam a falar consigo mesmas depois de terem aprendido a falar com outros.

Numa série de experimentos muito rigorosos e precisos, DeLoache (1995) mostrou que as crianças revelam particular dificuldade em compreender a intenção expressa por um adulto de que usem um objeto físico como símbolo – por exemplo, um modelo em escala de uma sala como símbolo complexo da sala inteira. DeLoache afirma que essa dificuldade decorre do fato de que para elas não é fácil ver o modelo em escala como objeto real, com potencialidades sensório-motoras, e ao mesmo tempo como objeto simbólico com as potencialidades intencionais/simbólicas atribuídas a ele pelo demonstrador adulto – o que ela chama de "o problema da representação dual". Nesse contexto, vale a pena notar que no estudo de Tomasello, Striano e Rochat (descrito no Capítulo 3) crianças um pouco menores revelaram essa dificuldade de forma particularmente pungente quando tentavam pegar fisicamente uma réplica de brinquedo que o adulto queria que elas vissem como simbólica. As crianças também apresentaram dificuldades quando tentavam interpretar a intenção comunicativa expressa pelo adulto de que vissem um artefato com outras potencialidades intencionais como um símbolo, por exemplo, ver uma xícara como um chapéu. O problema parece ser que uma xícara não é apenas um objeto sensório-motor, e não é só um símbolo para chapéu, mas também um artefato cultural com potencialidades intencionais para beber. Pelo fato de nessa situação haver de fato três interpretações representacionais excludentes do objeto – sensório-motor, intencional e simbólico – os pesquisadores o denominaram de "problema representacional trino".

Ao ser combinado com minha análise dos gestos e símbolos lingüísticos, o resultado é o seguinte. Entre os doze e dezoito meses de idade, as crianças compreendem e às vezes usam símbolos lingüísticos com base em sua aptidão para a cognição social e a aprendizagem cultural, e por volta dessa mesma idade também começam a compreender e usar gestos simbólicos. Podem começar a compreender e usar objetos como símbolos nesse mesmo período de tempo, mas interpretar um objeto como se ele fosse outro – tanto quanto à compreensão como quanto à produção – é difícil para crianças tão pequenas porque elas não conseguem inibir seus esquemas sensório-motores que são ativados sempre que um objeto manipulável entra no seu espaço preênsil, e por isso essa aptidão se manifesta um pouco mais tarde. Outras dificuldades aparecem quando as crianças tentam compreender e usar um objeto com uma potencialidade intencional conhecida para representar simbolicamente outro objeto de modo não-convencional (por exemplo, uma xícara é um chapéu) – indicando claramente as interpretações excludentes. Em algum momento, as crianças aprendem a lidar de modo eficaz com objetos usados como símbolos, incluindo muitos tipos de símbolos gráficos, modelos em escala, algarismos, gráficos etc. Ao fazerem isso, internalizam as intenções comunicativas existentes por trás do símbolo físico – o que a pessoa que fez o mapa está dizendo para quem lê o mapa, por assim dizer – e essas são uma outra fonte de ricas representações cognitivas com uma dimensão perspectiva que, como os símbolos lingüísticos, podem ser internalizadas e usadas para ajudar a pensar. Por ora, o ponto central é simplesmente que a dimensão cultural/intencional/simbólica das representações cognitivas das crianças na primeira infância se faz sentir não só na linguagem mas também em outras formas de atividade simbólica, e essas outras formas são mais uma confirmação de que os símbolos humanos são inerentemente sociais, intersubjetivos e perspectivos – o que os torna fundamentalmente diferentes das formas de representação sensório-motora comum a todos os primatas e outros mamíferos.

Representação simbólica como manipulação da atenção

Nessa perspectiva teórica, aprender a usar símbolos lingüísticos significa aprender a manipular (influenciar, afetar) o interesse e a atenção de outro agente intencional com quem se está interagindo intersubjetivamente. Ou seja, a comunicação lingüística nada mais é que uma manifestação e extensão, na verdade uma manifestação e extensão muito especial, das aptidões já existentes das crianças para a interação em atenção conjunta e para a aprendizagem cultural. Dispor dessas aptidões socioculturais para adquirir um símbolo lingüístico durante uma interação social – em que crianças e adultos fazem coisas no mundo e tentam ao mesmo tempo manipular a atenção um do outro – exige certas manifestações especiais dessas aptidões, como a compreensão de cenas de atenção conjunta, a compreensão de intenções comunicativas e a capacidade de imitar invertendo papéis.

Os modos de representação cognitiva que as crianças desenvolvem ao aprender uma língua são únicos no reino animal e decorrem diretamente dessas atividades de atenção conjunta exclusivamente humanas. Quando as crianças tentam discernir a intenção comunicativa do adulto ao usar determinado símbolo dentro de uma cena de atenção conjunta, e assim aprendem o uso convencional do símbolo lingüístico por conta própria, acabam descobrindo que esses mecanismos comunicativos especiais chamados de símbolos lingüísticos são intersubjetivos, no sentido de que todos os usuários sabem que "compartilham" o uso desses símbolos com outros, e perspectivos, no sentido de que incorporam diferentes modos de uma situação poder ser interpretada para diferentes propósitos comunicativos. Este último aspecto, em particular, afasta em grande medida os símbolos lingüísticos da situação perceptual em questão – mas não só porque podem representar objetos e eventos fisicamente ausentes e outras formas "mudas" de deslocamento (Hockett, 1960). Na verdade, a natureza intersubjetiva e perspectiva dos símbolos lingüísticos abala todo o conceito de uma situação perceptual ao colocar por cima dela as múltiplas perspectivas passíveis de comunicação para aqueles de nós que compartilham o símbolo.

Essa natureza inerente e inextricavelmente social dos símbolos lingüísticos se percebe claramente quando fazemos a pergunta: será que um indivíduo isolado, sem nenhuma linguagem, poderia inventar sozinho uma "linguagem privada" (Wittgenstein, 1953)? Embora usuários maduros de uma língua possam inventar novos símbolos apenas para seu uso próprio (discordo de Wittgenstein quanto a isso), sustento que é totalmente impossível um indivíduo, que nunca experienciou uma linguagem usada por outras pessoas, inventar por conta própria, sem nenhum parceiro social e nenhum símbolo preexistente, uma "linguagem privada" composta de símbolos lingüísticos semelhantes aos que conformam as línguas modernas. A explicação disso é muito simples porque (a) não haveria como constituir a intersubjetividade deles, e (b) não haveria motivação ou oportunidade comunicativa para assumir diferentes perspectivas sobre as coisas.

Qualquer teoria tão fortemente fundamentada no papel da linguagem no desenvolvimento cognitivo das crianças tem de lidar com a questão das crianças cujas aptidões de comunicação lingüística não se desenvolvem normalmente. As crianças deficientes auditivas vêm imediatamente à mente, mas praticamente todos os deficientes auditivos do mundo moderno aprendem ou bem sua língua natural especial ou algo muito parecido com isso. E mesmo as crianças deficientes auditivas estudadas por Goldin-Meadow (1997) – que não foram expostas a uma língua de sinais sistemática – crescem em situações nas quais as pessoas estão o tempo todo expressando intenções comunicativas em relação a elas de modo visual. Em que medida essas crianças aprendem diferentes perspectivas conceituais sobre as coisas a partir dessas formas alternativas de comunicação simbólica é uma questão interessante. Crianças com transtorno específico da linguagem (SLI) também constituem um caso interessante, pois apresentam distúrbios tanto na aquisição da linguagem como em algumas habilidades cognitivas, do raciocínio analógico até a cognição social (para dados recentes, ver Leonard, 1998; Bishop, 1997). E, é claro, o caso mais interessante é sem dúvida o das crianças autistas. Apesar da imagem popular, que costuma girar em torno de crianças autistas com bom funcionamento, quase metade dessas crianças não aprende nenhuma linguagem – supostamente porque não entendem as intenções comunicativas dos outros da maneira típica da espécie. Mais interessante ainda é que se sabe faz algum tempo que crianças autistas também não se envolvem em jogos simbólicos de maneira típica, e há certas indicações de que essas duas aptidões podem estar correlacionadas: as crianças com melhor desempenho em linguagem também são mais propícias a se envolver em jogos simbólicos com objetos (Jarrold, Boucher e Smith, 1993; Wolfberg e Schuler, 1993). Ainda não se sabe se esses déficits em habilidades simbólicas têm implicações no que se refere à representação cognitiva das crianças autistas, mas uma característica dessas crianças muito comentada é sua tendência a abordar as coisas sempre da mesma maneira – desde a mesma perspectiva. Portanto, poderíamos supor que a dificuldade manifestada pelas crianças autistas em compreender os outros como agentes intencionais leve a déficits em suas aptidões simbólicas, que por sua vez criariam dificuldades na representação perspectiva das situações.

5. CONSTRUÇÕES LINGÜÍSTICAS E COGNIÇÃO DE EVENTOS

> Quando palavras de nossa linguagem ordinária têm, à primeira vista, gramáticas análogas, inclinamo-nos a interpretá-las de modo análogo.
>
> LUDWIG WITTGENSTEIN

Até agora, minha explicação da aquisição de símbolos lingüísticos pelas crianças enfocou apenas um tipo de símbolo lingüístico, a palavra. Mas, ao mesmo tempo que estão adquirindo suas primeiras palavras, as crianças também estão adquirindo construções lingüísticas mais complexas, certos tipos de *gestalts* lingüísticas. A plausibilidade, e até necessidade, dessa idéia torna-se evidente tão logo examinamos a aprendizagem de palavras como algo distinto da aprendizagem de nomes de objetos. Assim, por exemplo, quando as crianças aprendem a palavra *give* [dar], na verdade não há nenhuma aprendizagem isolada dos papéis participantes que invariavelmente acompanham atos de dar: o doador, a coisa dada e a pessoa a quem se dá; na verdade, nem mesmo podemos conceber um ato de dar na ausência desses papéis participantes. O mesmo poderia ser dito das palavras *out, from* e *of* que só podem ser aprendidas como relações entre duas outras entidades ou localizações. Se estamos interessados no papel da aquisição da linguagem no desenvolvimento cognitivo, temos de investigar não só a aquisição de palavras das crianças, mas também sua aquisição de construções lingüísticas mais amplas que compõem unidades simbólicas significativas, incluindo construções de frases (por exemplo, construções locativas ou perguntas sim-não). Com efeito, já que as crianças quase nunca escutam palavras isoladas fora de algum enunciado mais amplo e mais complexo, deveríamos talvez conceituar a aprendizagem de palavras meramente como isolamento e extração das construções lingüísticas mais simples da língua (Langacker, 1987a; Fillmore, 1985, 1988; Goldberg, 1995).

Deve-se sublinhar desde o início que construções lingüísticas podem ou bem ser concretas – baseadas em palavras e sentenças específicas – ou abstratas – baseadas em categorias e esquemas léxicos gerais. Por exemplo, construções concretas, tais como *She gave him a pony*, *He sent her a letter* e *They e-mailed me an invitation*, exemplificam a construção bitransitiva do inglês descrita abstratamente como Sintagma nominal + Verbo + Sintagma nominal + Sintagma nominal. Alguns lingüistas e psicolingüistas acreditam que as crianças pequenas operam desde o começo com construções lingüísticas abstratas semelhantes às dos adultos – porque nascem com certos princípios lingüísticos inatos (cf. Pinker, 1994). Mas essa teoria só pode funcionar se todas as línguas funcionarem com os mesmos princípios lingüísticos básicos, o que não acontece (para pesquisas recentes documentando a variabilidade intralingüística grande demais para ser exemplificada por uma Gramática Universal, ver Comrie, 1990; Givón, 1995; Dryer, 1997; Croft, 1998; Van Valin e LaPolla, 1996; Slobin, 1997). A alternativa é a idéia de que na ontogênese individual os seres humanos aprendem desde cedo a usar suas habilidades de aprendizagem cognitiva, sociocognitiva e cultural universais da espécie para compreender e adquirir as construções lingüísticas que suas culturas particulares criaram ao longo do tempo histórico por processos de sociogênese (Tomasello, 1995d, 1999b). De acordo com essa idéia, construções lingüísticas complexas são apenas outro tipo de artefato simbólico que os seres humanos herdaram de seus antepassados – embora esses artefatos sejam de certa forma especiais, pois sua natureza sistemática propicia as tentativas de categorização e esquematização das crianças. Ou seja, as crianças escutam apenas enunciados concretos, mas tentam elaborar construções lingüísticas abstratas a partir deles, e esse processo tem implicações importantes para seu desenvolvimento cognitivo, sobretudo no que diz respeito à conceituação de eventos e estados complexos e suas inter-relações.

Gostaria de tratar desse tópico tão complexo da maneira mais simples possível. Por isso irei me concentrar nos três aspectos do processo de aquisição da linguagem mais relevantes para essa discussão. Em primeiro lugar temos os passos desenvolvimentais envolvidos na aquisição de construções lingüísticas relativamente abrangentes; em segundo, temos o processo pelo qual se aprendem as construções lingüísticas abrangentes; e, em terceiro, está o papel de construções lingüísticas abrangentes no desenvolvimento cognitivo geral das crianças.

Primeiras construções lingüísticas

Crianças falam sobre eventos e estados de coisas no mundo. Mesmo quando usam o nome de um objeto como enunciado de uma só palavra, "Bola", quase sempre estão pedindo para alguém *pegar* a bola para elas ou *prestar atenção* na bola. Nomear objetos sem nenhum outro propósito senão o de nomeá-los é um jogo de linguagem de que algumas crianças brincam, mas é algo típico apenas de algumas crianças de alguns lares ocidentais de classe média e concerne apenas a objetos de nível básico; nenhuma criança em nenhum lugar simplesmente nomeia ações ("Olha! Pondo!") ou relações ("Olha! De!"). Por isso, devemos abordar os primórdios da linguagem considerando os eventos e estados de coisas neles envolvidos como um todo – cenas complexas de experiência com um ou mais participantes em seus contextos espaço-temporais – porque é disso que as crianças falam. À medida que se desenvolvem, fazem isso com holófrases, construções verbais insuladas, construções abstratas e narrativas.

Holófrases

Quando, por volta de um ano de idade, as crianças começam a adquirir as convenções lingüísticas de sua comunidade, elas já vinham se comunicando com os outros por gestos e emissões vocais fazia alguns meses – tanto de modo imperativo, para pedir coisas, como de modo declarativo, para apontar para coisas (Bates, 1979). Portanto, as crianças de todas as culturas aprendem e usam seus primeiros símbolos lingüísticos tanto declarativa como imperativamente, e logo aprendem a pedir coisas interrogativamente também – cada um desses modos com um padrão de entonação distinto (Bruner, 1983). Em todas as línguas do mundo, as cenas de experiência sobre as quais as crianças falam costumam ser coisas como (Brown, 1973):

- presença-ausência-recorrência de pessoas, objetos e eventos (*hi, bye, gone, more, again, another, stop, away*) [*oi, tchau, foi-se, mais, de novo, outro, pare, longe*];
- troca-posse de objetos com outras pessoas (*give, have, share, my, mine, Mommy's*) [*dar, ter, dividir, meu, o meu, da mamãe*];
- movimento-localização de pessoas e objetos (*come, go, up, down, in, out, on, off, here, there, outside, bring, take, Where go?*) [*vir, ir, em cima, em baixo, dentro, fora, sobre, fora, aqui, lá, lá fora, trazer, pegar, Ir aonde?*];
- estados e mudanças de estados de objetos e pessoas (*open, close, fall, break, fix, wet, pretty, little, big*) [*abrir, fechar, cair, quebrar, consertar, molhado, bonito, pequeno, grande*];
- atividades físicas e mentais de pessoas (*eat, kick, ride, draw, hug, kiss, throw, roll, want, need, look, do, make, see*) [*comer, chutar, andar, desenhar, abraçar, beijar, atirar, rolar, querer, precisar, olhar, fazer, ver*].

É importante notar que praticamente todos esses eventos e estados são intencionais ou causais, ou então o estado final, ou resultado, ou movimento de um ato causal ou intencional para o qual a criança está tentando fazer o adulto prestar atenção ou realizar por meio de uma ação intencional (Slobin, 1985) – a questão central é que desde o começo as crianças falam de cenas de experiência estruturadas por sua compreensão da estrutura intencional-causal de eventos e estados de coisas no mundo, compreensão esta que é exclusiva da espécie.

O principal veículo simbólico da criança nessa fase inicial é o que costuma ser chamado de holófrase: expressão lingüística de uma só unidade que exprime todo um ato de fala (por exemplo, "Mais", para dizer "Quero mais suco"). As holófrases com que as crianças começam a falar sobre eventos representam diferentes tipos de estruturas lingüísticas nas diversas línguas. Assim, em inglês, a maioria dos aprendizes da língua usa uma certa quantidade das chamadas palavras relacionais tais como *More, Gone, Up, Down, On* e *Off*, supostamente porque os adultos destacam essas palavras quando querem destacar eventos (Bloom, Tinker e Margulis, 1993). Em coreano e chinês mandarim, pelo contrário, as crianças pequenas aprendem verbos adultos para esses mesmos eventos desde o começo – porque é isso o que mais se destaca na fala dos adultos dirigida a elas (Gopnik e Choi, 1995). Em ambos os casos, para aprender a falar do evento de modo mais completo, a criança tem de preencher alguns elementos lingüísticos faltantes tais como os participantes envolvidos; por exemplo, de um simples "Off" para "Shirt off" ou "Take shirt off" ou "You take my shirt off". Contudo, além disso a maioria das crianças inicia a aquisição da linguagem aprendendo algumas expressões adultas não analisadas como holófrases – coisas como "I-wanna-do-it", "Lemme-see" e "Where-the-bottle". Nesses casos, para obter a compreensão completa tanto da construção como de suas partes constituintes, em algum momento a criança precisa isolar ou extrair os elementos lingüísticos da expressão (Peters, 1983; Pine e Lieven, 1993); e esse, de fato, é o processo predominante nas crianças que adquirem aquelas línguas que contêm muitas "frases de um palavra" internamente complexas na fala adulta (isto é, as chamadas línguas aglutinantes como muitas das línguas dos esquimós). O princípio geral é que crianças pequenas vêm equipadas para se mover em qualquer direção – da parte para o todo ou do todo para as partes – ao aprenderem a falar fluentemente sobre as cenas básicas de suas experiências.

Construções verbais insuladas [verb island constructions]

Quando as crianças começam a produzir enunciados que têm mais de um nível de organização, ou seja, quando começam a produzir enunciados com vários componentes significativos, a questão mais interessante que se coloca quanto à cognição é como elas usam esses componentes para analisar lingüisticamente os elementos constituintes da cena experiencial global – incluindo sobretudo o evento (ou estado de coisas) e os participantes envolvidos. E, finalmente, as crianças também têm de aprender modos de indicar simbolicamente os diferentes papéis que os participantes desempenham no evento, ou seja, coisas como agente, paciente, instrumento etc.

As crianças produzem boa parte de suas primeiras combinações de palavras com uma fórmula na qual há um vocábulo constante para designar o evento ou estado, e uma palavra, variável nas diversas cenas, para designar o participante. Supõe-se que esse padrão seja adquirido quando as crianças ouvem os adultos dizerem coisas como *More juice, More milk, More cookies, More grapes*, o que cria o esquema *More* ___ (ver Braine, 1976, para documentação interlingüística). Essas chamadas construções-pivô não têm nenhuma indicação simbólica dos diferentes papéis desempenhados por diferentes participantes do evento. Contudo, rapidamente as crianças aprendem a indicar simbolicamente os papéis dos participantes nesses esquemas, e os símbolos mais comuns nas várias línguas são a ordem de palavras (como em inglês) e o uso de marcadores especiais de caso (como em turco ou russo). Contudo, ao fazerem isso, não o fazem com classes inteiras de eventos – por exemplo, com todas as orações transitivas – mas o fazem com cada verbo, um a um. Por exemplo, ao estudar o desenvolvimento da linguagem de minha filha, descobri que, durante exatamente o mesmo período desenvolvimental em que ela empregava alguns de seus verbos de acordo com apenas um único tipo de esquema, esquema este bastante simples (por exemplo, *Cut __*), empregava outros verbos de acordo com esquemas mais complexos e muito variados (por exemplo, *Draw __, Draw __ on __, I draw with __, Draw __ for __, __ draw on __*). Além disso, com os vários verbos o "mesmo" participante era indicado simbolicamente de modo inconsistente; por exemplo, os instrumentos de alguns verbos eram indicados pela preposição *by* ou *with*, ao passo que os instrumentos de outros verbos não o eram – demonstrando que ela não dispunha de uma categoria lingüística geral de "instrumento" mas de categorias próprias de determinado verbo como "coisa para desenhar com" e "coisa para cortar com". Portanto, suas outras categorias também eram próprias de cada verbo, por exemplo, "beijador", "pessoa beijada", "quebrador", "coisa quebrada" (Tomasello, 1992b).

A hipótese dos verbos insulados propõe que a competência lingüística inicial das crianças está totalmente composta de um inventário de construções lingüísticas deste tipo: verbos específicos com encaixes para participantes, cujos papéis são marcados simbolicamente de forma individual (ver Figura 5.1). Nessa fase inicial, as crianças ainda não fizeram generalizações sobre padrões de construção verbal, e portanto não dispõem de categorias lingüísticas, esquemas ou convenções de marcadores para todos os verbos (Lieven, Pine e Baldwin, 1997; Berman e Armon-Lotem, 1995; Pizutto e Caselli, 1992; Rubino e Pine, 1998; para um apanhado geral ver Tomasello, 1999b; Tomasello e Brooks, 1999). Repetindo, o inventário de construções verbais insuladas – na verdade, uma simples lista de construções organizada em torno de cada verbo – conforma a totalidade da competência lingüística inicial das crianças; não existe nenhum outro princípio oculto, parâmetros, categorias ou esquemas lingüísticos para gerar frases.

Esse modo específico de usar a linguagem para cada item não é algo que desapareça rapidamente. Com efei-

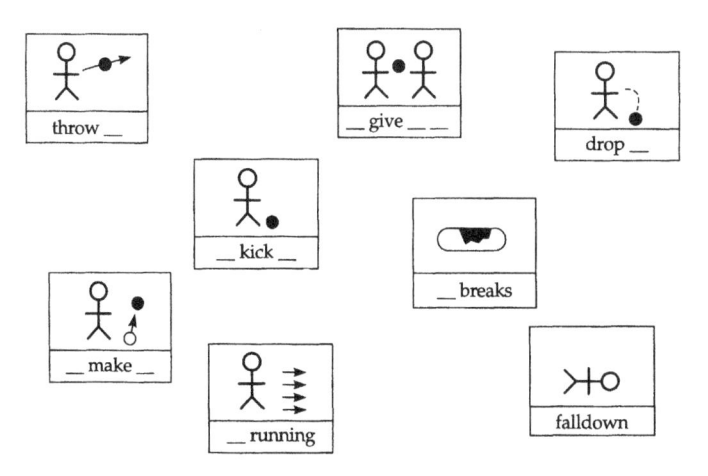

Figura 5.1 Representação simplificada de algumas construções verbais insuladas. Representam a totalidade das primeiras aptidões sintáticas das crianças.

to, segundo muitos lingüistas, a linguagem adulta é mais específica para certos itens do que se costuma pensar, o que inclui expressões idiomáticas, clichês, colocações habituais e muitas outras construções lingüísticas "não-nucleares" (por exemplo, *How ya doing, He put her up to it, She'll get over it*; Bolinger, 1977; Fillmore, Kay e O'Conner, 1988). Mas as crianças mantêm essa organização por certo tempo para toda a sua linguagem. Suas construções frasais são construções verbais insuladas, abstratas em relação aos participantes envolvidos (têm encaixes abertos para os participantes), mas totalmente concretas quanto à estrutura relacional expressa pelo verbo e por símbolos sintáticos (ordem de palavras e marcação gramatical de caso). Do ponto de vista cognitivo, é interessante que para as crianças seja tão fácil substituir livremente os participantes nos encaixes dessas construções. Uma hipótese é que essa habilidade deriva da habilidade não-lingüística fundamental das crianças de conceituar todos os participantes de uma cena de atenção conjunta de uma perspectiva externa de modo que, com efeito, eles se tornem totalmente intercambiáveis (ver Capítulo 4). Mas isso não acontece com eventos e estados de coisas; eventos e estados são "o que nós estamos fazendo" ou "o que está acontecendo" intencionalmente, o que os torna não-intercambiáveis, e por isso as crianças só se referem a eles individualmente.

Construções abstratas

O domínio das construções verbais insuladas é um passo importante no caminho para a competência lingüística adulta – uma espécie de base que é a meta da primeira parte da jornada mas que, uma vez alcançada, torna-se apenas um meio para atingir um fim, que são as construções lingüísticas mais abstratas e produtivas. Essas construções mais abstratas são simplesmente esquemas cognitivos que, como outras categorias e esquemas cognitivos, vão sendo lentamente construídos à medida que se extraem padrões das construções verbais insuladas – resultando num protótipo no centro da construção e exemplos mais periféricos que diferem dele de várias maneiras. Algumas dessas construções mais abstratas ainda contêm palavras singulares como parte integrante, ao passo que outras são completamente genéricas quanto às palavras. Entre as primeiras construções das crianças anglofalantes que contêm basicamente todos os elementos contidos nas construções correspondentes dos adultos e que têm certo grau de abstração, temos:

- imperativas (*Roll it! Smile! Push me!*);
- transitivas simples (*Ernie kissed her; He kicked the ball*);
- intransitivas simples (*She's smiling; It's rolling*);
- locativas (*I put it on the table; She took her book to school*);
- resultativas (*He wiped the table clean; She knocked him silly*);
- dativas/bitransitivas (*Ernie gave it to her; She threw him a kiss*);
- passivas (*I got hurt; He got kicked by the elephant*);
- atributivas e identificativas (*It's pretty; She's my mommy; It's a tape recorder*).

O ponto principal é que em algum momento desenvolvimental a construção, enquanto estrutura abstrata, passa a ser ela mesma um símbolo, que carrega um sentido de certa forma independente das palavras envolvidas. Assim, a maioria dos anglofalantes atribui significados muito diferentes ao verbo inexistente *floos* nas seguintes orações:

X floosed Y the Z.
X floosed Y.
X floosed Y on the Z.
X floosed.
X was floosed by Y.

Nesses exemplos, vemos que a construção em si carrega significado (ao passo que o verbo *floos* não tem nenhum), e é por isso uma entidade simbólica com significado próprio – pelo menos bastante independente das palavras específicas envolvidas (Goldberg, 1995).

Mais uma vez importa ressaltar que mesmo a linguagem adulta não é totalmente abstrata. Experimentos recentes realizados por psicolingüistas demonstraram que mesmo os adultos operam boa parte do tempo com estruturas lingüísticas baseadas em itens, centradas em verbos; por exemplo, quando o verbo *roubar* é usado, eles trabalham com categorias de participantes tais como "ladrão", e não com algo mais abstrato como "agente" ou "sujeito" (ver, por exemplo, Trueswell, Tanenhaus e Kello, 1993; McCrae, Feretti e Amyote, 1997). Não é algo que deva causar estranheza, pois, mesmo quando dispondo de categorias e esquemas abstratos num certo campo cognitivo, os adultos continuam se apoiando em boa parte de seu processamento cognitivo nos itens e nas estruturas concretos que, em certo sentido, constituem a substância das categorias e dos esquemas abstratos (Barsalou, 1992). Pode-se portanto afirmar de forma geral que as crianças pequenas principiam com construções lingüísticas baseadas em itens lingüísticos singulares, e só gradualmente formam construções mais abstratas – que podem então tornar-se entidades simbólicas que constituem uma camada adicional na competência lingüística.

Narrativas

Em seu dia-a-dia, as crianças também têm a experiência de construções lingüísticas complexas presentes em conversas, nas quais vários eventos ou estados de coisas simples são encadeados numa espécie de narrativa complexa – em geral com um ou mais participantes constantes em todos os eventos, e vínculos causais ou intencionais que dão à seqüência a coerência racional que distingue uma "história" de um encadeamento aleatório de eventos. Como as crianças aprendem a fazer isso – como aprendem a localizar os mesmos participantes em meio a múltiplos eventos e papéis e compreender e usar as várias "palavrinhas" que servem para conectar esses eventos e papéis (*so, because, and, but, since, however, despite* etc.) de modo que constituam uma história com eles – não é um processo bem entendido até hoje (para análises e discussões interessantes ver Nelson, 1989, 1996; Berman e Slobin, 1995).

Aprender construções lingüísticas

As crianças humanas estão biologicamente preparadas de várias maneiras para adquirir uma língua natural, ou seja, possuem aptidões cognitivas, sociocognitivas e fonoauditivas básicas. Contudo – e mesmo que as crianças possuam uma Gramática Universal inata igualmente aplicável a todas as línguas do mundo –, cada criança tem de aprender as construções lingüísticas particulares, concretas e abstratas, de sua língua. Três conjuntos de processos são os mais importantes: aprendizagem cultural, discurso e conversação, e abstração e esquematização.

Aprendizagem cultural

Fundamentalmente, a maneira como a criança aprende uma construção lingüística concreta – composta de itens lingüísticos específicos – é igual à maneira como aprende palavras: tem de entender para que aspectos da cena de atenção conjunta o adulto quer que ela preste atenção ao usar aquela construção lingüística, e depois, culturalmente (imitativamente), aprende aquela construção para aquela função comunicativa. É claro que também existem algumas diferenças, decorrentes das complexidades internas das construções lingüísticas e, num período desenvolvimental posterior, do caráter abstrato das construções. Mas deixarei esses problemas adicionais para as próximas duas subseções, concentrando-me agora na aprendizagem de construções verbais insuladas como unidades simbólicas concretas.

O importante é que, inicialmente, o que a criança está aprendendo é uma construção composta de palavras concretas e não de categorias abstratas – ou seja, construções verbais insuladas – e portanto processos gerais de aprendizagem cultural, sobretudo a aprendizagem por imitação, são suficientes para dar conta do processo de aquisição (com uma exceção; ver a seguir). Isso foi ilustrado num recente conjunto de experimentos nos quais meus colegas e eu ensinamos a crianças pequenas verbos novos de modo cuidadosamente controlado. Em cada caso, ensinamos a elas um verbo novo em uma, e apenas uma, construção lingüística e depois tentamos ver se conseguíamos fazer com que o usassem em algumas outras construções lingüísticas. Tentamos conseguir isso fazendo perguntas dirigidas. Por exemplo, a criança vira Ernie fazendo algo com uma bola e nos ouvira dizer: "The ball is getting dacked by Ernie" (uma construção passiva). Perguntávamos então "What's Ernie doing?" – que normalmente seria respondido por "He's dacking the ball" (uma construção ativa, transitiva). Mas descobrimos ser muito difícil fazer com que crianças menores de três ou três anos e meio usassem esses verbos novos de qualquer maneira que não fosse aquela que os tinham escutado usar (Ahktar e Tomasello, 1997; Tomasello e Brooks, 1998; Brooks e Tomasello; para apanhados, ver Tomasello e Brooks, 1999; Tomasello, 1999). E realizamos vários procedimentos de controle para eliminar outras explicações do conservadorismo das crianças, que incluíam dificuldades com "fatores de *performance*" não-lingüísticos e coisas semelhantes. O interessante – e esta é a única exceção à aprendizagem por imitação como explicação da aprendizagem de construções lingüísticas pelas crianças – é que essas mesmas crianças não são conservadoras dessa mesma maneira com nomes de objetos; não importa em que construção elas os escutem empregados, as crianças que aprendem que um objeto se chama *wug* vão usar essa palavra de vários modos produtivos nas construções verbais insuladas que elas conhecem (Tomasello, Akhtar *et al.*, 1997). Esta é simplesmente outra maneira de demonstrar que construções verbais insuladas têm encaixes relativamente vagos para seus participantes (indicados de modo característico por um nome de objeto).

No seu conjunto, esses estudos demonstram que, embora as crianças pequenas sejam capazes de formar uma categoria de nomes de objetos (correspondente a algo como "substantivo") desde os primórdios de seu desenvolvimento da linguagem, quando se trata da estrutura relacional central de uma oração – do que ela trata de um ponto de vista intencional –, elas basicamente apenas aprendem por imitação a usar as mesmas palavras da mesma maneira que o adulto; ou seja, aprendem uma construção verbal insulada, composta de palavras específicas que indicam a estrutura relacional da oração com alguns encaixes vagos para participantes/substantivos. Praticamente toda a criatividade das crianças pequenas nos primórdios de sua expressão lingüística – por exemplo, o famoso "Allgone sticky" de Braine (1963) – deriva de as crianças colocarem material lingüístico novo e diferente nos encaixes de participante/substantivo das construções verbais insuladas. Repetindo: embora posteriormente as crianças venham a ser mais criativas no uso da linguagem, no começo elas aprendem a falar sobre a estrutura relacional ou factual das cenas de sua vida exatamente da mesma maneira como escutam os adultos falarem delas, usando exatamente as mesmas palavras e construções lingüísticas. Isso é aprendizagem cultural, ou seja, aprendizagem por imitação, pura e simples.

Discurso e análise distributiva funcional

Apesar da fundamental similaridade do processo de aprendizagem cultural de palavras e de construções verbais insuladas, há sem dúvida uma diferença central, relacionada com a complexidade interna das construções. Para compreender plenamente uma construção lingüística abrangente, a criança tem de entender que o enunciado do adulto, além de expressar no seu conjunto uma intenção comunicativa, também contém elementos simbólicos isolados que desempenham, cada um, um papel distinto naquela intenção comunicativa. Em outras palavras, a criança tem de aprender que os vários símbolos lingüísticos de uma oração complexa dividem a cena referencial em elementos perceptuais/conceituais passíveis de ser isolados, e que esses dois conjuntos de elementos – o simbólico e o referencial – têm de estar alinhados de modo apropriado. Isso parece muito complicado, mas, na verdade, em certa medida a criança tem de realizar isso, ainda que de modo imperfeito, até mesmo para aprender uma única palavra – porque mesmo nesse caso ela tem de isolar a palavra a ser aprendida do referente a ser aprendido, cada um dos quais inserido em seu próprio conjunto de complexidades. Por exemplo, nos estudos de aprendizagem da palavra realizados por Tomasello *et al.* e descritos no Capítulo 4, algumas crianças talvez entenderam que a intenção comunicativa geral do adulto é dizer "Vamos achar o toma" a partir exclusivamente do contexto não-lingüístico do jogo de achar – sendo que o único elemento simbólico claramente isolado das complexidades simbólicas à sua volta era a palavra *toma* e o único elemento referencial claramente isolado das complexidades perceptuais à sua volta era a procura-do-objeto. Compreender a frase toda: *Let's go find the toma* – ou seja, compreender a intenção comunicativa geral do adulto e como cada elemento lingüístico ou complexo de elementos contribui para aquela intenção comunicativa – nada mais é que uma elaboração desse processo.

Essa elaboração apóia-se sobretudo no discurso interativo das crianças com outras pessoas, no qual diferentes elementos frasais são destacados de várias maneiras. O mais importante é o fato de que (a) a criança já costuma conhecer algumas das palavras do enunciado e (b) a criança muitas vezes pode se basear no discurso prévio do adulto. Por exemplo, se um adulto dissesse a uma criança americana de três anos "Ernie is dacking Bert" enquanto ambos estivessem assistindo à realização de uma atividade nova, muito provavelmente a criança saberia que *dacking* indicava a atividade nova, porque saberia por experiências prévias que o adulto se referia à atividade relevante que se desenrolava na frente deles e que as palavras *Ernie* e *Bert* indicavam os participantes familiares dessa atividade (cf. Fisher, 1996). Portanto, teria uma boa chance de compreender toda a construção e o papel de todos os diferentes elementos dela.

Além disso, é provável que o diálogo com um adulto também desempenhe um papel fundamental no entendimento que as crianças possam ter da função comunicativa de diferentes elementos lingüísticos em construções lingüísticas mais extensas (K. E. Nelson, 1986). Assim, ao participar de uma conversa com um adulto, a criança muitas vezes pode perceber os diferentes papéis desempenhados por diferentes elementos à medida que os falantes se alternam, às vezes repetindo elementos da última frase de seu interlocutor ao mesmo tempo que introduzem novos elementos, como em:

CRIANÇA: On the chair.
ADULTO: OK, we'll meek it on the chair.

Neste exemplo é muito provável que a criança reconheça a intenção comunicativa do adulto, e reconheça o papel comunicativo daquele pedaço da frase do adulto que repete a sua – o que deveria ajudá-la a isolar o papel da(s) nova(s) palavra(s) que ela não conhece. De modo similar, adulto e criança às vezes criam as chamadas estruturas verticais nas quais criam, nas idas e vindas da conversa, uma construção (Scollon, 1973), como em:

CRIANÇA: I'll smash it.
ADULTO: With the gazzer.

Mais uma vez, esses tipos de seqüências deveriam ajudar as crianças a analisar os componentes das orações e determinar o que esses componentes fazem quanto à comunicação.

Portanto, a idéia geral é o que Tomasello (1992b) chamou de análise distributiva funcional: para entender a importância comunicativa de uma estrutura lingüística de qualquer tipo a criança tem de determinar a contribuição dessa estrutura para a intenção comunicativa do adulto no seu conjunto. A Figura 5.2 fornece uma representação extremamente simplificada desse processo. Notem que esse processo aplica-se igualmente à aprendizagem de palavras e à aprendizagem de construções lingüísticas mais amplas – ou qualquer outra unidade lingüística –, embora, é claro, diferentes aspectos do processo sejam de especial importância nos diferentes casos. E notem também que esse processo não entra de forma alguma em conflito ou compete com processos de aprendizagem cultural; a única questão aqui é quais unidades as crianças estão aprendendo por imitação e como conseguem isolar essas unidades para poderem aprender por imitação seu uso convencional. A aprendizagem

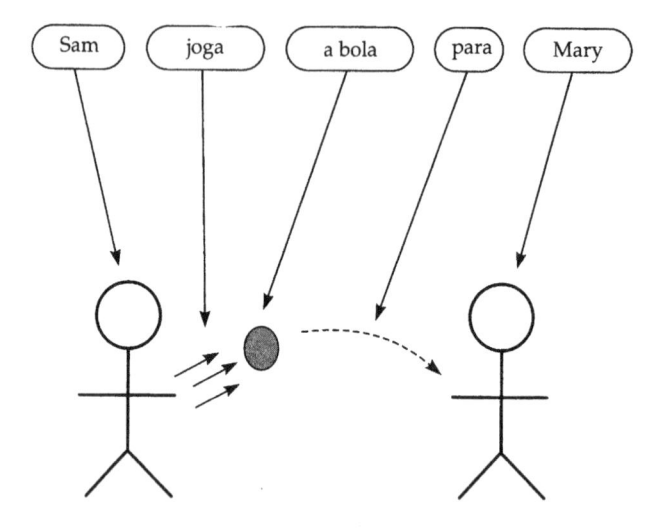

Figura 5.2 Uma representação extremamente simplificada de uma cena referencial e a linguagem que a acompanha, de acordo com uma análise distributiva funcional na qual a criança entende a função comunicativa de cada elemento lingüístico.

cultural na aquisição de linguagem sempre consiste em aprender a usar uma forma simbólica para sua função comunicativa convencional; mas compreender o discurso no qual uma forma lingüística está inserida é quase sempre um aspecto essencial da compreensão de sua função comunicativa.

Abstração e esquematização

Pouco se sabe sobre como as crianças abstraem ou esquematizam as construções verbais insuladas e criam construções mais abstratas, produtivas e adultas. Uma hipótese é que elas simplesmente formam um esquema de construção lingüística da mesma maneira como formam esquemas de eventos na cognição não-lingüística (como estudou, por exemplo, Nelson, 1986, 1996). Nesse sentido, pesquisas recentes mostraram que crianças pequenas recordam melhor seqüências de eventos se houver variabilidade nas diferentes ocorrências do evento quanto a quem são os participantes (Bauer e Fivush, 1992). Isso corresponderia à formação de esquemas verbais insulados com base nas diferentes ocorrências de, por exemplo, um evento de chutar, cada um com participantes diferentes. Talvez as crianças formem esquemas mais gerais esquematizando da mesma maneira os diferentes tipos de eventos – de forma que muitas ocorrências de *X chuta Y* e *X ama Y* e *X encontra Y* etc. venham a ser percebidas, num outro nível de organização, como ocorrências de um esquema ainda mais geral (cf. Gentner e Markman, 1997, sobre analogia e mapeamento de estrutura). Supõe-se que seja necessária uma certa "massa crítica" de diferentes esquemas verbais insulados a serem categorizados dessa maneira para que o processo funcione (Marchman e Bates, 1994).

É claro que a idade na qual as crianças dominam uma construção abstrata será função tanto de habilidades sociocognitivas envolvidas na compreensão da função comunicativa da construção como das capacidades cognitiva e fonoauditiva envolvidas no domínio da forma simbólica da construção (sua extensão e complexidade, o destaque e a constância de seus símbolos sintáticos etc.) – e também, provavelmente, a quantidade e constância das construções verbais insuladas que têm de ser abstraídas. No entanto, uma vez que as crianças começaram a formar uma construção abstrata, surge o problema, como em toda categorização e esquematização, do excesso de generalização. Para aprender a usar a construção adulta da maneira como os adultos o fazem, as crianças têm de fazer as generalizações adequadas, não só sobre quais verbos podem ocorrer em determinadas construções, mas também sobre que verbos não podem ocorrer (por exemplo, não dizemos "She donated him the book"; Pinker, 1989). Ainda não se sabe claramente quais são as restrições reais às construções, e como as crianças as adquirem, mas tudo indica que as crianças têm de ter três anos ou mais para começar a fazer generalizações excessivas com suas construções frasais recém-formadas (por exemplo, "Don't giggle me" como exemplo de uso não-convencional de um verbo intransitivo numa construção transitiva; Bowerman, 1982), e cerca de quatro a quatro anos e meio para começar a restringir seu uso dessas construções produtivas de maneira adulta a fim de evitar cometer erros desse tipo por excesso de generalização (ver Tomasello, 1999b, para um apanhado geral). Portanto, o caráter abstrato de construções lingüísticas de frases completas pode ser visto como um padrão desenvolvimental em forma de U, da mesma maneira que o conhecido tempo passado do inglês: as crianças aprendem as construções item por item; generalizam-nas, às vezes excessivamente; e depois reduzem essas generalizações por uma variedade de processos até atingir sua extensão convencional.

É interessante e importante notar que processos de categorização e de esquematização originam-se na linha individual do desenvolvimento cognitivo, já que são coisas que a criança faz sozinha. É claro que o que ela categoriza ou esquematiza provém diretamente do estoque cultural de símbolos e construções lingüísticos que a cultura construiu e conservou ao longo de muitas gerações. Mas a criança não vivencia construções lingüísticas abstratas de modo direto; ela só escuta enunciados concretos e tem de criar sozinha as abstrações. Assim, a aquisição da linguagem é uma arena privilegiada em que podemos observar o complexo interjogo entre as linhas individual e cultural de desenvolvimento cognitivo, na medida em que as crianças criam individualmente construções lingüísticas abstratas, mas o fazem usando os artefatos simbólicos (construções) culturalmente convencionados que já existem em seus grupos sociais.

Cognição lingüística

Se pensássemos a linguagem como algo separado da cognição, poderíamos perguntar agora como a aquisição da linguagem "afeta", "é afetada por" ou "interage com" a cognição. Minha opinião, contudo, é que a linguagem é um forma de cognição; é cognição acondicionada para fins de comunicação interpessoal (Langacker, 1987a, 1991). Os seres humanos desejam trocar experiências entre si e por isso, ao longo do tempo, criaram convenções simbólicas para fazer isso. O processo de aquisição dessas convenções simbólicas leva os seres humanos a conceituar coisas de maneiras que não fariam se não fosse para isso – o que Slobin (1991) chama de "pensar para falar" –, porque a comunicação simbólica humana exige algumas formas singulares de conceituação para funcionar efetivamente. Portanto, preferiria falar simplesmente de cognição lingüística, e em particular de três aspectos da cognição lingüística: a divisão das cenas referenciais em eventos (ou estados) e seus participantes, a tomada de perspectiva em relação às cenas referenciais e a categorização das cenas referenciais.

Eventos e participantes

Talvez o resultado mais significativo, em termos cognitivos, da aquisição de uma língua natural seja o de que o usuário da língua divide seu mundo em unidades discretas de determinados tipos. Esse processo de divisão certamente não cria novos materiais conceituais, mas serve para acondicionar material conceitual existente de determinadas maneiras – maneiras estas de que um indivíduo muitas vezes não necessitaria se não estivesse envolvido em comunicação lingüística. Já que a principal função da linguagem é manipular a atenção das outras pessoas – ou seja, induzi-las a adotar certa perspectiva sobre um fenômeno –, podemos pensar que os símbolos e as construções lingüísticos nada mais são senão artefatos simbólicos que os antepassados de uma criança lhe legaram para esse propósito. Ao aprender a usar esses artefatos simbólicos, e assim internalizar as perspectivas que a eles subjazem, a criança acaba conceituando o mundo da maneira que os criadores dos artefatos fizeram.

A distinção cognitiva mais fundamental empregada por línguas naturais é a distinção entre eventos (ou estados de coisas) e os seus participantes. Essa distinção tem múltiplas determinações e se manifesta de diversas maneiras nas diferentes línguas, sendo que os determinantes mais importantes são (a) a distinção cognitiva entre fenômenos que se assemelham a "coisas" e fenômenos que se assemelham a "processos" (Langacker, 1987b), e (b) a distinção comunicativa entre "tópico da conversa"

– sobre o que estamos falando – e "foco da conversa" – o que estamos dizendo sobre isso (Hopper e Thompson, 1984). Assim, algumas línguas têm dois tipos diferentes de palavras, cada uma das quais usada tipicamente para apenas um desses tipos de elementos – geralmente chamados de substantivos e verbos –, ao passo que outras têm um estoque de palavras que podem ser usadas igualmente para qualquer um desses elementos, dependendo do contexto lingüístico no qual são empregadas – como as palavras inglesas *brush, kiss, call, drink, help, hammer, hug, walk* etc.

Como explicamos acima, as crianças pequenas iniciam suas carreiras lingüísticas usando holófrases para exprimir suas intenções comunicativas, mas logo começam a fazer coisas mais complexas. Ao longo do desenvolvimento elas aprendem sobretudo a:

- usar combinações de palavra nas quais analisam, de acordo com sua intenção comunicativa, alguns elementos diferenciados, que costumam corresponder a uma palavra para um evento ou estado de coisas, e outra para um participante (por exemplo, __ *off, Throw* __, *More*__);
- usar construções verbais insuladas, nas quais indicam simbolicamente os participantes com seus papéis nos eventos ou estados, sobretudo por meio da ordem de palavras ou de marcadores de caso – mas só fazem isso de maneira específica para cada verbo; e
- categorizar ou planejar esquemas verbais insulados em construções lingüísticas mais abstratas, que possibilitam muitas generalizações lingüísticas produtivas.

O que essa progressão significa é que crianças pequenas passam a "esmiuçar" de várias maneiras as cenas de suas experiências – baseando-se na sua aquisição e no uso das construções lingüísticas que conformam uma língua natural – e em seguida categorizam ou esquematizam suas maneiras de fazê-lo – baseando-se em suas habilidades cognitivas individuais de encontrar padrões na experiência. Um resumo dessa sucessão encontra-se na Tabela 5.1.

Tabela 5.1 Análise e categorização conceitual de cenas de experiência pelas crianças pequenas em decorrência da aquisição de uma língua natural.

Idade aproximada	Cena experiencial	Linguagem
9 meses	Cenas de atenção conjunta (não-simbolizadas)	—
14 meses	Cenas simbolizadas (simbolização indiferenciada)	Holófrases
18 meses	Cenas separadas (diferenciação de eventos e participantes)	Construções de tipo pivô
22 meses	Cenas sintáticas (marcação simbólica de participantes)	Construções verbais insuladas
36 meses	Cenas categorizadas (marcação simbólica generalizada de papéis de participantes)	Construções verbais gerais

Embora provavelmente outras espécies animais percebam e lidem tanto com objetos como com eventos, elas não têm a oportunidade de conceituar ou se comunicar sobre um evento e seus participantes (cada um com seus papéis claramente indicados) na forma de uma unidade cognitiva coerente. Os seres humanos tampouco o fazem quando interagem diretamente com o mundo, como quando estão elaborando e usando ferramentas para atingir algum objetivo instrumental concreto. Contudo, os seres humanos de fato analisam o mundo em eventos ou estados e seus participantes com papéis definidos quando se comunicam lingüisticamente entre si. Fazem-no, em primeiro lugar, porque existem boas razões cognitivas e comunicativas para fazê-lo (ver acima; Langacker, 1987b; Hopper e Thompson, 1984), e, em segundo, porque foi assim que seus antepassados fizeram. No entanto, cada aprendiz de uma língua está exposto aos modos particulares pelos quais seus antepassados fizeram essa distinção em inúmeras situações conceituais singulares, e ele tem de aprender a fazê-lo dessas mesmas maneiras se quiser se comunicar de modo eficaz com os outros membros de seu grupo.

Perspectivação

Cada evento discursivo é diferente, e portanto em cada situação de uso da linguagem o falante tem de encontrar um modo de "assentar" a cena referencial de que está falando naquela cena de atenção conjunta precisa que ele compartilha com seu interlocutor. Em outras palavras, o falante tem de escolher meios simbólicos de expressão adaptados ao contexto comunicativo específico, incluindo os conhecimentos, as expectativas e a perspectiva de seu interlocutor naquela situação particular. Isso vale tanto para a maneira como os falantes escolhem designar para seu interlocutor os participantes e o evento envolvidos, como para a perspectiva que os falantes adotam em relação às cenas como um todo.

Em primeiro lugar, quando as pessoas querem designar um determinado objeto para alguém elas têm certo número de escolhas, incluindo coisas como nomes próprios (*Bill Clinton*), substantivos comuns (*o presidente*), e pronomes (*ele*) – dependendo do juízo que fazem da informação de que o ouvinte necessita naquela ocasião particular (isto é, de sua avaliação de o que exatamente é e não é compartilhado naquela cena de atenção conjunta). Nomes próprios são designações únicas e individuais, e são usados quando falante e ouvinte conhecem a pessoa em questão pelo nome. Substantivos comuns são categoriais por natureza e portanto têm de ser usados junto com outros símbolos lingüísticos para identificar o indivíduo específico designado; por exemplo, símbolos especiais conhecidos por determinantes são usados quando o falante supõe que o ouvinte é capaz de identificar o indivíduo indicado apenas com uma deixa categorial (por exemplo, *o* X, *aquele* Y, *este* Z), e construções complexas como sintagmas nominais modificados (*o carro azul*) ou orações relativas (*o gato que você encontrou ontem*) são usadas quando o falante decide que o ouvinte terá mais trabalho para identificar o indivíduo designado. Pronomes são usados quando ambos sabem precisamente a que os dois estão se referindo na cena de atenção conjunta. Dessa mesma maneira geral, o falante freqüentemente precisa identificar um determinado evento para o ouvinte isolando-o do fluxo contínuo de eventos da experiência. Por exemplo, sabemos apenas que *Ele o chutou* designa um evento específico diferente de *Ele o chutará* (supondo o mesmo falante num mesmo momento). O modelo de Langacker (1991) considera a cena de atenção conjunta (evento discursivo em andamento) como o ponto central a partir do qual qualquer evento específico pode ser localizado no tempo como passado, presente ou futuro – ou, às vezes, num tempo imaginário, como no caso de um evento que eu espero que aconteça.

Quando se trata de orações completas, os falantes assentam suas falas na cena de atenção conjunta presente adaptando seu enunciado sobre a cena referencial aos conhecimentos, às expectativas e ao foco de atenção atual do ouvinte naquele momento preciso. Um exemplo ajudará a esclarecer o que estou dizendo. Imaginemos uma cena na qual uma pessoa chamada Fred atira uma pedra por uma janela, quebrando-a. Podemos empregar diferentes níveis de construções de frase para realçar ou justificar diferentes aspectos do evento e para adotar diferentes perspectivas sobre ele. Poderíamos multiplicar infinitamente as possibilidades empregando diferentes verbos e substantivos (*estilhaçou, arrombou, o homem, o ladrão, meu irmão* etc.), mas, neste caso, limitemo-nos a uma descrição direta empregando apenas as palavras de conteúdo *Fred, pedra, janela* e *quebrou* (e restrinjamos a intenção comunicativa do falante a um simples enunciado informativo).

   Fred quebrou a janela.
   A pedra quebrou a janela.
   Fred quebrou a janela com uma pedra.
   A janela quebrou.
   A janela foi quebrada.

A janela foi quebrada por uma pedra.
A janela foi quebrada por Fred.
A janela foi quebrada por Fred com uma pedra.
Foi Fred quem quebrou a janela.
Foi a pedra que quebrou a janela.
Foi a janela que quebrou.
Foi a janela que foi quebrada.

Mesmo conservando as mesmas palavras básicas – e mantendo, assim, constantes as diferentes perspectivas incorporadas em diferentes escolhas de palavras – ainda há muitas maneiras diferentes de descrever uma simples cena usando algumas construções básicas da língua inglesa. Em cada caso, um dos participantes é destacado como "participante focal primário" (sujeito), e os outros participantes potenciais ou bem são incluídos como "participante focal secundário" (objeto direto), como participante ancilar (marcado por uma preposição), ou totalmente excluídos. A razão pela qual um falante emprega uma dessas descrições e não outra tem a ver com sua avaliação de qual combina melhor com seus objetivos comunicativos e com as necessidades e expectativas comunicativas do ouvinte. Por exemplo, se o falante supõe que o ouvinte acha que Bill quebrou a janela, ele pode balançar a cabeça e dizer "Foi Fred quem quebrou a janela", ou, se acha que o ouvinte só está preocupado com a janela e seu destino, sem nenhuma consideração pela causa, pode simplesmente dizer "A janela foi quebrada". Assim, Talmy (1996) descreve o uso de determinadas construções lingüísticas como modos diferentes de abrir janelas ou criar diferenças* na atenção, e Fisher, Gleit-

---

* No original: *"windowing"* e *"gapping"*, respectivamente. (N. da T.)

man e Gleitman (1991) caracterizam as construções como uma espécie de "zoom" que o falante usa para direcionar a atenção do ouvinte para uma determinada perspectiva de uma cena.

Tais curiosidades lingüísticas são essenciais para responder a uma pergunta muito simples, mas muito profunda: Por que as línguas humanas são tão incomumente complexas? A resposta envolve, basicamente, dois conjuntos de fatores. As línguas naturais são complexas, em primeiro lugar, porque os seres humanos querem falar de eventos e estados de coisas complexos com vários participantes inter-relacionados de maneiras complexas; temos de lidar com o evento da quebra e com Fred e com a pedra e com a janela, e temos de marcar cada um destes em função do papel que desempenha no evento como um todo. Mas, se o problema fosse só esse, poderíamos simplesmente dizer *Fred quebrar janela pedra* e resolvê-lo. Boa parte da complexidade adicional resulta da necessidade do falante de assentar a cena referencial na cena de atenção conjunta que está compartilhando em determinado momento com o ouvinte; ou seja, muitas das complexidades sintáticas resultam da pragmática da comunicação. Isso vale para o assentamento da referência a determinados participantes e eventos numa determinada cena de atenção conjunta (por exemplo, com determinantes ou marcadores de tempo verbal), e também vale para o processo de adotar diferentes perspectivas em relação a eventos à medida que o falante abre e diferencia aspectos diversos do evento para o ouvinte (por exemplo, fazendo com que a janela ou a pedra ou Fred sejam o foco primário da oração).

As construções de frases mais comuns e recorrentes de uma língua fornecem pacotes preestabelecidos, convencionados ao longo do tempo histórico, para fazer esse tipo de coisa, e as crianças simplesmente os aprendem. Mas elas ainda têm de desenvolver a capacidade pragmática de escolher de modo eficaz entre as diferentes opções em diferentes circunstâncias comunicativas. Com efeito, nem sempre é fácil decidir se, numa determinada situação, a criança está usando a primeira construção lingüística que lhe veio à mente, ou se está escolhendo ativamente uma construção lingüística em detrimento de outra por um princípio de razão comunicativa. Mas, em geral, como em todos os casos em que há divergência entre a perspectiva da criança e a de seu parceiro comunicativo, ter a sensibilidade de se adaptar à perspectiva alheia é uma conquista desenvolvimental significativa das crianças pequenas – e é muito provável que para isso seja necessário esperar o surgimento de sua capacidade de compreender o outro como algo semelhante a um agente mental com pensamentos e crenças próprios.

Derivações, metáforas e histórias

Construções abstratas formam a base de boa parte da criatividade lingüística das crianças, e cada criança tem de construí-las individualmente à medida que percebe padrões nas frases que escuta de usuários maduros da língua. Isso torna as construções lingüísticas abstratas particularmente interessantes do ponto de vista cognitivo, já que se baseiam na aprendizagem de estruturas lingüísticas culturalmente convencionadas e das habilidades cognitivas de categorização e formação de esquemas de cada criança, habilidades estas que derivam, em última análise, de sua herança biológica individual como primatas. Contudo, além disso as construções lingüísticas abstratas dão lugar a operações cognitivas únicas, sem paralelo no reino animal. A interação entre construções lingüísticas abstratas e palavras individuais concretas criam novas e poderosas possibilidades de interpretação derivacional, analógica e até metafórica das coisas. Por exemplo, em inglês, podemos interpretar:

- propriedades e atividades como se fossem objetos (*Blue is my favorite color; Skiing is fun; Discovering the treasure was lucky*); [O azul é minha cor favorita; Esquiar é divertido; Foi uma sorte descobrir o tesouro]
- objetos e atividades como se fossem propriedades (*His mousy voice shook me; His shaven head distracted her; His Nixonesque manner offended me*); [Sua voz de rato me abalou; A cabeça barbeada dele a distraiu; Seu jeitão de Nixon me ofendeu]
- objetos e propriedades como se fossem atividades (*She chaired the meeting; He wet his pants; The paperboy porched the newspaper*); [Ela presidiu o encontro; Ele molhou as calças; O entregador de jornal atirou o jornal na varanda]
- praticamente qualquer evento e objetos como se fosse outro (*Love is a rose; Life is a journey; An atom is a solar system*). [O amor é uma rosa; A vida é uma jornada; Um átomo é um sistema solar]

O seres humanos criam esses tipos de analogias quando os recursos de seu inventário lingüístico são insuficientes para satisfazer as demandas, inclusive as demandas expressivas, de uma determinada situação comunicativa. Ou seja, é difícil imaginar que os seres humanos conceituassem ações como objetos ou objetos como ações – ou se envolvessem em algo além das formas mais rudimentares de pensamento metafórico – se não fosse pelas demandas funcionais que a eles se impõem ao adaptarem meios convencionais de comunicação lingüística a exigências comunicativas particulares. O que importa no presente contexto é que as estruturas abstratas criadas à medida que as crianças passam de construções lingüísticas específicas de certos verbos para outras mais gerais rapidamente acomodam material conceitual de todo tipo em decorrência de necessidades comunicativas – mesmo material explicitamente contraditório, como certa poesia moderna (e frases tais como *Incolores idéias verdes dormem furiosamente*). E, para que não se pense que essa flexibilidade gramatical é simplesmente um artifício comunicativo conveniente sem nenhuma conseqüência cognitiva duradoura, Wittgenstein (1953) expôs alguns dos vários problemas filosóficos gerados pelo fato de as pessoas tenderem a procurar coisas ou substâncias para todas as entidades expressas lingüisticamente por substantivos (por exemplo, um pensamento, uma expectativa, infinito, linguagem).

Também deveríamos mencionar, ainda que brevemente, o papel das narrativas na cognição humana. Bruner (1986, 1990) em particular afirmou que as histórias contadas por uma cultura (ou outra unidade social como a família) são um elemento importante no que se refere à maneira como ela vê a si mesma, acabando por moldar também a cognição de cada um de seus membros. Por exemplo, as histórias canônicas de uma cultura sobre suas origens, seus heróis e suas heroínas, acontecimentos centrais de sua história, ou mesmo eventos mitológicos de sua pré-história, são como são por bons motivos – que supostamente têm a ver com o tipo de coisa que uma cultura acredita ser importante, com o tipo de explicações que valoriza, com o tipo de interpretações e gêneros narrativos que ela tornou convencionais pela razão que for, e assim por diante. Portanto, também as narrativas extensas servem para canalizar a cognição lingüística humana para direções que de outra maneira ela não tomaria.

Linguagem e cognição

Construções lingüísticas são tipos especiais de símbolos lingüísticos, e aprender construções lingüísticas completas – símbolos lingüísticos internamente complexos que foram historicamente convencionados para lidar com funções comunicativas complexas mas recorrentes – orienta as crianças para aspectos de sua experiência para os quais não se orientariam não fosse a linguagem. Em particular, leva-as a:

- analisar o mundo em eventos e participantes;
- perceber eventos complexos de várias perspectivas, que se conectam mais ou menos bem com determinada cena de atenção conjunta; e
- criar construções abstratas com as quais podem perceber praticamente qualquer fenômeno experiencial com relação a praticamente qualquer outro (ações como objetos, objetos como ações e todo tipo de outras metáforas conceituais).

Portanto, adquirir linguagem leva as crianças a conceituar, categorizar e esquematizar eventos de maneiras bem mais complexas do que o fariam se não estivessem engajadas na aprendizagem de uma linguagem convencional, e esse tipo de representações e esquematizações de eventos acrescenta grande complexidade e flexibilidade à cognição humana.

Também é importante notar que, na aquisição de construções lingüísticas complexas, as crianças são inicialmente muito conservadoras, no sentido de que geralmente imitam de modo exato a estrutura relacional das construções que estão aprendendo de usuários maduros da língua (construções verbais insuladas). A importância dessa observação consiste simplesmente no fato de que a adaptação humana para a aprendizagem cultural é uma tendência muito forte, mesmo num domínio – a aquisição de construções lingüísticas complexas – em que, classicamente, sempre se pensou que ela desempenhava um papel menor. Essa tendência é perfeitamente coerente com as tendências imitativas das crianças em (a) tarefas de uso de ferramentas – particularmente as crianças de dois anos, cf. estudo de Nagell *et al.*, 1993 (ver Capítulo 2; ver também Want e Harris, 1999); (b) tarefas de aprendizagem de palavras – novamente, sobretudo as crianças de dois anos (os estudos de Tomasello *et al.* examinados no Capítulo 4); e (c) tarefas de manipulação de objetos e de jogo simbólico – também sobretudo as crianças de dois anos (Tomasello, Striano e Rochat, e Striano, Tomasello e Rochat, 1999, examinado no Capítulo 3). A conclusão geral é, pois, que durante o período que vai de um a três anos de idade, as crianças pequenas são praticamente "máquinas de imitação" tentando adequar as aptidões e os comportamentos culturais aos membros maduros de seus grupos sociais.

Essa tendência imitativa não é geral, é claro, na medida em que as crianças fazem algumas coisas criativas com artefatos culturais e convenções lingüísticas desde o começo de seu desenvolvimento, e trata-se decerto de uma tendência que perde influência no desenvolvimento cognitivo posterior, à medida que as crianças fazem várias coisas novas com as ferramentas culturais que já dominam. Mas, inicialmente – no período em que começam a adquirir os artefatos e as convenções de sua cultura, ou seja, de um a quatro anos –, as crianças humanas revelam uma tendência imitativa muito forte. Sua reação inicial em muitas situações de resolução de problemas é imitar o comportamento dos que se encontram à sua volta, assim como em muitas situações os adultos rapidamente recorrem à imitação se não tiverem domínio de todas as aptidões envolvidas ou por algum outro motivo se sentirem inseguros em relação a como agir. Uma das questões mais interessantes no que se refere aos símbolos e às construções lingüísticos é, portanto, que eles criam uma tensão palpável entre a necessidade de "fazer como os adultos fazem", a aprendizagem por imitação de símbolos e construções lingüísticos, e a necessidade de ser criativo na adaptação desses artefatos culturalmente herdados à situação comunicativa em questão – e na realização de generalizações sobre os modos de fazer isso. A tendência muito forte das crianças pequenas de imitar o que outros fazem manifesta-se, pois, reiteradamente nos primórdios de seu desenvolvimento cognitivo, levando à conclusão de que na primeira infância as crianças ingressam no mundo da cultura através do domínio de artefatos e convenções preexistentes à sua entrada em cena – que em seguida, com o incremento desse domínio, irão adaptar para usos criativos.

A abordagem clássica das questões de linguagem e cognição é comparar as habilidades cognitivas de pessoas aprendendo línguas diferentes. Mas meu interesse aqui volta-se para a aprendizagem de uma língua, qualquer língua, em contraposição a não aprender nenhuma língua. As várias pessoas do mundo moderno que não aprendem normalmente a linguagem são evidentemente relevantes para minhas colocações, mas, como elaborei no Capítulo 4, nenhuma delas representa um caso significativo de um ser destituído de linguagem, e menos ainda de cultura. Constata-se empiricamente que vários substitutos e variações de símbolos lingüísticos, tais como as línguas manuais de sinais, são igualmente eficazes enquanto linguagem no sentido de direcionar a atenção e a cognição já que, como as línguas naturais, baseiam-se em símbolos convencionais intersubjetivamente compartilhados e baseados em perspectivas.

6. DISCURSO E REDESCRIÇÃO REPRESENTACIONAL

> Qualquer oração é um elo numa cadeia de orações organizada de modo muito complexo.
>
> MIKHAIL BAKHTIN

Em termos muito gerais, praticamente tudo o que discuti até agora é universal para todos os bebês e as crianças pequenas do mundo: identificam-se com outras pessoas; percebem outras pessoas como agentes intencionais iguais a elas mesmas; envolvem-se com outras pessoas em atividades de atenção conjunta; entendem muitas das relações causais existentes entre objetos físicos e eventos do mundo; entendem as intenções comunicativas que as outras pessoas exprimem por meio de gestos, símbolos lingüísticos e construções lingüísticas; aprendem através da imitação com inversão de papéis para produzir para os outros aqueles mesmos gestos, símbolos e construções; e constroem lingüisticamente categorias de objetos e esquemas de eventos. Essas habilidades cognitivas possibilitam às crianças pequenas começar a percorrer a linha cultural de desenvolvimento, ou seja, começam a aprender culturalmente (apropriar-se, adquirir) as aptidões, práticas e os campos de conhecimento únicos de seus grupos sociais. No entanto, mesmo quando as crianças avançam por essas trajetórias desenvolvimentais culturalmente específicas durante a primeira infância e depois dela, existem outros processos desenvolvimentais, e mesmo algumas balizas ao longo do caminho, que são universais. O desafio, portanto, ao observarmos crianças durante esses períodos desenvolvimentais posteriores é explicar os aspectos a um só tempo culturalmente específicos e culturalmente universais da ontogênese cognitiva humana.

Os aspectos culturalmente específicos da cognição humana são explicados por teóricos de todas as linhas basicamente da mesma maneira: as crianças aprendem aquilo a que estão expostas, e diferentes culturas expõem-nas a coisas diferentes. Quer os estudiosos sejam psicólogos culturais preocupados com processos de interação cultural, quer sejam teóricos mais individualistas preocupados com a resolução individual de problemas (por exemplo, neopiagetianos ou neonativistas), para explicar como as crianças aprendem sobre dinossauros, ou história grega, ou ancestrais, ou tecelagem de tapetes, realmente não há alternativa senão a aquisição por parte de cada criança dos conhecimentos dentro de contextos sociais e físicos particulares. As dificuldades teóricas surgem quando se trata de aptidões e conhecimentos culturalmente universais. Atualmente, os debates sobre os aspectos universais do desenvolvimento cognitivo humano estão dominados pelos teóricos individualistas, e a maioria deles se preocupa sobretudo em descobrir em que medida várias habilidades cognitivas e domínios do conhecimento são "inatos" e/ou "modulares" (por exemplo, ver Hirschfield e Gelman, eds., 1994; Wellman e Gelman, 1997). Em nenhuma das abordagens individualistas os processos sociais e culturais desempenham qualquer papel no desenvolvimento de estruturas cognitivas básicas e universais, afora o mero papel de expor a criança/cientista/máquina a diferentes tipos de "*input*" ou "dados" em diferentes domínios específicos de conhecimento. Os psicólogos culturais, em contrapartida, sempre se preocuparam com os processos sociais e culturais no desenvolvimento cognitivo da infância – o foco nesses processos na verdade define a abordagem – mas eles em geral preocupam-se tanto com os aspectos culturalmente específicos do desenvolvimento cognitivo que praticamente ignoram o papel dos processos sociais e culturais na ontogênese dos aspectos mais básicos e universais da cognição humana.

Minha opinião é que processos sociais e culturais – de um tipo comum a todas as culturas – são parte integrante e essencial das vias ontogenéticas normais de muitas das mais fundamentais e universais habilidades cognitivas dos humanos, sobretudo aquelas únicas da espécie. Alguns desses processos socioculturais são tão óbvios que raramente são comentados pelos teóricos, por exemplo, a "transmissão" de conhecimento e informação de adultos para crianças via linguagem e outros meios de comunicação simbólicos. Alguns desses processos são um pouco menos óbvios e são estudados apenas por alguns psicólogos culturais neovigotskianos, como, por exemplo, o papel dos artefatos culturais como mediadores das interações das crianças com seu meio. E alguns desses processos, creio eu, não são nada óbvios e não recebem a atenção que merecem de nenhum teórico contemporâneo. Foram negligenciados sobretudo porque envolvem processos discursivos e de comunicação lingüística – processos nos quais as crianças incluem outras mentes de modo dialógico – e esses processos ou bem são desvalorizados ou então mal entendidos pelos teóricos de ambas as linhas. Em geral, os teóricos individualistas aceitam a idéia de que a linguagem é uma competência específica de determinado domínio, que não interage de maneira significativa com outras competências cognitivas, ao passo que os psicólogos culturais, a despeito de dedicarem certa atenção ao papel da linguagem na socialização do comportamento e na formação de categorias simples, em geral não se dão conta de todas as implicações da comunicação lingüística no desenvolvimento de habilidades cognitivas complexas.

A hipótese que apresento é que a natureza perspectiva dos símbolos lingüísticos, e o uso de símbolos lingüísticos em interações discursivas em que diferentes perspectivas são explicitamente contrastadas e compartilhadas, fornece a matéria-prima a partir da qual as crianças de todas as culturas constroem as representações cognitivas flexíveis e multiperspectivadas – talvez até dialógicas – que dão à cognição humana seu poder único e impressionante. Neste capítulo, tentarei destrinchar essa idéia. Primeiro, exporei de que maneiras os processos discursivos e de comunicação lingüística são constitutivos do desenvolvimento cognitivo humano durante a primeira infância – da simples exposição das crianças a informações factuais até a transformação da maneira como elas entendem e representam cognitivamente o mundo pelo convívio com múltiplas e às vezes conflituosas perspectivas sobre os fenômenos. Em segundo lugar, examinarei de modo mais detalhado como esses processos lingüísticos contribuem para o desenvolvimento cognitivo das crianças nos dois principais domínios de conhecimento elaborados a partir da infância: a compreensão da autoria sociopsicológica (intencional) dos próprios atos e a compreensão de eventos e relações físicos (causais). Em terceiro lugar, examinarei como alguns tipos especiais de interação lingüística e de discursos levam, no fim da primeira infância, aos processos, de importância vital, de auto-regulação, metacognição e redescrição representacional – que, juntos, levam às representações cognitivas dialógicas.

Comunicação lingüística e desenvolvimento cognitivo

Pelo menos desde Sapir e Whorf, e com certeza desde Herder e Humboldt, a influência da comunicação lingüística sobre a cognição tem sido um tópico de particular interesse para filósofos, psicólogos e lingüistas. A maioria dos teóricos tem se interessado em entender como a aquisição de determinada língua natural (por exemplo, a língua hopi) e não outra (por exemplo, inglês) afeta a maneira como os seres humanos conceituam o mundo – a hipótese do "determinismo lingüístico". Pesquisas recentes sugerem que essa hipótese é, de uma forma ou de outra, praticamente correta, seja em sua forma "forte", segundo a qual determinadas línguas influenciam a cognição não-lingüística de determinadas maneiras (cf. Lucy, 1992; Levinson, 1983) ou na sua forma "fraca", segundo a qual a aprendizagem e o uso de uma determinada língua chamam a atenção para certos aspectos das situações e não para outros – ou, como se costuma dizer, pensar para falar (Slobin, 1991). Contudo, há uma questão ainda mais fundamental que diz respeito ao papel da comunicação lingüística – usar qualquer língua natural *versus* não usar nenhuma – no desenvolvimento cognitivo em geral. Trata-se aqui, evidentemente, de exercícios mentais* – crianças em ilhas desertas e coisas do tipo – e não de pesquisa empírica real que lide diretamente com a questão. No entanto, creio que com base na teoria, somada a algumas pesquisas e observações empíricas relevantes, podemos chegar a algumas conclusões bastante sólidas sobre o papel da comunicação lingüística no desenvolvimento cognitivo. Gostaria, em particular, de me concentrar em três dimensões do processo: (1) a "transmissão" cultural do conhecimento às crianças por meio da comunicação lingüística; (2) as maneiras pelas quais a estrutura da comunicação lingüística influencia a construção de categorias cognitivas, relações, analogias e metáforas por parte das crianças; e (3) as maneiras pelas quais a interação lingüística com outros (discurso) induz as crianças a adotarem diferentes – às vezes conflituosas, às vezes complementares – perspectivas conceituais sobre fenômenos.

*Transmissão de conhecimento e instrução
por meio da comunicação lingüística*

Trata-se de algo tão óbvio que raramente, quando muito, é mencionado. Se as crianças não recebessem instrução dos adultos por meio da linguagem, de imagens e de outros meios simbólicos, saberiam o mesmo sobre dinossauros que Platão e Aristóteles, ou seja, nada. Com efeito, se as crianças humanas passassem o dia perambulando sozinhas – como alguns indivíduos de algumas espécies primatas – não saberiam quase nada sobre nenhum dos tópicos que elas tão bem dominam e

---

* No original: *Gedanken* experiments. (N. da T.)

que costumam ser estudados por psicólogos do desenvolvimento, como dinossauros, biologia, beisebol, música, matemática. Além das aptidões fundamentais da cognição primata, os conhecimentos e a destreza que as crianças revelam em domínios específicos dependem quase totalmente do conhecimento acumulado por suas culturas e de sua "transmissão" por meio de símbolos lingüísticos e outros, como a escrita e imagens. A quantidade de conhecimento que cada organismo pode obter pela simples observação do mundo é extremamente limitada.

O processo por meio do qual conhecimento e aptidões são "transmitidos" para as crianças é diferente nas diversas culturas, sendo que as crianças das culturas ocidentais modernas recebem muito mais instrução verbal e escrita do que as crianças de muitas culturas orais – que costumam ser instadas a ficar simplesmente olhando os adultos e a aprender pela observação de seu desempenho em alguma prática especializada. Mas mesmo culturas orais possuem importantes campos de conhecimento que praticamente só existem em formato simbólico, e portanto só podem ser transmitidos simbolicamente – sem dúvida, conhecimentos relacionados com coisas afastadas no espaço e no tempo como características de parentes distantes e ancestrais, mitos e alguns rituais religiosos, certos conhecimentos da flora e fauna local etc. Os adultos de todas as sociedades humanas fornecem, pois, às suas crianças quantidades substanciais de instrução e explicação diretas, pelo menos em parte por meio da linguagem e de outros meios simbólicos, sobre um ou outro campo de conhecimento valorizado pela cultura (Kruger e Tomasello, 1996).

A função estruturante da linguagem

Contudo, a aquisição de uma língua natural faz mais que expor crianças a informações culturalmente importantes. Adquirir uma língua natural também serve para socializar, estruturar culturalmente a maneira como as crianças habitualmente percebem e conceituam diferentes aspectos de seu mundo. Ao tentarem compreender atos de comunicação lingüística dirigidos a elas, as crianças entram em processos muito especiais de categorização e perspectivação conceitual. É claro que a linguagem não cria essas capacidades cognitivas fundamentais, já que muitas espécies animais criam diferentes categorias conceituais com vários propósitos instrumentais, e as crianças podem assumir a perspectiva dos outros sem linguagem. Mas a linguagem acrescenta outro conjunto de categorias e perspectivas conceituais ao repertório humano – categorias e perspectivas construídas com vistas à comunicação lingüística.

Categorizar o mundo com vistas à comunicação lingüística tem, em certos casos, propriedades únicas. Embora algumas categorias incorporadas na linguagem possam ser reflexo direto de categorias não-lingüísticas que poderiam potencialmente ser idênticas às de outras espécies (e podem ser formadas por bebês humanos antes do acesso à linguagem), outras refletem as peculiaridades da comunicação lingüística humana, e, acima de tudo, refletem todo o sistema de opções que se abre em situações comunicativas particulares. Assim, por exemplo, cada vez que um pessoa quer se referir a um objeto para outra pessoa, ela tem de escolher se vai chamar essa coisa de *o cachorro, aquele animal lá, ele, o cocker spaniel, Fido* etc. Ao descrever o evento, tem de escolher dizer *O ca-*

chorro mordeu... ou *O homem foi mordido por...* As escolhas são determinadas em grande medida pela avaliação que o falante faz das necessidades comunicativas do ouvinte e do que ajudaria a lograr o intento comunicativo – que tipo de descrição em que nível de detalhamento e a partir de qual ponto de vista é necessário para uma comunicação bem-sucedida e efetiva, como discutido nos Capítulos 4 e 5. Uma vez que as línguas funcionam principalmente por meio de categorias (não se desenvolveram enquanto listas maciças de nomes próprios para objetos e eventos isolados), as categorias e os esquemas imanentes à linguagem possibilitam às crianças, entre outras coisas, adotar múltiplas perspectivas em relação à mesma entidade simultaneamente: esse objeto é ao mesmo tempo uma rosa e uma flor (e muitas outras coisas) dependendo de como quero interpretá-lo nesta situação comunicativa. Não há evidências convincentes de que animais não-humanos ou bebês humanos em idade pré-lingüística categorizem ou perspectivem o mundo dessa maneira hierarquicamente flexível (Tomasello e Call, 1997). Outros animais podem ser capazes de adotar diferentes perspectivas em relação a coisas em diferentes circunstâncias, mas pelo fato de não disporem das muitas perspectivas dos outros incorporadas na linguagem, não entendem que há um sem-número de modos pelos quais um fenômeno pode ser interpretado simultaneamente.

As categorias que as crianças encontram na linguagem compreendem entidades estáticas como objetos e também propriedades e entidades dinâmicas como eventos e relações. As categorias cognitivas mais estudadas dizem respeito a objetos e suas propriedades, e muitos dos modelos iniciais de representação do conhecimento em Psicologia Cognitiva eram compostos exclusivamente de hierarquias de categorias de objetos, e a maioria dos campos de conhecimento que os psicólogos cognitivistas estudam é definida pelos objetos neles envolvidos (por exemplo, tipos de animais, outros "gêneros naturais" e artefatos). Categorias relacionais e de eventos também são hierarquicamente organizadas em algum grau, e alguns campos de habilidades definem-se quase que exclusivamente por certos tipos de eventos (por exemplo, os campos do beisebol ou xadrez), de modo que estudos semelhantes sobre cognição de eventos também poderiam ser feitos (Barsalou, 1992). Mas a manifestação sem dúvida mais interessante e cognitivamente mais significativa de categorias relacionais na linguagem é aquela que concerne às analogias e metáforas – interessantes precisamente porque são compostas de eventos e relações que podem ser reconhecidos como "semelhantes" em diferentes campos de objetos. O que torna as analogias e metáforas tão interessantes é que diferem de categorias de objetos num sentido fundamental. Objetos são sempre os mesmos objetos independentemente do contexto em que são encontrados: um *Tyrannosaurus rex* é um *Tyrannosaurus rex* quer seja estudado em seu contexto natural ou num museu, ou esteja numa peça da Broadway. Mas eventos e relações são mais dependentes do contexto de objetos: a fotossíntese só pode ocorrer dentro do contexto das plantas – porque é um processo que depende da presença de certos objetos e substâncias específicos –, portanto, se quiséssemos falar de fotossíntese no campo dos automóveis, teríamos de invocar algum tipo de analogia ou metáfora em que substituíssemos um objeto pelo outro (por exemplo, carburadores por mitocôndrias) de modo que preservasse a mesma estrutura relacional nos diferentes campos de objetos (Gentner e Markman, 1997).

Trabalhos recentes no terreno da lingüística cognitiva e funcional mostraram que metáforas permeiam até mesmo os usos mais correntes da língua natural (cf. Lakoff, 1987; Johnson, 1987; Gibbs, 1995). Por exemplo, é corriqueiro os adultos dizerem às crianças para "entrarem na linha" ou "tirarem isso da cabeça" ou não "perderem a paciência". Compreender esses modos figurados de falar abre para as crianças a possibilidade de tecer analogias entre os domínios concretos que elas conhecem a partir de suas experiências sensório-motoras e os domínios mais abstratos da interação e da vida social e mental adultas sobre as quais estão justamente aprendendo. Depois de ouvir uma quantidade suficiente de certos tipos de expressões metafóricas, as crianças deveriam supostamente ser capazes de ter o tipo de entendimento metafórico amplo e abrangente que conduz à produtividade – como na famosa metáfora "o amor é uma jornada" de Lakoff e Johnson (1980), na qual nossa relação "perdeu o rumo" ou "está no bom caminho" ou "não vai a lugar nenhum" ou "está andando rápido", com a possibilidade de que pessoas que conheçam esse padrão possam inventar novas metáforas conexas (por exemplo, "Partimos para uma vida de casados mas não levamos as coisas certas para a viagem"). As crianças levam certo tempo para apreciar explicitamente a linguagem metafórica, provavelmente porque os mapeamentos relacionais desse tipo são bastante complexos (ver Winner, 1988, para um apanhado geral). Mas de crucial importância para nosso argumento é o fato de Gentner e Medina (1997) terem recentemente examinado uma grande quantidade de dados empíricos e concluído que a apreciação por parte das crianças do pensamento analógico/metafórico é em grande medida facilitada, ou até possibilitada pelo contato delas com a linguagem relacional (ver também Gentner *et al.*, 1995).

Em relação a isso é interessante e importante notar que à medida que as crianças vão ganhando proficiência nas várias construções abstratas de sua língua nativa, são capazes de interpretar coisas que sabem ser de determinado tipo como se fossem de outro – como discutimos no Capítulo 5. É um ponto tão importante que merece ser repetido aqui. No transcurso do tempo ontogenético, as crianças detectam padrões abstratos na linguagem que escutam à sua volta, o que as leva a construir inúmeras diferentes generalizações lingüísticas, de categorias de objetos a construções lingüísticas esquematizadas e abstratas. Com vários tipos de propósitos comunicativos e expressivos, ao longo do tempo histórico pessoas de todas as culturas aplicaram essas categorias e esquemas abstratos de modo inovador exigindo, para sua compreensão, a interpretação metafórica e analógica de aspectos da realidade (Lakoff, 1987; Johnson, 1987; Gentner e Markman, 1997). Nisso se inclui desde o processo derivacional, por meio do qual eventos são interpretados como objetos [*Skiing is fun* (Esquiar é divertido)] e objetos, como eventos [*They tabled the motion* (Apresentaram a moção)], até metáforas explícitas como pessoas "perdendo a cabeça" ou "transbordando de raiva". As crianças deparam com esse aspecto do inventário lingüístico de sua cultura, têm de lidar com ele e finalmente usá-lo. A flexibilidade de pensamento que disso resulta é, em suma, impensável numa espécie animal cujos membros não se comunicam simbolicamente entre si e portanto não armazenam um repertório de interpretações simbólicas abstratas.

A linguagem não cria *ex nihilo* a capacidade de categorizar, perspectivar ou fazer analogias ou metáforas.

Isso seria impossível porque a linguagem depende dessas aptidões, e elas devem estar presentes numa forma básica tanto em primatas não-humanos como em bebês em idade pré-lingüística. Mas o que aconteceu é que, no transcurso do tempo histórico, os seres humanos criaram em colaboração uma incrível coleção de perspectivas e interpretações categoriais sobre todo tipo de objetos, eventos e relações, e as incorporaram em seus sistemas de comunicação simbólica chamados de línguas naturais. À medida que as crianças se desenvolvem ontogeneticamente, usam suas aptidões básicas de categorização, perspectivação e pensamento relacional – em combinação com sua capacidade de compreender as intenções comunicativas dos adultos – para aprender o uso das formas simbólicas relevantes. Isso lhes permite tirar vantagem de um vasto número de categorias e analogias que outros membros de sua cultura consideraram adequado criar e simbolizar, e que muito provavelmente elas nunca teriam pensado em criar sozinhas. Além disso, é claro, em alguns casos elas também podem generalizar isso tudo e criar categorias e analogias novas por conta própria – lembrando sempre que a linha individual de desenvolvimento funciona a partir de materiais fornecidos pela linha cultural de desenvolvimento – que outras pessoas podem vir a adotar.

Discurso e perspectivação conceitual

Um importante aspecto do papel que a aquisição da linguagem desempenha no desenvolvimento cognitivo são, portanto, as categorias, relações e perspectivas conceituais incorporadas à estrutura lingüística convencional – de palavras a construções sintáticas a metáforas convencionais – com que as crianças pequenas têm de operar nas interações discursivas normais. Contudo, às vezes o conteúdo semântico do discurso – aquilo de que se fala nos múltiplos intercâmbios discursivos – expressa interpretações divergentes e às vezes conflituosas de coisas. Assim, às vezes as pessoas discordam ou expressam noções diferentes sobre coisas em suas conversas – o que propicia às crianças perspectivas explicitamente divergentes sobre um fenômeno presente. O adulto, ademais, às vezes não entende o que a criança diz, ou vice-versa, e portanto pede um esclarecimento (discurso sobre a *forma* do que o falante acabou de dizer). Por fim, às vezes a criança expressa uma opinião sobre algo e seu parceiro de interlocução expressa uma opinião sobre aquela opinião (discurso sobre o *conteúdo* do que o falante acabou de dizer). Cada um desses três tipos de discurso – discordâncias, esclarecimentos e interações didáticas – dá sua própria versão da perspectiva discursiva.

Primeiro, nas trocas discursivas contínuas as pessoas expressam explicitamente diferentes conhecimentos e perspectivas ao conversarem sobre um tópico, o que inclui desacordos e mal-entendidos. Por exemplo, a criança pode emitir a opinião de que um irmão deveria compartilhar com ela seu brinquedo, ao passo que o irmão pode expressar a opinião contrária. Ou a criança pode exprimir a opinião de que há mais água num recipiente mais alto, ao passo que outra pode afirmar que o outro recipiente é que tem mais água porque é mais largo. Nesses casos, a questão central é que existem duas opiniões conflitantes expressas simultaneamente sobre o mesmo assunto, e a criança tem de encontrar uma maneira de conciliá-las. Alguns teóricos consideram opiniões conflitantes desse tipo particularmente importantes no caso de conversas entre coetâneos ou irmãos, porque a criança não tende simplesmente a acatar a autoridade da opinião expressa pelo outro (como geralmente acontece com adultos), mas tenta antes encontrar algum meio racional para lidar com a discrepância (cf. Piaget, 1932; Damon, 1983; Dunn, 1988).

Em segundo lugar, em conversas naturais entre crianças e adultos, muitas vezes o adulto diz algo que a criança não entende, e vice-versa, devido à formulação lingüística. Então, o ouvinte pede esclarecimentos com perguntas como "O quê?", "Que foi que você disse?", "Você colocou o passarinho onde?", "O que foi que você colocou na gaiola?", e assim por diante, dirigidas a uma ou mais das formas lingüísticas do enunciado. Pedidos de esclarecimento desse tipo expressam de modo mais ou menos detalhado o que precisamente o ouvinte entendeu e não entendeu do enunciado do falante. Em termos ideais, portanto, ocorre algum reparo no que o primeiro falante repete ou ele reformula seu enunciado levando em conta o fato de que – e talvez até a razão pela qual – o ouvinte não conseguiu entendê-lo num primeiro momento. Vários estudos sobre as respostas das crianças a pedidos de esclarecimentos por parte de adultos estabeleceram fatos tais como: (a) crianças de dois anos respondem de modo apropriado a pedidos de esclarecimento do adulto (Wilcox e Webster, 1980); (b) crianças de dois a três anos respondem de maneira diferente a pedidos de esclarecimento mais gerais ("Quê?", "Ãã?") e a pedidos mais específicos ("Colocou onde?") (Anselmi, Tomasello e Acunzo, 1986); e (c) em geral crianças de dois anos respondem a pedidos de esclarecimento genéricos de suas mães repetindo o enunciado, ao passo que com adultos menos familiares elas costumam reformular o enunciado

– o que provavelmente indica sua compreensão de que suas mães entendem sua linguagem e portanto não devem ter escutado bem, ao passo que os adultos estranhos talvez precisem de novas palavras (Tomasello, Farrar e Dines, 1983). Nessa idade, as crianças também sabem o suficiente para pedir que adultos retifiquem suas falas em muitas situações (Golinkoff, 1993; ver Baldwin e Moses, 1996, para um apanhado geral). Também entram nessa categoria os mal-entendidos, por exemplo, quando uma criança chega da escola e diz "Ele me bateu" e seu interlocutor responde com "Quem?" (ou então supõe que foi Jimmy, quando não foi), indicando seu conhecimento limitado da situação. Em todos esses casos, o conteúdo do discurso indica para a criança que um dos parceiros da interação entende uma situação ou enunciado de uma maneira que o outro não entende.

Em terceiro lugar, um tipo diferente de discurso, ainda que relacionado com os anteriores (na verdade, um metadiscurso), ocorre quando a criança expressa uma opinião sobre uma situação e em seguida outra pessoa expressa uma opinião sobre aquela opinião. Por exemplo, a criança emite a opinião de que há mais água no recipiente mais alto, ao que um adulto responde que entende por que a criança acha isso, porque mais alto geralmente significa mais, mas nesse caso a grande largura do outro recipiente compensa a altura do primeiro. Ou a criança pode dizer que vai começar a montar o quebra-cabeça procurando as peças correspondentes à árvore, e o adulto pode responder dizendo-lhe que apesar de ser uma estratégia sensata vai provocar confusão, portanto deveria procurar as peças das bordas independentemente do desenho. Nesse caso, a criança não se vê confrontada com uma opinião equivalente e complementar, mas com uma crítica à sua opinião, que, ademais, parte de uma figura de autoridade. Conseqüentemente, para compreender as intenções comunicativas do adulto nesse tipo de troca, a criança tem de entender a opinião expressa pelo adulto ou a sua própria. Esse tipo de discurso sobre discursos prévios é muito especial porque ao compreendê-lo a criança é levada a examinar seu próprio pensamento da perspectiva do outro. Ao internalizar a opinião do outro sobre a sua própria opinião, a criança tem acesso ao tipo de representações cognitivas dialógicas que Vigotski (1978) mais estudou, e, por fim, ao generalizar esse processo, à capacidade de monitorar sozinha seus próprios processos cognitivos. Pelo fato de essas meta-opiniões serem expressas na mesma língua natural da opinião original, a reflexão permite que a criança dê coerência e sistematicidade ao seu pensamento e à sua teorização sobre as coisas do mundo bem como sobre as perspectivas sobre o mundo, tudo isso num único meio representacional (também conhecido como redescrição representacional; ver a seguir).

Diariamente, as crianças se envolvem nesses três tipos de discursos, cada um dos quais exige delas adotar a perspectiva de outra pessoa de uma maneira que vai além da tomada de perspectiva inerente à compreensão de símbolos e construções lingüísticos isolados. E a situação às vezes também exige que elas tentem conciliar perspectivas discrepantes. Ou seja, têm de tentar resolver opiniões discrepantes explicitamente expressas; tentar identificar as partes de sua expressão lingüística que os outros não conseguem entender e reformulá-las; e tentar entender, e às vezes coordenar, sua própria perspectiva e a do outro que está comentando essa perspectiva. Em combinação com os dois outros tipos gerais de influência social e cultural sobre o desenvolvimento cognitivo inicial – a transmissão de conhecimento por meio de símbolos lingüísticos e outros e a função estruturante da linguagem – esses três tipos de discursos desempenham um papel muito importante, um papel constitutivo, a meu ver, no desenvolvimento de representações cognitivas dialógicas e auto-reflexivas na primeira infância.

Conhecimento físico e social

Durante a primeira infância, as crianças adquirem muitos tipos de conhecimentos sobre fenômenos específicos em campos cognitivos específicos, dependendo do ambiente cultural e educacional em que crescem. Mas não é tão fácil identificar campos distintos e separados de cognição na ontogênese humana, e diferentes teóricos propuseram catálogos muito diversos de campos cognitivos humanos (comparar, por exemplo, Fodor, 1983; Karmiloff-Smith, 1992; Carey e Spelke, 1994). Portanto, meu procedimento será adotar a mesma abordagem que adotei no que se refere à infância; ou seja, não enfocarei campos de conhecimento mas objetos de conhecimento – sendo que os dois principais são os objetos sociopsicológicos e os objetos físicos, que obviamente operam de modos bem diversos. Os objetos sociopsicológicos humanos são animados (movimento próprio) e operam intencional e moralmente, ao passo que os objetos físicos são inanimados (sem movimento próprio) e operam em termos de relações causais e quantitativas (sendo que os animais e artefatos, como discutido no Capítulo 3, pertencem a um terreno intermediário muito interessante).

Ao examinar a compreensão que as crianças têm de objetos físicos e sociais e como ela muda durante a primeira infância, enfocarei os processos socioculturais-lingüísticos envolvidos nessas mudanças. Não afirmarei que esses processos são suficientes para explicar as mudanças ontogenéticas que ocorrem, pois há sem dúvida vários outros processos cognitivos envolvidos. Mas afirmo que são necessários, argumento este que poucos teóricos se dispõem a sustentar explicitamente. Tanto no campo social como no campo físico do conhecimento, afirmo que envolver-se dialogicamente com outras mentes por meio de símbolos e discursos durante um período de vários anos acaba por transformar as habilidades cognitivas de crianças de um ou dois anos, que só diferem em poucos aspectos importantes das de outros primatas, em habilidades cognitivas e formas de representação cognitiva que diferem numa miríade de aspectos das dos outros primatas. Sem esse envolvimento dialógico com outras mentes, essa transformação não ocorreria. Em cada caso, irei enfocar os três tipos de processos socioculturais que acabei de desenvolver: transmissão do conhecimento, estrutura da linguagem e tomada de perspectiva no discurso.

Compreensão da própria autoria
dos atos sociais e morais

Se as crianças pequenas entendem as outras pessoas como agentes intencionais por volta de um ano de idade, uma pergunta importante é por que são precisos mais dois a quatro anos, até que tenham três a cinco anos de idade, para elas entenderem os outros como agentes mentais que têm crenças sobre o mundo que podem diferir das delas. E crianças de todas as culturas parecem atingir essa compreensão dos outros como agentes mentais praticamente na mesma idade – embora apenas poucas culturas não-ocidentais tenham sido estudadas e embora ainda não tenha sido totalmente avaliada a variabilidade dentro das culturas (Lillard, 1997). Para explicar a alteração na compreensão social das crianças por volta dos quatro anos de idade, há sem dúvida o contingente costumeiro de teóricos que acham que a compreensão de crenças é um módulo inato que simplesmente amadurece conforme seu próprio cronograma independente de maturação (cf. Baron-Cohen, 1995). Outros teóricos acreditam que a compreensão dos estados mentais de outras pessoas resulta de um processo de formação de teoria basicamente idêntico ao processo que se desenrola no domínio físico; por exemplo, uma criança vê um coetâneo olhando debaixo de um sofá quando sabe que a bola que ele acabou de perder está debaixo da cadeira. Para explicar a busca dele debaixo do sofá atribui a ele a "crença" de que a bola está debaixo do sofá (Gopnik, 1993; Wellman, 1990). Seja pelo processo que for, essa capacidade de formação de teoria e a experiência com outras pessoas que lhe serve de dado simplesmente atingem seu necessário grau de potência por volta dos quatro anos de idade.

A alternativa a essas idéias é a teoria da simulação, exposta principalmente por Harris (1991, 1996) e invocada para explicar a cognição social infantil no Capítulo 3. A questão central é que aquilo que nos interessa aqui é o conhecimento sociopsicológico, que difere de maneira significativa do conhecimento físico. Ao tentar entender outras pessoas, as crianças podem explorar a experiência em primeira pessoa de seus próprios estados psicológicos, que envolve fontes de informação únicas, tais como a experiência interna de objetivos e a experiência de tê-los ou não atingido, a experiência interna de pensamentos e crenças, e assim por diante – que não estão disponíveis quando ela observa outra pessoa ou um objeto inanimado. De acordo com essa teoria, quando uma criança vê um coetâneo procurando debaixo do sofá, ela sabe como é estar procurando por algo em vão, e também sabe como é acabar encontrando o objeto em outro lugar – portanto, tendo se identificado com a outra criança, ela entende seu comportamento nesses mesmos termos. Como Harris explicou, essa simulação da experiência do outro não é um processo direto, e muitas vezes a criança, além da simulação, tem de jogar com coisas como seu conhecimento da situação real do ponto de vista de primeira pessoa, isto é, de que a bola na verdade está debaixo da cadeira. Em relação a isso, Perner e Lopez (1997) descobriram que crianças pequenas prediziam melhor o que outra pessoa veria numa determinada situação se elas mesmas tivessem estado naquela situação primeiro. Portanto, em linha direta com minha invocação dos processos de simulação aos nove meses de idade para explicar como os bebês passam a entender os outros como agentes intencionais, invoco novamente a simulação para explicar como as crianças pequenas passam a entender os outros como agentes mentais. Mas isso exige que a criança adquira uma nova maneira de compreender seus próprios pensamentos e crenças por volta dos quatro anos, o que imediatamente coloca a questão de como isso ocorre.

Não acho que ocorra algo tão significativo precisamente aos quatro anos de idade que faz com que as crianças, de repente, entendam suas mentes de modo mais profundo que antes. Pelo contrário, o que acontece é que gradualmente, ao longo da primeira infância, as crianças ganham experiência com o interjogo entre suas próprias mentes e as dos outros, sobretudo por meio de vários tipos de interações discursivas. Com efeito, muitas manifestações da compreensão de estados mentais dos outros já aparecem nas interações naturais de crianças de três anos de idade (Dunn, 1988), e constata-se muita variabilidade no que se refere à idade na qual as crianças passam com sucesso pelo teste de falsa crença, com uma parcela substancial de crianças só o fazendo depois dos cinco anos. Para muitos teóricos, a linguagem desempenha importante papel na gradual percepção pela criança dos outros como agentes mentais (cf. Harris, 1996). Contudo, a maioria dos trabalhos empíricos ou bem concerne a relações muito gerais (cf. Happé, 1995; Charman e Shmueli-Goetz, 1998; Jenkins e Astington, 1996) ou então examina o conteúdo da linguagem das crianças buscando especificamente o uso de termos relativos a estados mentais tais como *pensar, querer* e *acreditar* (Bartsch e Wellman, 1995). A meu ver, no entanto, embora o conteúdo da fala sobre a mente seja importante, também é importante o processo da própria comunicação lingüística. Para compreender as comunicações lingüísticas alheias, as crianças têm de simular, de alguma forma, a perspectiva das outras pessoas quando elas se expressam lingüisticamente, e, nesse sentido, o ir e vir da conversa obriga a criança a uma constante mudança de perspectiva, da sua para a dos outros e novamente para a sua.

Não surpreende, portanto, que Appleton e Reddy (1996) tenham descoberto que incluir crianças pequenas em conversas sobre o próprio teste de falsa crença as ajuda a compreender os atos mentais que o teste exige, ou que Call e Tomasello (1999) tenham descoberto que grandes macacos não-verbais eram incapazes de passar com sucesso por um teste não-verbal de falsa crença. Talvez, o mais importante tenha sido Peterson e Siegal (1995) e Russell *et al.* (1998) terem descoberto que crianças deficientes auditivas têm fraco desempenho em testes de falsa crença. A maioria dessas crianças tem pais ouvintes, e portanto tiveram relativamente poucas oportunidades de interações discursivas longas durante a primeira infância. No entanto, filhos deficientes auditivos de pais deficientes auditivos, que podem conversar com eles na língua de sinais, não apresentam dificuldades particulares em testes de falsa crença (Peterson e Siegal, 1997), e praticamente todos os adolescentes deficientes auditivos saem-se bem nesses testes – talvez porque nessa idade já tiveram experiências discursivas suficientes.

Uma forma de discurso particularmente importante para a compreensão das relações entre os próprios estados mentais e os dos outros são os desacordos e mal-entendidos. Dunn (1988) documentou parte das muitas desavenças e dos conflitos, bem como das interações cooperativas, de que crianças de uma mesma família participam diariamente (ver também Dunn, Brown e Beardsall, 1991). Talvez o dado mais importante seja que irmãos têm desejos e necessidades conflituosos com aflitiva regularidade, quando ambos desejam o mesmo brinquedo ou querem realizar a mesma atividade ao mesmo tempo. Além desses conflitos de objetivos ou desejos, também vivem conflitos envolvendo crenças, quando um expressa a opinião de que se trata de X e o outro discorda, afirmando que se trata de Y. Ou, de modo similar, apresentam claras diferenças de conhecimento ou crença, como quando um pressupõe algo que o outro não compartilha (por exemplo, a pressuposição de um conhecimento partilhado no uso de *he* ou *it*), ou, ainda, inversamente, o mesmo pode acontecer quando irmãos fazem pressupostos infundados sobre conhecimentos e crenças partilhados. Portanto, é possível pensar que conversas com outras pessoas, talvez sobretudo com irmãos, sejam um motor fundamental para que a criança possa pensá-los como seres com desejos, idéias e crenças semelhantes e ao mesmo tempo diferentes das suas – mesmo quando na conversa não apareçam termos especificamente mentais. Em apoio a essa idéia geral temos a descoberta de que crianças ocidentais de classe média com irmãos tendem a compreender os outros quanto às suas crenças numa idade mais precoce que crianças sem irmãos (Perner, Ruffman e Leekham, 1994).

Há também outro tipo de discurso que pode ser importante para as crianças conseguirem entender os outros como agentes mentais, ou seja, o processo de pane e retificação na comunicação. Quando as crianças começam a conversar com adultos por volta dos dois ou três anos de idade, acontece com certa regularidade de alguém não entender o que foi dito. Golinkoff (1993) documenta alguns casos nos quais até crianças muito pequenas se envolvem num processo que ela chama de "negociação do significado", no qual a criança diz algo ininteligível, o adulto adivinha seu significado, e a criança aceita ou rejeita a interpretação. Quando as crianças ficam mais velhas vivenciam (a) mal-entendidos, em que o adulto interpreta o enunciado da criança de uma maneira que não corresponde ao que ela quis dizer, e (b) pedidos de esclarecimento, em que a criança diz algo que o adulto não entende e por isso ele pede um esclarecimento. Esses tipos de discurso – que ocorrem com freqüência na aprendizagem da língua natural de praticamente todas as crianças pequenas – colocam as crianças na situação de formular um enunciado com uma hipótese mais ou menos coerente das necessidades de informação do ouvinte, e essa hipótese se revelar acertada ou equivocada. Essas situações levam a criança a tentar discernir por que o adulto não entendeu seu enunciado – talvez ele não o tenha escutado, talvez não esteja familiarizado com essa formulação lingüística específica etc. É claro que também pode acontecer de a criança não entender o enunciado do adulto e pedir esclarecimentos. De forma geral, tudo indica que esses tipos de mal-entendidos e retificações são uma fonte extremamente rica de informação sobre como a compreensão que se tem da perspectiva lingüisticamente expressa sobre uma situação pode diferir da dos outros.

Uma questão legítima nesse ponto é como exatamente caracterizar a compreensão que a criança começa a ter dos agentes mentais: o que é a compreensão de crenças (ou o que é ter uma "teoria da mente")? No Capítulo 3 afirmei que os humanos de um ou dois anos entendem as outras pessoas como agentes intencionais, o que, embora seja um avanço em relação à compreensão que os neonatos têm dos outros como agentes animados, ainda está longe da compreensão que as crianças mais velhas têm dos outros como agentes mentais. Um dos problemas nas discussões atuais sobre a compreensão que as crianças mais velhas têm dos outros como agentes mentais (isto é, suas "teorias da mente") é que se emprega nelas uma miscelânea de termos relativos a estados mentais. A meu ver, a panóplia de termos para estados mentais que se aplica à compreensão social de crianças em idade pré-escolar pode ser organizada numa estrutura simples que inclui (a) percepção ou *input*, (b) comportamento ou *output*, e (c) estado do objetivo ou da referência. A Tabela 6.1 mostra a progressão de cada um desses componentes dos neonatos a bebês maiores e das crianças que começam a andar a crianças maiores. A progressão básica no transcurso da ontogênese – de cada um dos três componentes – é o distanciamento gradual do componente em relação à ação concreta. O caráter animado expressa-se apenas no comportamento; a intencionalidade se expressa no comportamento, mas ao mesmo tempo está de alguma forma separada dele, já que às vezes pode não ser expressa ou ser expressa de outro modo; mas a mentalidade diz respeito a desejos, planos e crenças que não têm necessariamente uma realidade comportamental. Portanto, minha posição particular sobre a cognição social da primeira infância é que há uma progressão desenvolvimental contínua na compreensão que as crianças têm dos outros, da seguinte maneira:

- agentes animados, em comum com todos os primatas (bebês);
- agentes intencionais, uma maneira singular da espécie de compreender os co-específicos, que inclui a compreensão dos comportamentos voltados para um objetivo e da atenção dos outros (um ano); e
- agentes mentais, a compreensão de que as outras pessoas não têm apenas intenções e atenção, tal como se manifestam em seu comportamento, mas também pensamentos e crenças que podem estar expressos ou não no comportamento – e que podem diferir da situação "real" (quatro anos).

A hipótese específica sobre o processo é que a transição para uma compreensão de agentes mentais deriva sobretudo do uso, por parte da criança, da compreensão intencional em conversas com outras pessoas nas quais há uma necessidade contínua de simular as perspectivas dos outros sobre as coisas, que muitas vezes diferem das da criança. Portanto, a Tabela 6.1 pode ser vista como uma espécie de teoria da progressão ontogenética das habilidades sociocognitivas das crianças pequenas (sua "teoria da mente").

Há um outro aspecto unicamente humano de compreensão social que começa a se fazer presente no fim da primeira infância, e que concerne à compreensão moral.

Tabela 6.1 Três níveis da compreensão humana dos seres sociopsicológicos, expressos em termos dos três principais componentes que têm de ser entendidos: *input* (percepção), *output* (comportamento) e estado dos objetivos.

	Compreensão de *input* perceptual	Compreensão de *output* comportamental	Compreensão de estado dos objetivos
Compreender outros como seres animados (bebês pequenos)	Olhar	Comportamento	[Direção]
Compreender outros como agentes intencionais (9 meses)	Atenção	Estratégias	Objetivos
Compreender outros como agentes mentais (4 anos)	Crenças	Planos	Desejos

Segundo Piaget (1932), raciocínio moral não significa seguir regras oficiais, mas sentir empatia com os outros e ser capaz de ver e sentir coisas do ponto de vista deles. Piaget dizia que interações discursivas eram de crucial importância para o desenvolvimento das aptidões de raciocínio moral das crianças, mas somente (ou sobretudo) se ocorressem com coetâneos. Dizia que embora as crianças pudessem aprender algumas regras que governam seu comportamento social das injunções dos adultos (por exemplo, "Compartilhe com os outros seus brinquedos"), o raciocínio moral não é realmente transmitido ou fomentado por essas regras. O raciocínio moral deriva do envolvimento empático da criança com outras iguais a ela, ou seja, em certo sentido, colocar-se no lugar do outro e "sentir a dor dele". Regras que contêm recompensas e punições por parte dos adultos não fomentam essa experiência, e na verdade impedem-na em vários sentidos. É na interação social e por meio de conversas com outros iguais a elas em termos de conhecimento e poder que as crianças são instadas a ir além do mero acatamento de regras e se envolver com outros agentes morais que têm idéias e sentimentos semelhantes aos delas (ver também Damon, 1983). Note-se mais uma vez que não é o conteúdo da linguagem que é crucial – embora parte do desenvolvimento moral das crianças certamente consista em princípios explícitos e verbalizados passados para elas por outros – e sim o processo de se envolver dialogicamente com outra mente em conversas.

De crucial importância no desenvolvimento do raciocínio moral é o discurso reflexivo, em que crianças fazem comentários ou perguntas envolvendo as crenças e os desejos dos outros ou delas mesmas, por exemplo: "Será que ela acha que eu gosto de X?", "Não quero que ela queira meu X". Kruger (1992; ver também Kruger e Tomasello, 1986) forneceu dados que confirmam essa hipótese num estudo de crianças de sete a onze anos. Inicialmente, avaliaram-se as habilidades de raciocínio moral das crianças pela complexidade e sofisticação de sua argumentação sobre uma história que discutia como dividir as recompensas entre um grupo de pessoas que tinham feito diferentes contribuições a uma tarefa. Em seguida, algumas das crianças tiveram novas discussões com um coetâneo, e outras, com suas mães – depois disso, suas habilidades de raciocínio moral foram novamente avaliadas. As crianças que tiveram discussões com pares revelaram mais ganhos em raciocínio moral que aquelas que discutiram com as mães. O mais importante é que Kruger descobriu que nos grupos de pares ocorreu uma quantidade maior de conversas reflexivas – conversas nas quais um dos participantes falava sobre a opinião expressa pelo outro – e que isso estava correlacionado com o progresso individual de cada criança. Um achado muito importante que ajuda a explicar os resultados de Kruger é o de Foley e Ratner (1997), que descobriram que, quando crianças pequenas colaboram com um parceiro numa atividade e depois têm de lembrar qual parceiro realizou quais ações, elas muitas vezes lembram de elas mesmas terem realizado uma ação que na verdade foi feita pelo outro. A conclusão de Foley e Ratner é que "crianças pequenas recodificam as ações de outras pessoas como suas ao pensarem sobre o que uma pessoa fez ou fará" (p. 91). Isso demonstra mais uma vez que, no fundo, estamos falando de um processo de simulação, e o discurso lingüístico é um espaço particularmente rico para simulações complexas e sofisticadas.

Em suma, a hipótese básica é que as crianças têm a capacidade de começar a participar de conversas com outros pouco depois de os entenderem como agentes intencionais, com um ano de idade. Só passam a entender as outras pessoas como agentes mentais alguns anos depois, porque, para entender que as outras pessoas têm crenças sobre o mundo que diferem das suas próprias, as crianças têm de entabular com elas conversas nas quais essas diferentes perspectivas ficam claras – seja por um desacordo, um mal-entendido, um pedido de esclarecimento ou uma conversa reflexiva. Isso não exclui outras formas de interação com outros e de observação de seu comportamento como elementos importantes para a construção por parte da criança de uma "teoria da mente"; a questão é que a troca lingüística proporciona uma fonte particularmente rica de informação sobre outras mentes. Deve-se notar também que com a continuação da ontogênese durante a infância começam a aparecer, no raciocínio sociopsicológico das crianças, grandes variações na maneira como diferentes culturas invocam causas mentais internas do comportamento – o que talvez se expresse no modo como elas usam termos que exprimem especificamente estados mentais. Numa revisão e análise de dados interculturais, Lillard (1997) propõe que crianças muito pequenas são extremamente semelhantes nas diversas culturas no que se refere à cognição social, por exemplo, na compreensão de intenções e estados mentais básicos de outras pessoas, mas que para além desses universais iniciais, as crianças são preparadas para aprender uma grande variedade de diferentes sistemas de explicação psicológica, que incluem não só pensamentos e crenças individuais, mas também explicações mais coletivas e até a intervenção externa por bruxaria e coisas do tipo. Fica claro, portanto, que uma vez estabelecida a competência cognitiva universal – derivada da compreensão intencional que se pratica nas trocas lingüísticas – crianças de diferentes culturas podem aprender a usar essa competência para construir uma grande variedade de diferentes sistemas de explicação, dependendo do sistema a que estão expostas em sua língua e cultura particulares, ou seja, dependendo do conteúdo do que é "transmitido" (sobretudo lingüisticamente) em sua cultura particular.

Compreender relações causais e quantitativas

Em algum momento, perto de seu primeiro aniversário, as crianças começam a usar ferramentas de modos que evidenciam o alvorecer da compreensão do poder causal de suas próprias ações sensório-motoras (Piaget, 1954). Contudo, quando o que está em jogo é a análise causal de interações entre objetos e eventos externos (isto é, independentes da ação da própria criança), seu desempenho é muito pobre durante vários anos – mesmo em tarefas que para um adulto pareceriam muito simples (cf. Piaget e Garcia, 1974; Schultz, 1982). Portanto, assim como no âmbito sociopsicológico, a pergunta é por que esse processo desenvolvimental é tão vagaroso.

Como foi discutido nos Capítulos 2 e 3, a primeira compreensão causal de eventos físicos por parte das crianças deriva, a meu ver, de sua compreensão intencional de eventos sociopsicológicos externos. Este é o fundamento da compreensão causal, que emerge sobretudo durante o segundo ano de vida. Mas, além dessa base, boa parte dos primórdios da compreensão causal de eventos específicos deriva de uma maneira ou outra dos três tipos de processos socioculturais que descrevi neste capítulo. Ou seja, embora crianças pequenas possam eventualmente descobrir as causas de determinados fenômenos por sua própria observação e experimentação, em geral escutam adultos lhes explicando relações causais, e tentam entender esse discurso. Essas tentativas de compreensão do discurso causal contribuem em vários níveis para a compreensão causal das crianças. O fato fundamental é que em todas as línguas do mundo a causalidade desempenha uma importante função estruturante. Boa parte das construções lingüísticas clássicas em todas as línguas do mundo são transitivas, ou até causativas, de uma forma ou outra (Hopper e Thompson, 1980). Isso provavelmente reflete o fato de a causalidade ser um aspecto tão fundamental da cognição humana, e portanto fica claro que a estrutura da linguagem é um resultado histórico e não uma causa da compreensão causal. Ontogeneticamente, no entanto, isso significa que as crianças escutam constantemente descrições de eventos específicos em termos causais que elas seriam incapazes de construir sozinhas. Assim, mesmo as frases mais simples de mudança de estado como *Você quebrou o copo* ou *Ele limpou seu quarto* atribuem uma causa, ou pelo menos um agente causal para a mudança de estado. De qualquer forma, esse tipo de discurso dirige com regularidade a atenção da criança para a possibilidade da existência de agentes causais como responsáveis por tipos muito diferentes de eventos físicos.

Além disso, é claro, adultos e crianças conversam sobre causas de modo mais explícito, e muitas, embora certamente não todas as explicações causais específicas das crianças, derivam, por meio da "transmissão", de suas conversas com adultos. Mas, mesmo nos casos de explicações causais criativas de eventos por parte das crianças, cada cultura tem seus próprios modos de explicação que as crianças logo aprendem. Assim, para os Jalaris da Índia rural, doenças e desastres naturais são explicados pela interação de espíritos e maldades humanas (Nuckolls, 1991), e os Azande da África central atribuem muitos tipos de infortúnios à bruxaria (Evans-Pritchard, 1937). Portanto não devem surpreender as explicações que as crianças ocidentais de classe média dão depois de terem entendido o tipo de explicações que os adultos normalmente dão e valorizam. Por exemplo, num estudo sobre as primeiras explicações causais que as crianças pequenas dão entre os dois e três anos, Bloom e Capatides (1987) descobriram que a maioria da fala causal das crianças não era sobre eventos que acontecem independentemente delas, mas sobre situações socioculturais e como lidar com elas – o que Bloom e Capatides denominaram de "causalidade subjetiva". Muitas dessas situações envolviam regras e convenções "arbitrárias", de modo que a única maneira de a criança ter aprendido a estrutura causal era por meio da conversa com adultos (ver também Hood, Fiess e Aron, 1982; Callanan e Oakes, 1992). Por exemplo:

(1) CRIANÇA: Não pode ir. (imagem de trem no farol vermelho)
ADULTO: Não pode ir?
CRIANÇA: Não, porque esse sinal não diz ir.

(2) ADULTO: Por que você está com ela (cobaia)? Você trouxe da escola para casa?
CRIANÇA: É, porque o lugar delas não é na escola.

(3) ADULTO: Quero ir para casa agora.
CRIANÇA: Espera mamãe chegar.
ADULTO: Por quê?
CRIANÇA: Porque vou ficar sozinho.

Segundo Bloom e Capatides:

> As crianças não poderiam ter descoberto tais relações entre eventos, e os sentimentos, juízos pessoais ou crenças culturais causalmente associados aos eventos, por sua ação sobre o meio. Alguém deve ter-lhes dito que vermelho significa pare e verde significa ande, que o lugar de cobaias não é na escola, e assim por diante. Muito do que as crianças sabiam sobre causalidade subjetiva deve ter surgido quando os adultos lhes forneceram crenças, razões e justificações em conversas passadas. (p. 389)

Não nego com isso que crianças aprendam sozinhas sobre algumas seqüências causais, ou que o pensamento causal preceda a linguagem de alguma maneira, tanto filogenética como ontogeneticamente. Ainda assim, tudo leva a crer que adquirir os modos adultos de explicações causais num determinado contexto cultural depende em grande medida das tentativas das crianças durante a ontogênese de entender as explicações causais dos adultos ao participarem com eles de interações discursivas. Esse processo também tem forte influência sobre como as crianças em idade pré-escolar aprendem a estruturar o relato de histórias e narrativas num discurso contínuo dando-lhes coerência causal (Trabasso e Stein, 1981). O interessante é que essas explicações adultas que seguem a linha cultural de desenvolvimento podem às vezes entrar em conflito com a tendência natural da criança de explicar eventos físicos em termos intencionais. Nesse sentido, Kelemen (1998) documenta a "teleologia promíscua" das crianças americanas de dar explicações intencionais para fenômenos naturais (supostamente em contraste como as teorias causais adultas que ouvem à sua volta), por exemplo, que as pedras são pontudas para que os animais não sentem sobre elas e as quebrem.

Uma forma especial de conhecimento de objetos no mundo físico concerne à quantidade. Conhecimento e raciocínio matemático têm particular interesse no presente contexto, porque nada parece ser menos social que a matemática. Com efeito muitos organismos não-lingüísticos – de pássaros a primatas e bebês em idade pré-lingüística – conseguem discriminar pequenas quantidades entre si (Davis e Perusse, 1988; Starkey, Spelke e Gelman, 1990). Mais uma vez, o enigma ontogenético consiste em que bebês humanos em idade pré-lingüística têm certas aptidões quantitativas, mas é só depois dos quatro ou cinco anos de idade que as crianças conseguem entender que uma quantidade, incluindo os números, é algo que se conserva ao longo de várias transformações físicas, e é só depois disso que elas podem fazer operações aritméticas como adicionar e subtrair.

É inquestionável o fato de que as operações aritméticas dependem de modo fundamental dos instrumentos simbólicos disponíveis, os numerais, seja na linguagem ou em forma gráfica. Existem profundas diferenças na maneira como diferentes culturas humanas realizam operações aritméticas, dependendo do que usam para registrar o processo de contagem no seu desenrolar (cf. Saxe, 1981), e na cultura ocidental ocorreram mudanças radicais na forma como as operações aritméticas são realizadas, sobretudo depois da introdução dos algarismos arábicos e do sistema decimal (incluindo o numeral para zero). Em suma, fica claro que a aritmética, enquanto conjunto de atividades práticas para ajudar as pessoas a fazer coisas como medir terrenos e manter um registro da propriedade das coisas, simplesmente não seria possível sem símbolos de algum tipo. Portanto, a matemática é o protótipo do efeito catraca cultural, como descrito no Capítulo 2, pelo qual novos procedimentos são criados por adultos, quer individualmente ou em colaboração, e mais tarde as crianças são expostas a esses produtos e aprendem a usá-los. Embora a situação possa ser diferente no que se refere a diferentes operações matemáticas, é quase certo que a maioria das crianças humanas não poderia aprender os mais complexos desses procedimentos (por exemplo, a divisão de números grandes por outro) sem uma instrução explícita, ou seja, "transmissão", por parte de adultos com mais conhecimentos.

No entanto, poder-se-ia argumentar de forma ainda mais radical que o conceito fundamental de número é ele mesmo dependente da cognição sociocultural. Mais uma vez, a questão é por que as crianças pequenas, que desde bebês já têm alguma compreensão de quantidade, esperam até ter cinco ou seis anos para compreender plenamente os números. A aprendizagem individual por meio da experiência direta e a interação com quantidades não parecem ser um mecanismo plausível (Wallach, 1969), e embora alguns estudos tenham concluído que os conceitos de conservação das crianças, que incluem números, podem ser facilitados por instrução direta de adultos, existem sérios limites no que se refere à idade em que elas podem tirar proveito de tal treinamento (Gelman e Baillargeon, 1983). Uma possibilidade é que a compreensão dos conceitos de conservação em geral, incluindo números, depende da coordenação de perspectivas de uma maneira que decorre, direta ou indiretamente, do discurso e da interação social. As evidências que corroboram essa idéia foram fornecidas pelas pesquisas de Doise e Mugny (1979), Mugny e Doise (1978), e Perret-Clermont e Brossard (1985), que descobriram que muitas crianças que inicialmente fracassavam em tarefas de conservação melhoravam significativamente seu desempenho apenas com a discussão do problema com outra criança, mesmo que o parceiro não soubesse mais que ela. Supõe-se que o mecanismo de mudança tenha sido, nesses casos, a interação dialógica da criança com o parceiro, na qual este exprimia alguma opinião sobre o problema que complementava a perspectiva da criança ou a levava a repensar suas formulações prévias incorretas. Por exemplo, uma criança que pensava que o recipiente mais alto tinha mais água porque esta atingia níveis mais altos foi colocada em contato com uma criança que achava que o recipiente mais largo continha mais água porque esta cobria uma superfície maior; e o contato entre essas duas perspectivas propicia uma solução suficiente para o problema. Numa recente variação desse tema, Siegler (1995) descobriu que pedir a uma criança para explicar a avaliação madura de um experimentador adulto sobre algum problema levava crianças pequenas a soluções mais adultas para um problema de conservação de números do que vários outros tipos de treinamento e instrução mais tradicionais.

Com efeito, segundo algumas teorias, a matemática pode ser vista como a síntese das habilidades de tomada de perspectiva e de mudança de perspectiva, e portanto deriva em última instância de processos de cognição e discurso social. Como mostrou Piaget, o número baseia-se em dois conceitos não-sociais fundamentais: (a) conceitos de classificação (cardinalização) nos quais todos os grupos de objetos com a mesma numerosidade são tratados como "iguais"; e (b) conceitos relacionais (ordenação) nos quais, numa série, um item é visto simultaneamente como maior que o precedente e menor que o seguinte. Devo dizer que não é por acaso que esses são os mesmos conceitos fundamentais que estruturam boa parte da linguagem: formar categorias e classes de itens (paradigmática) e relacioná-los entre si de forma ordenada (sintagmática). A participação na comunicação lingüística não cria as capacidades básicas de pensamento relacional e classificatório, uma vez que estas já estão presentes de forma rudimentar em primatas não-humanos, mas, como foi dito acima, a compreensão, a aquisição e o uso da linguagem exigem o exercício dessas aptidões de maneiras únicas e muito poderosas. Portanto, parte da resposta de por que as crianças levam tanto tempo para alcançar uma compreensão adulta dos números é que essa compreensão exige muito exercício e prática com as habilidades classificatórias e relacionais exigidas para a aquisição e o uso da língua natural. Nesse sentido, talvez seja relevante notar que muitas crianças deficientes auditivas, que sofrem atrasos significativos no desenvolvimento da linguagem durante a primeira infância (provavelmente devido à falta de parceiros fluentes na língua de sinais durante boa parte de seus dias), também manifestam atrasos significativos em testes de conservação de números, que vão de dois a mais de seis anos além da norma (ver Mayberry, 1995, para um apanhado geral).

Nessa mesma linha de raciocínio, quando se trata de operações aritméticas, Von Glasersfeld (1982) afirma que a operação de adição depende da capacidade de manter simultaneamente em mente os itens e o grupo; ou seja, aquele que calcula tem de lembrar não só do item que está sendo contado mas também da contagem em andamento que determina a numerosidade do todo –

como aquele homem que, meio adormecido, escutou tocar o sino da igreja e não tinha certeza se escutara o sino tocar 4, ou se o escutara tocar 1 quatro vezes. O conceito de 4 como a soma de 1 + 1 + 1 + 1 contém simultaneamente a perspectiva dos itens como itens e também a de um agrupamento coerente de que todos participam. Multiplicar e dividir simplesmente incrementa esse processo, já que se tem de contar, por exemplo, de três em três ou de seis em seis e não de um em um. Pode-se pelo menos aventar a hipótese de que, para se envolver nesse tipo de tomada simultânea de várias perspectivas submetidas a uma ordenação hierárquica, as crianças tenham de ter vivenciado primeiro pelo menos algumas das operações relacionais e classificatórias inerentes ao processo de comunicação lingüística.

Em suma, a compreensão que as crianças têm do mundo físico apóia-se nas bases seguras da cognição primata. Duas das mais importantes habilidades de cognição física que são exclusivamente humanas e ao mesmo tempo universalmente humanas envolvem compreensão causal e certas formas de raciocínio quantitativo. A compreensão causal é o elo cognitivo que dá coerência à cognição humana em todos os tipos de domínios especializados, e os números bem como a matemática subjazem a muitas atividades humanas importantes, que vão do dinheiro à arquitetura, dos negócios à ciência. Nenhuma dessas habilidades cognitivas tem sua origem última na vida sociocultural, mas ambas são o que são hoje porque as crianças as encontram numa matriz cultural e lingüística na qual (a) recebem, por meio da linguagem, porções específicas de conhecimento e modelos para pensar e explicar (transmissão do conhecimento); (b) operam com as estruturas da linguagem, que comportam tanto estruturas causais como estruturas relacionais e de classificação (a função estruturante da linguagem); e (c) conversam com outros sobre o mundo físico e seu funcionamento de maneiras que induzem o tipo de tomada de perspectiva de que alguns desses conceitos dependem (discurso e tomada de perspectiva).

Cognição na primeira infância

Devo insistir mais uma vez: os processos sociais e culturais durante a ontogênese não criam as habilidades cognitivas básicas. O que fazem é transformar habilidades cognitivas básicas em habilidades cognitivas extremamente complexas e sofisticadas. Assim, a capacidade das crianças de entenderem intenções comunicativas e a linguagem propicia a "transmissão" para elas do conhecimento e da informação via linguagem, e às vezes a informação é tanta que elas têm de reorganizá-la por conta própria para poder acompanhá-la, alterando as categorias consideradas de nível básico (Mervis, 1987). Além disso, o uso contínuo da linguagem convencional de sua cultura leva as crianças a interpretar o mundo em termos das categorias, perspectivas e analogias relacionais incorporadas naquela língua, e talvez a usar essas aptidões altamente especializadas de categorização, construções de analogias e tomada de perspectiva em outros domínios como a matemática. Ademais, em seu intercâmbio lingüístico com os outros, as crianças vivenciam uma miríade de crenças e pontos de vista conflituosos sobre as coisas, processo este que muito provavelmente é um ingrediente essencial para que possam chegar a ver as outras pessoas como seres com mentes semelhantes, mas ao mesmo tempo diferentes das delas.

Poderíamos, mais uma vez, imaginar uma criança solitária numa ilha deserta: nesse caso, ela teria um ano de idade, seria cognitivamente normal, capaz de compreender relações intencionais e causais, estaria pronta para adquirir linguagem, mas não teria sido exposta a pessoas ou símbolos. Essa criança certamente reuniria por conta própria informações, categorizaria e perceberia relações causais e outras no mundo até certo ponto. Mas:

- não vivenciaria nenhuma informação reunida por outros assim como tampouco receberia qualquer instrução dos outros sobre causalidade no mundo físico ou sobre mentalidade no mundo sociopsicológico (isto é, não haveria "transmissão" de informação);
- não vivenciaria as muitas formas complexas de categorização, analogia, causalidade e construção de metáforas incorporadas numa língua natural que evoluiu historicamente; e
- não vivenciaria diferentes pontos de vista, ou pontos de vista conflituosos, ou opiniões expressas sobre suas próprias opiniões, em interação dialógica com outras pessoas.

Portanto, minha hipótese é que essa criança, em alguma fase posterior, pensaria muito pouco em termos causais, em termos matemáticos, raciocinaria pouco sobre os estados mentais dos outros, e teria um raciocínio moral pobre. Isso porque todos esses tipos de pensamento e raciocínio só aparecem ou aparecem de preferência em interações discursivas dialógicas da criança com outras pessoas.

Metacognição e redescrição representacional

Tanto no domínio físico como no domínio social do desenvolvimento cognitivo descrevi vários tipos de discursos que levam as crianças a compreender e adotar novas perspectivas sobre uma situação. O terceiro tipo discutido foi o metadiscurso reflexivo, no qual alguém comenta ou avalia as idéias ou crenças verbalmente expressas de outros (geralmente em situações educacionais). Mas há uma aplicação especial desse tipo de discurso, a que aludimos acima, que exige maior elaboração por causa do papel especial que desempenha no desenvolvimento cognitivo durante a transição da cognição da primeira infância para a da infância propriamente dita. A idéia central, desenvolvida por Vigotski e outros, é que as crianças internalizam o discurso que os adultos utilizam para instruí-las ou regular seu comportamento (isto é, aprendem-no cultural ou imitativamente), e isso as leva a examinar seus próprios pensamentos e crenças e refletir sobre eles da mesma maneira que o adulto estava fazendo. O resultado é uma variedade de aptidões de auto-regulação e metacognição que se manifestam inicialmente no final da primeira infância, e, talvez, em processos de redescrição representacional que resultam em representações cognitivas dialógicas.

Auto-regulação e metacognição

No mundo todo considera-se que crianças de cinco a sete anos entram numa nova fase de desenvolvimento. Em praticamente todas as sociedades em que há escolaridade formal, as crianças entram na escola nessa idade e muito freqüentemente recebem novas responsabilidades (Cole e Cole, 1996). Pelo menos parte da recém-adquirida confiança que os adultos passam a ter nas crianças decorre da crescente capacidade destas de internalizar vários tipos de regras propostas pelos adultos e de segui-las mesmo na ausência do adulto que as instituiu, ou seja, sua crescente capacidade de auto-regulação. Outra razão é que, nessa idade, as crianças são capazes de falar sobre seu próprio raciocínio e suas atividades de resolução de problemas de uma maneira que as torna muito mais facilmente educáveis em muitas atividades de resolução de problemas; em outras palavras, são capazes de certos tipos de metacognição particularmente úteis.

Sem fazer uma revisão completa da literatura desenvolvimental e educacional muito extensa, encontram-se a seguir alguns dos principais campos de atividade metacognitiva nos quais as crianças começam a se envolver no final da primeira infância:

- Começam a ser capazes de aprender e seguir regras específicas que os adultos lhes ensinaram para ajudar a resolver um problema intelectual, e fazem isso de maneira relativamente independente (auto-regulada) (Brown e Kane, 1988; Zelazo).
- Começam a ser capazes de usar regras sociais e morais de maneira auto-regulada para inibir o próprio comportamento, para orientar suas interações sociais e para planejar futuras atividades (Palincsar e Brown, 1984; Gauvain e Rogoff, 1989).
- Começam a monitorar ativamente a impressão social que causam nos outros e, portanto, a realizar atividades ativamente voltadas para causar impres-

são, o que reflete sua compreensão da opinião que os outros têm delas (Harter, 1983).
- Começam a entender e usar expressões encaixadas relativas a estados mentais, como em "Ela acha que eu acho X" (Perner, 1988).
- Começam a revelar aptidões de metamemória, o que lhes permite formular estratégias programadas em testes de memória que, por exemplo, exijam delas o uso de recursos mnemônicos (Schneider e Bjorkland, 1997).
- Começam a revelar habilidades de leitura e escrita que dependem em grande medida de aptidões metalingüísticas e que lhes permitem falar sobre a linguagem e como ela funciona (Snow e Ninio, 1986).

Embora não haja tantas evidências diretas quanto seria desejável, há alguma evidência de que esses tipos de habilidades auto-regulatórias e meta-habilidades cognitivas estão relacionados com o uso, pelos adultos, de metadiscursos reflexivos com as crianças – quando, então, as crianças internalizam esse discurso para regular seu próprio comportamento de maneira independente. A idéia é que, quando o adulto regula o comportamento da criança em alguma tarefa ou comportamento cognitivo, a criança tenta entender essa regulação do ponto de vista do adulto (simular a perspectiva do adulto). Então, em muitos casos, a criança posteriormente reencena publicamente as instruções do adulto regulando seu próprio comportamento na mesma situação ou numa situação semelhante por meio de vários tipos de monitoramento do desempenho, estratégias metacognitivas, ou falas auto-reguladoras.

Muitos dados corroboram essa idéia. Primeiro, numa série de estudos clássicos, Luria (1961) constatou que crianças de dois a três anos não conseguiam usar a fala para regular suas atividades de resolução de problemas, como demonstra a reiterada desconsideração de suas próprias falas autodirigidas (estavam apenas imitando a fala adulta). Mas a partir de mais ou menos quatro ou cinco anos de idade, as crianças nos estudos de Luria demonstravam capacidade de utilizar suas falas para realmente regular o próprio comportamento, coordenando sua fala auto-reguladora com o comportamento em questão de maneira dialógica. Em segundo lugar, vários estudos descobriram evidências de que a fala auto-reguladora das crianças deriva de fato e especificamente da fala reguladora e educativa do adulto. Ratner e Hill (1991), por exemplo, descobriram que crianças dessa idade são capazes de reproduzir o papel de instrutor numa situação de ensino semanas depois da situação original (ver também Foley e Ratner, 1997). Há também evidências de uma correlação entre comportamento do instrutor e do aprendiz que sugerem essa mesma conclusão. Por exemplo, Kontos (1983) constatou que crianças instruídas por suas mães em relação a um problema revelavam incremento na quantidade de fala auto-reguladora em suas subseqüentes resoluções individuais de problemas (em comparação com crianças que não recebiam instrução). E existem até certas evidências experimentais de que manipular o estilo da instrução do adulto pode provocar mudanças na quantidade de fala auto-reguladora que as crianças utilizam em suas tentativas individuais subseqüentes de resolver o mesmo problema (Goudena, 1987). Em terceiro lugar, também é interessante notar que é nessa mesma faixa etária que observações informais revelam as primeiras evidências de esforços espontâneos por parte das crianças para ensinar ou regular a aprendizagem de outras crianças, comportamento relevante neste contexto porque a auto-regulação significa, em certo sentido, ensinar a si mesmo (ver também Ashley e Tomasello, 1998).

Portanto, há evidências bastante claras de que as crianças internalizam as falas reguladoras, as regras e instruções dos adultos nas últimas fases da primeira infância. O que é internalizado é, como Vigotski enfatizou, um diálogo. Na interação de aprendizagem, a criança compreende a instrução do adulto (simula a atividade reguladora do adulto), mas faz o mesmo em relação à sua própria compreensão – o que exige a coordenação das duas perspectivas. A representação cognitiva que disso resulta é, pois, uma representação não só das instruções mas também do diálogo intersubjetivo (Fernyhough, 1996). Uma hipótese é que as regulações do adulto mais propícias a serem apropriadas pela criança num diálogo interno são aquelas que surgem em pontos difíceis da tarefa, ou seja, quando criança e adulto não estão enfocando o mesmo aspecto da tarefa (assim como acontece com outros tipos de imitação). Essa discrepância torna-se aparente para a criança devido às suas tentativas de entender as instruções do adulto, de forma que o esforço para restabelecer uma compreensão comum ganha a forma de um diálogo – atuado ou internalizado. Pelo menos parte das evidências que corroboram essa hipótese são fornecidas pela descoberta de que a fala auto-reguladora é de fato usada geralmente pelas crianças em pontos difíceis de testes de resolução de problemas (Goodman, 1984). Deveríamos também ressaltar que o que as crianças internalizam no caso da instrução e regulação talvez seja mais bem expresso em termos da "voz" de outra pessoa (Bakhtin, 1981; Wertsch, 1991) – e o importante é que uma voz é mais que um ponto de vista frio, e na verdade orienta a cognição ou o comportamento da criança com maior ou menor autoridade. Internalizar uma instrução de um adulto inclui portanto uma perspectiva conceitual e também uma injunção moral: "Você deveria olhar para isso dessa maneira." Bruner (1993, 1996), em particular, insistiu muito no fato de que para dar conta de toda a cultura humana não devemos deixar de lado essa dimensão "deontológica" da cultura e da aprendizagem cultural.

Redescrição representacional

Karmiloff-Smith (1992) faz a seguinte pergunta: Já que os seres humanos são organismos biológicos e portanto, como outros animais, possuem muitos campos especializados de competência cognitiva, o que distingue a cognição humana da de outras espécies? Sua conclusão, baseada em muitos tipos de pesquisas, é que é o processo de redescrição representacional, no qual os humanos constroem habilidades cognitivas ainda mais abstratas e de aplicação mais ampla:

> Minha hipótese é que um modo especificamente humano de obter conhecimento é a mente explorar internamente a informação já armazenada (tanto inata como adquirida), redescrevendo suas representações ou, mais precisamente, reapresentando reiteradamente em diferentes formatos representacionais o que suas representações internas representam. (p. 15)

Esse processo é importante porque quando os indivíduos reapresentam o conhecimento para si mesmos em diferentes formatos – cada qual mais abrangente que o anterior – tornam-se capazes de usar seu conhecimento de maneira mais flexível num leque mais amplo de contextos relevantes; ou seja, sua cognição torna-se mais "sistemática", como na construção de profundas generalizações em matemática e construções gramaticais abstratas no campo da linguagem.

Portanto, no modelo de Karmiloff-Smith existem dois níveis básicos de conhecimento e compreensão (na verdade, há alguns subníveis, mas eles não são relevantes aqui). Em primeiro lugar, temos o tipo de conhecimento que os humanos compartilham com outros animais, embora eles sem dúvida tenham uma versão específica própria da espécie. Trata-se de conhecimento implícito, prático, construído sobre bases inatas, mas que depois faz uso de dados externos para adquirir destreza comportamental num determinado campo. Por exemplo, aprender a empilhar objetos um em cima do outro ou a usar uma língua começa quando o sujeito tenta dominar a tarefa de modo prático, sem muito conhecimento explícito do que está fazendo. O segundo nível deriva de uma redescrição representacional desse conhecimento prático e resulta num conhecimento explícito, consciente e verbalmente acessível, declarativo. Depois de uma pessoa ter atingido certo nível de domínio de uma tarefa, ela começa a refletir sobre as razões desse sucesso e portanto a isolar aspectos de seu desempenho que sejam relevantes para esse sucesso (embora, é claro, esse processo não seja totalmente preciso). A redescrição representacional não ocorre em todos os campos de conhecimento, apenas em determinados campos quando o indivíduo ganha destreza neles. Dessa atividade reflexiva emergem sistemas de pensamento porque a auto-observação usa todas as habilidades analíticas e de categorização empregadas na percepção, compreensão e categorização do mundo externo – na verdade, o sujeito percebe, entende e categoriza sua própria cognição, o que é facilitado pelo fato de que ela é expressa externamente pela linguagem. O resultado disso é a construção de sistemas cognitivos mais eficientes e abstratos à medida que a ontogênese avança.

A explicação de Karmiloff-Smith (1992) do processo de redescrição representacional é que é essencialmente assim que o sistema funciona; é dessa maneira que os humanos, mas não outros animais, são construídos:

> Postula-se que o processo de redescrição representacional ocorre espontaneamente como parte de um impulso interno para a criação de relações intra e interdomínios. Embora eu sublinhe a natureza endógena da redescrição representacional, evidentemente o processo pode às vezes ser desencadeado por influências externas. (p. 18)

É uma hipótese bastante razoável. Contudo, devo dizer que de um ponto de vista evolucionário é difícil imaginar as condições ecológicas responsáveis pela seleção de um "impulso" tão generalizado nos seres humanos, mas não em espécies animais muito próximas.

Uma explicação alternativa do processo de redescrição representacional é que ele resulta de um indivíduo se colocar numa perspectiva externa em relação a seu próprio comportamento e cognição: a criança age e em seguida observa seu comportamento e a organização cognitiva que ele torna manifesta como se estivesse observando o comportamento de outra pessoa. Esse processo reflexivo tem suas origens nos metadiálogos reflexivos discutidos acima, sobretudo naqueles em que os adultos instruem crianças, que então internalizam aquelas instruções. O que estou postulando aqui é que, assim como ocorre com muitas habilidades cognitivas, as crianças vão se aprimorando nesse processo de internalização a ponto de conseguirem generalizá-lo e, conseqüentemente, refletir sobre seu próprio comportamento e cognição *como se* fossem outra pessoa olhando para ele. Assim, a sistematização de conceitos matemáticos básicos tende a ocorrer quando os sujeitos refletem sobre suas próprias atividades de matemática rudimentar (Piaget, 1970). E é provável que na aquisição da linguagem as crianças construam suas estruturas gramaticais mais complexas (por exemplo, sujeito de uma frase nas línguas que usam essa estrutura) quando refletem sobre o uso produtivo que fazem de construções lingüísticas abstratas (Tomasello, 1992b; Tomasello e Brooks, 1999). Como foi sublinhado acima, essa reflexão sobre o próprio comportamento e cognição emprega habilidades básicas de categorização, esquematização, analogia etc. usadas no trato com o mundo externo, de modo que a criança categoriza, organiza e esquematiza suas próprias habilidades cognitivas da mesma maneira que o faz com fenômenos externos. É provável que o fato de que tudo isso ocorra no mesmo formato lingüístico – ou seja, tanto os comentários da criança sobre o mundo como os comentários do adulto sobre os comentários da criança são expressões lingüísticas normais – facilita o processo por meio do qual as crianças adquirem a capacidade de usar suas habilidades cognitivas básicas em atividades reflexivas.

A suposição é, portanto, de que as adaptações evolutivas voltadas para a capacidade dos seres humanos de coordenar seus comportamentos sociais entre si – compreenderem-se como seres intencionais – talvez também estejam por trás, depois de muita elaboração ontogenética, da capacidade dos seres humanos de refletir sobre o próprio comportamento e assim criar estruturas sistemáticas de conhecimento explícito como as teorias científicas (ver também Humphrey, 1983). Segundo Gould (1982), a capacidade humana de compor sistemas pode ser uma exaptação das capacidades reflexivas dos humanos, que derivam, em última instância, de suas capacidades sociocognitivas.

A internalização de perspectivas

Todo aquele que já pensou muito sobre essas coisas reconhece que a cultura desempenha um papel indispensável no desenvolvimento cognitivo humano durante a primeira infância. Muito do conhecimento específico que se espera que crianças dessa idade adquiram, ou que lhes é explicitamente ensinado, ou descoberto por elas mesmas, chega a elas via símbolos culturalmente convencionados ou instrução direta fornecida por outros. Tornar-se um perito em determinado campo exige aprender o que outros já aprenderam e, em seguida, talvez, agregar alguma pequena novidade própria. Tampouco as categorias preestabelecidas da linguagem podem ser desconsideradas, já que fornecem à criança um ponto de partida para agrupar e inter-relacionar conceitualmente entidades de vários tipos. A transmissão cultural desse tipo sem dúvida só é possível porque as crianças têm aptidões primatas de percepção, memória, categorização etc., mas só as aptidões unicamente humanas de aprendizagem cultural lhes possibilitam usar essas aptidões individuais para tirar proveito do conhecimento e das aptidões dos outros membros de seu grupo social de maneira singularmente potente.

No entanto, são muito poucos os pesquisadores que foram além desse reconhecimento do importante papel da cultura no que tange ao conteúdo da cognição das crianças e consideraram o papel da cultura no *processo* de desenvolvimento cognitivo. Embora a capacidade das crianças de adotar a perspectiva alheia seja um fato comprovado, costuma ser considerada uma aptidão isolada – apenas uma aptidão de cognição social. Minha opinião – que em muitos aspectos lembra algumas idéias expressas por Piaget (1928) em seus primeiros trabalhos – é que, sobretudo durante a primeira infância, o processo de tomada de perspectiva começa a permear todos os aspectos do desenvolvimento cognitivo das crianças. As duas principais manifestações disso são:

- a crescente capacidade das crianças de perceber uma entidade de dois ou mais pontos de vista simultaneamente (como na categorização hierárquica, em metáforas, analogias, números etc.); e
- a crescente capacidade das crianças de refletir sobre seu próprio comportamento e cognição intencionais de modo que possam redescrevê-los representacionalmente e assim torná-los mais "sistemáticos".

É muito provável que esses processos só se dêem, um tanto independentemente, em domínios bastante bem definidos de atividade cognitiva, cada qual dependendo de certa "massa crítica" de material experiencial específico antes de poder operar num determinado domínio (Hirschfield e Gelman, 1994). Contudo, uma das marcas da cognição humana madura é precisamente a maneira como diversos tipos de aptidões e conhecimentos podem ser relacionados entre si.

É possível que os seres humanos disponham de alguma adaptação biológica especializada para certos tipos de cognição ou cognição social que lhes permita adotar simultaneamente múltiplas perspectivas e refletir sobre a própria cognição na ausência de qualquer interação social, e que essas capacidades simplesmente surjam durante os períodos da primeira ou segunda infância da ontogênese humana. Mas, se assim fosse, não se entende bem por que essas capacidades teriam de levar tanto tempo para emergir ontogeneticamente. Na minha opinião, essas poderosas funções cognitivas emergem assim tão tarde porque dependem do exercício da adaptação humana básica para a cognição social e a cultura na interação social da vida real durante um período de vários anos. A aquisição e o uso de uma língua convencional são parte essencial do processo devido às diferentes perspectivas que uma língua incorpora, devido à riqueza de discursos que ela possibilita e devido ao formato representacional comum que ela fornece para atos reflexivos de metacognição e redescrição representacional. E seria evolutivamente estranha, pelo menos para mim, a existência de algumas funções cognitivas muito gerais, sem nenhuma relação com algum domínio cognitivo ou conteúdo específico, que simplesmente se manifestassem em meio à ontogênese cognitiva sem praticamente nenhuma prefiguração em outra espécie primata. Bem mais plausível é a hipótese de que essas novas funções sejam coerentes e estejam em continuidade com aquelas habilidades cognitivas precoces, exclusivamente humanas, de compreensão dos outros como agentes intencionais e de aprendizagem cultural das coisas de e através deles – só que nesse caso o que as crianças aprendem dos outros e através deles são diferentes maneiras de perceber e pensar as coisas, entre as quais a própria cognição.

Muitos psicólogos culturais discorreram sobre alguns desses mesmos temas, sem no entanto falar da criança como um indivíduo no processo (cf. Lave, 1988; Rogoff, 1990; Rogoff, Chavajay e Mutusov, 1993). Na qualidade de partidário de uma linha mais psicológica da Psicologia Cultural, acho que temos de falar sobre a criança enquanto indivíduo, e isso implica o processo de internalização (ver também Greenfield). A criança entende que as opiniões expressas por outras pessoas são externas a ela – muitas vezes são opiniões que ela nunca poderia ter elaborado por conta própria –, e se quiser "torná-las próprias" para uso futuro numa nova situação terá de se apropriar delas ou "internalizá-las". Como já afirmei em outras oportunidades (Tomasello, Kruger e Ratner, 1993), o processo de internalização não é algum misterioso processo cognitivo ou de aprendizagem adicional e estranho às formulações teóricas correntes. Quando a criança escuta um adulto exprimir uma opinião sobre um assunto, ou mesmo sobre a sua própria cognição, internalizar significa simplesmente que ela aprende aquela opinião sobre aquele assunto da mesma maneira como aprende outras coisas que variam conforme o ponto de vista. Poderíamos até dizer que se trata de um processo cultural ou de uma aprendizagem por imitação, no sentido de que a criança aprende imitativamente a adotar a perspectiva do outro sobre determinado assunto, exatamente da mesma maneira como adota a emoção de outro em relação a um objeto novo (referência social) ou o comportamento de outro em relação a um objeto (aprendizagem por imitação de atividades instrumentais). Só que, quando essa opinião é expressa por meio da linguagem, a criança aprende imitativamente a formulação simbólica (intersubjetiva) – às vezes até dirigida a ela mesma.

Tudo indica, portanto, que também nesse caso a ontogênese humana tem real importância. A herança biológica das crianças para a herança cultural lhes dá condições de participar de certos tipos de interações sociais, mas são justamente essas interações sociais que fazem com que a criança adote múltiplas perspectivas sobre coisas e sobre si mesma. Poderíamos considerar como analogia atividades culturalmente específicas como o xadrez ou basquete. É claro que a cultura não cria as capacidades cognitivas ou sensório-motoras individuais necessárias para jogar esses jogos. Mas não há como tornar-se hábil neles sem, por algum tempo – na verdade, muitos anos –, efetivamente jogar os jogos com outros e ter a experiência de o que precisamente funciona bem, o que não funciona, e o que o parceiro tende a fazer em certas situações. As crianças humanas recebem uma vasta herança biológica e cultural; mas ainda resta muito trabalho a ser feito.

7. COGNIÇÃO CULTURAL

> Poderíamos dizer que pensar consiste essencialmente na atividade de operar com signos.
>
> LUDWIG WITTGENSTEIN

> Não se pode pensar sem signos.
>
> CHARLES SANDERS PEIRCE

> A existência do pensamento ou da inteligência só é possível em termos de gestos que sejam símbolos significativos.
>
> GEORGE HERBERT MEAD

> O pensamento não apenas se expressa em palavras; ele adquire existência através delas.
>
> LEV VIGOTSKI

A cognição humana é uma forma específica, no sentido literal da palavra, de cognição primata. Os seres humanos compartilham com outros primatas a maioria de suas habilidades e seus conhecimentos cognitivos – incluindo tanto o mundo sensório-motor de objetos em suas relações espaciais, temporais, categoriais e quantitativas como o mundo social de co-específicos que interagem vertical (dominância) e horizontalmente (associação). E todas as espécies primatas utilizam suas habilidades e seus conhecimentos para formular estratégias criativas e perspicazes quando surgem problemas nos domínios físico ou social. Naturalmente, contudo, qualquer espécie de primata pode ter habilidades cognitivas adicionais além daquelas compartilhadas com outros membros da ordem, e os humanos não são exceção. De acordo com a presente hipótese, os seres humanos possuem de fato uma adaptação cognitiva exclusiva da espécie que, em muitos sentidos, é uma adaptação cognitiva particularmente potente porque altera de modo fundamental o *processo* de evolução cognitiva.

Essa adaptação surgiu em algum momento particular da evolução humana, talvez bastante recente, provavelmente devido a eventos genéticos e de seleção natural. Essa adaptação consiste na capacidade e tendência dos indivíduos de se identificarem com co-específicos de uma maneira que lhes permite entender esses co-específicos como agentes intencionais iguais a eles mesmos, com suas próprias intenções e atenção, e, por fim, entendê-los como agentes mentais iguais a eles mesmos, com seus próprios desejos e crenças. Esse novo modo de compreender as outras pessoas alterou radicalmente a natureza de todos os tipos de interações sociais, incluindo a aprendizagem social, de modo tal que começou a ocorrer uma forma única de evolução cultural no tempo histórico à medida que inúmeras gerações de crianças em desenvolvimento aprenderam várias coisas de seus antepassados e depois as modificaram de uma maneira que provocou uma acumulação dessas modificações – geralmente incorporadas em algum artefato material ou simbólico. O "efeito catraca" assim produzido alterou radicalmente a natureza do nicho ontogenético no qual as crianças humanas se desenvolvem de modo tal que, na verdade, as crianças modernas deparam e interagem com seus mundos físico e social quase que totalmente através das lentes de artefatos culturais preexistentes, e ao usá-los incorporam parte das relações intencionais de seus inventores e usuários com o mundo. Portanto, as crianças em desenvolvimento crescem no meio das melhores ferramentas e dos símbolos que seus antepassados inventaram para lidar com os rigores de seus mundos físico e social. Além disso, quando as crianças internalizam essas ferramentas e esses símbolos – quando aprendem a usá-los por meio de processos básicos de aprendizagem cultural –, criam, nesse processo, algumas formas novas e poderosas de representação cognitiva baseando-se nas perspectivas intencionais e mentais das outras pessoas.

Assim, de uma perspectiva metateórica, afirmo que não se pode compreender plenamente a cognição humana – ao menos não seus aspectos exclusivamente humanos – sem considerar em detalhes seu desdobramento em três estruturas temporais distintas:

- no tempo filogenético, quando o primata humano desenvolveu sua maneira única de compreender os co-específicos;
- no tempo histórico, quando essa forma particular de compreensão social conduziu a formas particulares de herança cultural com artefatos materiais e simbólicos que acumulam modificações no transcurso do tempo; e
- no tempo ontogenético, quando as crianças humanas absorvem tudo o que suas culturas têm para oferecer, desenvolvendo, nesse processo, modos únicos de representação cognitiva baseados na diversidade de perspectivas.

Para concluir, exporei mais algumas considerações sobre os processos envolvidos em cada uma dessas estruturas temporais, além de breves reflexões sobre alguns paradigmas teóricos centrais que propõem explicações alternativas desses processos.

Filogênese

Um paradigma dominante no estudo moderno do comportamento e da cognição humanos propõe que os seres humanos possuem certo número de diferentes módulos cognitivos inatos. Essa abordagem originou-se de propostas de filósofos tais como Chomsky (1980) e Fodor (1983), mas desde então ampliou-se em vários paradigmas empíricos, entre os quais o neonativismo em psicologia do desenvolvimento e sociobiologia, e a psicologia evolutiva na antropologia evolutiva (cf. Spelke e Newport, 1997; Tooby e Cosmides, 1989; Pinker, 1997). O principal problema das teorias da modularidade sempre foi o seguinte: quais são os módulos e como identificá-los? Na ausência de qualquer metodologia comum reconhecida, a maioria dos teóricos simplesmente enfoca aqueles que consideram ser os casos mais claros, embora mesmo estes difiram consideravelmente nas diversas explicações. Entre os módulos mais comumente hipotetizados estão (a) conhecimento de objetos, (b) conhecimento de outras pessoas, (c) conhecimento de número, (d) conhecimento da linguagem, e (e) conhecimento de biologia. Mas mesmo dentro desses domínios existem controvérsias sobre a existência de minimódulos constitutivos. Por exemplo, Baron-Cohen (1995) propõe que o conhecimento precoce de outras pessoas está na verdade constituído de quatro minimódulos muito específicos, e muitos lingüistas chomskianos acham que a faculdade da linguagem também compreende alguns minimódulos lingüísticos distintos. Buscar as respostas no cérebro, como sugerem alguns modularistas, não é nada fácil, pois a localização da função no cérebro pode resultar de vários processos desenvolvimentais diversos que não implicam especificação genética de conteúdo epistemológico; por exemplo, uma determinada parte do cérebro pode processar informações particularmente complexas e a primeira função desenvolvimental a se manifestar e que necessite de tais poderes de computação pode simplesmente localizar-se ali (Bates; Elman *et al.*, 1997).

O segundo problema importante dos teóricos da modularidade, como já foi afirmado no Capítulo 1, é o problema do tempo. No que diz respeito às funções cognitivas humanas compartilhadas com outros mamíferos e primatas houve tempo suficiente para que a evolução biológica realizasse suas maravilhas. Mas, no que se refere às funções cognitivas exclusivamente humanas, o tempo para a evolução da grande quantidade delas foi insuficiente – apenas 6 milhões de anos no máximo, mas mais provavelmente apenas um quarto de milhão de anos. Portanto, é muito mais plausível a hipótese que trabalha com processos que funcionam mais rápido – no tempo histórico e ontogenético, por exemplo – e investiga as maneiras como esses processos efetivamente criam e mantêm funções cognitivas exclusivamente humanas. Existem, por certo, funções cognitivas humanas para as quais os processos históricos e ontogenéticos apenas desempenham um pequeno papel, por exemplo, processos básicos de categorização perceptual. Mas coisas como símbolos lingüísticos e instituições sociais são socialmente constituídas e portanto não é sensato pensar que poderiam ter emergido totalmente desenvolvidas e de uma só vez na evolução humana; processos sociointerativos devem ter desempenhado algum papel em sua criação e manutenção. De modo geral, o problema básico das abordagens da modularidade de base genética – sobretudo quando tratam de artefatos e práticas sociais exclusivamente humanos e socialmente constituídos – é que tentam pular da primeira página da história, a genética, para a última página da história, a cognição humana atual, sem passar pelas páginas intermediárias. Portanto, em muitos casos, esses teóricos deixam de considerar elementos formativos, tanto do tempo histórico como do tempo ontogenético, que intervêm entre o genótipo e o fenótipo humano.

Minha tentativa é a de encontrar uma única adaptação biológica com força suficiente, e por isso levantei a hipótese de que os seres humanos desenvolveram uma nova maneira de se identificar com seus co-específicos e compreendê-los como seres intencionais. Não conhecemos as pressões ecológicas que possam ter favorecido tal adaptação, e podemos imaginar um sem-número de vantagens adaptativas que ela teria produzido. Minha opinião é que qualquer dos vários cenários adaptativos poderia ter levado ao mesmo resultado evolucionário no tocante à cognição social humana, porque se um indivíduo entende os co-específicos como seres intencionais seja pela razão que for – quer com propósitos de cooperação ou de competição ou de aprendizagem social etc. – essa compreensão não irá se evaporar quando aquele indivíduo interagir com co-específicos em outras circunstâncias. Em outras palavras, coisas como comunicação, cooperação e aprendizagem social não são diferentes módulos ou domínios de conhecimento, mas diferentes domínios de atividade, cada um dos quais profundamente transformado por uma nova maneira de compreender os co-específicos, ou seja, uma nova forma de cognição social. A questão é que a nova forma de cognição social teria profundos efeitos sempre que os indivíduos interagissem entre si – durante o tempo histórico, transformando coisas sociais em coisas culturais, e durante o tempo ontogenético, transformando habilidades de cognição primata e representação cognitiva em habilidades exclusivamente humanas de aprendizagem cultural e representação cognitiva em perspectiva.

É importante enfatizar que essa forma exclusivamente humana de cognição social não concerne apenas à compreensão dos outros como fontes animadas de movimento e poder, como pensaram Piaget (1954) e Premack (1990), que é um tipo de compreensão que aparentemente todos os primatas têm. Pelo contrário, essa nova forma de cognição social concerne à compreensão de que os outros fazem escolhas quando se trata de sua percepção e ação, e que essas escolhas são guiadas por uma representação mental de algum resultado desejado, ou seja, um objetivo. Isso é muito mais que a compreensão do caráter animado dos seres. Por outro lado, muitos outros teóricos supuseram que o que distingue a cognição humana da de outros animais é uma "teoria da mente", o que seria adequado se o conceito fosse usado genericamente para significar cognição social em geral. Mas, se com esse conceito se pretender descrever de forma mais estrita a compreensão de falsas crenças, é preciso notar que isso é algo que as crianças humanas só fazem depois dos quatro anos de idade; no entanto, a cognição humana começa a se diferenciar de modo significativo da cognição primata não-humana entre um e dois anos de idade com a atenção conjunta, a aquisição da linguagem e outras formas de aprendizagem cultural. Portanto, como já disse antes, a compreensão de falsas crenças é meramente uma cereja no bolo sociocognitivo humano, composto de modo mais fundamental pela compreensão da intencionalidade.

Devo dizer também, nesse ponto, que dar um caráter antropomórfico ou romântico às capacidades cognitivas de outras espécies animais não nos ajudará a responder essas difíceis questões. Isso não significa que os pesquisadores devam apenas buscar as diferenças entre a cognição dos humanos e a dos primatas não-humanos. Pelo contrário, se pretendermos identificar o que é exclusivamente humano, bem como o que é exclusivamente chimpanzé ou exclusivamente saju-capuchinho, é fundamental que os cientistas procurem tanto as similaridades como as diferenças. Mas os relatos tão populares baseados em observações anedóticas do comportamento animal, junto com uma boa dose da tendência dos homens a ver outros seres como idênticos a eles mesmos, não são, na minha opinião, úteis para essa tarefa. É com efeito irônico que as próprias habilidades cujas virtudes venho louvando – a habilidade de ver os outros como seres intencionais iguais a si – possam ser mais danosas que proveitosas dependendo do intuito intelectual. Tampouco creio que procurar módulos seja por si só a resposta. É verdade que alguns dos problemas evolucionários mais urgentes, como a evitação do incesto (responsável por um mecanismo muito específico e inflexível que pode ser idêntico em muitas espécies animais) e a necessidade de garantir que nossos genes sejam transmitidos (que é responsável por várias formas de ciúme sexual, que parece ser particularmente pronunciado entre os humanos devido ao modo como funciona o sistema de acasalamento), poderiam ser fortes candidatos a especializações adaptativas sem nenhuma relação com outras especializações adaptativas (Buss, 1994). Mas adaptações cognitivas propriamente ditas são, quase que por definição, mais flexíveis que isso. Embora possam ter surgido para resolver um problema adaptativo específico, costumam ser usadas numa grande quantidade de problemas relacionados (por exemplo, mapas cognitivos que ajudam a encontrar comida, água, locais de moradia, pares, filhotes, predadores etc.). Não vejo, portanto, para que serviria modularizar a cognição humana, e as diversas propostas, tão distintas umas das outras, de qual seria a lista de módulos humanos também comprovam as dificuldades práticas de fazer isso.

História

A meu ver, os teóricos geralmente explicam ligeiro demais habilidades cognitivas exclusivamente humanas em termos de adaptações genéticas específicas – normalmente sem nenhuma pesquisa genética, diga-se de passagem. Trata-se de um procedimento habitual sobretudo porque é rápido, fácil, e sem grandes probabilidades de ser imediatamente refutado por evidências empíricas. Mas outra importante razão da tendência de muitos teóricos de propor módulos cognitivos inatos como um método de primeira ordem é a falta de apreciação do funcionamento dos processos histórico-culturais humanos, ou seja, processos de sociogênese, tanto pelo que criam diretamente como por seus efeitos indiretos na produção de um novo tipo de nicho ontogenético para o desenvolvimento cognitivo humano. E, o que é mais importante, os processos históricos desenvolvem-se numa escala de tempo completamente diferente da dos processos evolucionários (Donald, 1991).

Tomemos como exemplo o jogo de xadrez. As crianças que aprendem a jogar esse jogo o fazem em interação com jogadores maduros, e algumas delas desenvolvem habilidades cognitivas bastante sofisticadas no contexto desse jogo, muitas das quais pareceriam ser extremamente específicas a esse campo. Um psicólogo cognitivo só poderia ficar maravilhado com os complexos planejamentos e a imaginação necessários para orquestrar um ataque pelo lado do rei no qual primeiro os peões que protegem o rei são eliminados por meio do sacrifício de um bispo, e em seguida os movimentos do rei ficam limitados e o ataque é consumado com a coordenação de rei, torre e rainha. Apesar das complexidades cognitivas envolvidas, e apesar da especificidade das habilidades cognitivas necessárias, nunca vi ninguém propor um módulo inato de jogar xadrez. Isso porque o xadrez é um produto muito recente na história humana, e existem até livros ilustrados que traçam seu desenvolvimento histórico. Originalmente, o xadrez era um jogo mais simples, mas à medida que os jogadores foram chegando a entendimentos mútuos sobre coisas que poderiam melhorar o jogo, modificaram regras ou acrescentaram outras até produzir o jogo atual – para o qual as crianças de hoje podem, depois de alguns anos de jogo e prática, desenvolver habilidades cognitivas bastante impressionantes. É claro que o xadrez não cria nas crianças habilidades cognitivas básicas como memória, planejamento, raciocínio espacial, categorização – o jogo só pôde evoluir porque os seres humanos já possuíam essas habilidades –, mas ele canaliza processos cognitivos básicos em novas direções, ajudando a criar algumas habilidades cognitivas novas e altamente especializadas.

O que afirmo é simplesmente que habilidades cognitivas de linguagem e matemática complexa são como xadrez: produtos de desenvolvimentos tanto históricos como ontogenéticos que operam com uma grande variedade de habilidades cognitivas humanas preexistentes, algumas das quais são compartilhadas com outros primatas e algumas exclusivamente humanas. É mais fácil percebê-las no caso da matemática porque – e isso lembra o xadrez – (a) podemos traçar boa parte do desenvolvimento histórico da matemática moderna nos últimos 2 mil anos, (b) em muitas culturas as únicas operações matemáticas usadas são procedimentos de contagem rudimentares (e suas variantes aritméticas), e (c) nas culturas que usam matemática complexa, muitos indivíduos só aprendem alguns procedimentos simples. Esses fatos restringem as possibilidades de tal modo que os teóricos da modularidade só podem postular como módulo da matemática algo que contenha apenas os conceitos quantitativos mais básicos. No caso da linguagem, contudo, (a) pouco sabemos de sua história (apenas a história relativamente recente das poucas línguas que foram registradas), (b) todas as culturas possuem linguagens complexas, e (c) todas as crianças que se desenvolvem de maneira típica dentro de uma cultura adquirem basicamente aptidões lingüísticas equivalentes. Esses fatos deixam claro que a linguagem é diferente da matemática e do xadrez, mas não esclarecem a razão dessa diferença. Pode simplesmente ser que o desenvolvimento histórico da linguagem, seja pela razão que for, começou primeiro – nos primórdios da evolução dos humanos modernos, cerca de 200 mil anos atrás – e portanto atingiu seu atual nível de complexidade antes que as línguas modernas começassem a se afastar desse protótipo. Se usarmos a ontogênese para entender a complexidade cognitiva, as crianças modernas começam a empregar línguas naturais com muita sofisticação bem antes de dominarem a matemática complexa ou estratégias de xadrez. Talvez a razão pela qual a linguagem seja cognitivamente primária é que ela é uma manifestação direta da capacidade simbólica humana, que por sua vez deriva diretamente de atividades comunicativas e de atenção conjunta que a compreensão dos outros como agentes intencionais engendra. A questão, portanto, é que a linguagem é especial, mas não tão especial.

Portanto, minha explicação de por que uma única adaptação cognitiva humana pôde resultar em todas as inúmeras diferenças entre a cognição primata humana e não-humana é que essa única adaptação tornou possível um novo conjunto evolucionário de processos, ou seja, processos de sociogênese, responsáveis por boa parte dos mecanismos efetivos e numa escala de tempo bem mais rápida que a evolução. Talvez essa única novidade tenha mudado a maneira como os seres humanos interagiam entre si, e com muito esforço ao longo de muito tempo histórico, essas novas maneiras de interagir transformaram fenômenos primatas básicos como comunicação, dominação, troca e exploração nas instituições culturais humanas da linguagem, do governo, do dinheiro e da ciência – sem nenhum evento genético adicional. As transformações nos diferentes domínios de atividade humana que resultaram dessa nova adaptação certamente não foram instantâneas. Por exemplo, os seres humanos já se comunicavam entre si de modo complexo quando começaram a se perceber como agentes intencionais, e portanto levou algum tempo, talvez muitas gerações, para que essa nova compreensão dos outros se fizesse sentir e para que formas simbólicas de comunicação surgissem. O mesmo poderia ser verdade no tocante a outros campos de atividade – como várias formas de cooperação e aprendizagem social – quando esse novo tipo de compreensão social foi gradualmente possibilitando novos tipos de interações sociais e artefatos. Na Tabela 7.1 encontramos uma listagem muito simplificada e certamente não exaustiva de alguns campos de atividade humana e como eles podem ter sido transformados pela adaptação exclusivamente humana de cognição social em operação nos vários processos interativos sociais ao longo de muitas gerações da história humana.

Em termos ideais, deveríamos saber muito mais do que efetivamente sabemos sobre o processo de sociogênese em diferentes campos de atividade na história humana. Psicólogos culturais, que deveriam estar às voltas

Tabela 7.1 Alguns campos de atividade social transformados ao longo do tempo histórico em campos de atividade cultural pela maneira exclusivamente humana de compreender co-específicos.

Campo	Social	Cultural
Comunicação	Sinais	Símbolos (intersubjetivos, perspectivos)
Olhar dos outros	Acompanhamento do olhar	Atenção conjunta (intersubjetividade)
Aprendizagem social	Emulação, ritualização	Aprendizagem cultural (reprodução de atos intencionais)
Cooperação	Coordenação	Colaboração (assumir papéis)
Ensino	Facilitação	Instrução (estados mentais dos outros)
Manipulação de objeto	Ferramentas	Artefatos (potencialidades intencionais)

com esse problema, em geral não despendem muitos esforços em investigações empíricas dos processos históricos por meio dos quais determinadas instituições culturais em determinadas culturas ganharam forma – por exemplo, processos de gramatização na história de determinadas línguas ou processos de invenção colaborativa na história das aptidões matemáticas características de determinada cultura. Talvez as investigações mais esclarecedoras desses processos sejam estudos realizados por historiadores teóricos que lidam com coisas tais como história da tecnologia, história da ciência e matemática, e história da linguagem (ver Capítulo 2). Mas esses estudiosos em geral não se preocupam com processos cognitivos ou outros processos psicológicos *per se*, e portanto as informações que eles podem oferecer aos psicólogos é decididamente indireta. Talvez haja alguns fatos relevantes a serem coligidos de estudos de cooperação em que dois parceiros leigos num determinado campo de problemas conseguem, em colaboração, inventar um novo artefato ou estratégia – de maneira análoga a processos de criação cultural no tempo histórico (ver Ashley e Tomasello, 1998).

Poderíamos destacar o poder da sociogênese propondo uma variação de nosso tema recorrente da criança selvagem numa ilha deserta. Nesse caso, suponhamos que um gigantesco raio misterioso cai do espaço e torna todos os seres humanos com mais de um ano de idade profundamente autistas – a tal ponto que não conseguem se comunicar intencionalmente entre si ou com os bebês (embora, miraculosamente, sejam capazes de fornecer aos bebês sustento e proteção). Portanto, as crianças de um ano ficam entregues a seus próprios mecanismos para interagirem entre si (no estilo do *Senhor das moscas*), com a maciça infra-estrutura da moderna tecnologia enferrujando por trás (no estilo *Mad Max*). A questão é: quanto tempo levaria para as crianças recriarem, ou talvez criarem diferentes mas equivalentes práticas e instituições sociais como linguagem, matemática, escrita, governos etc.? Tenho certeza de que alguns estudiosos diriam que isso se daria quase de imediato, sobretudo no caso da linguagem, mas considero esta uma idéia ingênua que subestima seriamente o trabalho histórico que se desenvolveu nessas instituições à medida que iam ganhando, historicamente, complexidade ao longo de muitas gerações. (E estudos de crianças que criam sinais gestuais em interação com adultos que dominam a linguagem ou entre si, no contexto de uma escola para deficientes auditivos, embora relevantes, não abordam diretamente a questão, pois, nesses casos, o pleno funcionamento das culturas nas quais essas crianças vivem facilita o processo de criação cultural.) Talvez a linguagem tenha algo de especial devido à sua íntima relação com a adaptação sociocognitiva exclusivamente humana em questão – como foi discutido acima –, mas as convenções sociais de que uma língua natural é composta só podem ser criadas em certos tipos de interação social, e algumas construções lingüísticas só podem ser criadas depois que outras já estiverem estabelecidas de antemão. A meu ver, pois, a criação de algo que se assemelhe às modernas línguas naturais levaria muitas gerações, e sem dúvida muitas mais ainda seriam necessárias para coisas como escrita, matemática complexa e instituições governamentais ou outras.

Ontogênese

A ontogênese é um processo que difere muito nas diversas espécies animais. Para algumas espécies, é importante que seus filhotes sejam quase totalmente funcionais a partir do momento em que entram em contato com o mundo externo a fim de maximizar suas chances de sobrevivência até a idade de reprodução, ao passo que para outras espécies, uma longa ontogênese, com muita aprendizagem individual, é a estratégia escolhida na história de vida. Portanto, a aprendizagem é um produto da evolução – uma de suas estratégias, se quisermos lhe dar certo caráter antropomórfico – assim como são a cultura e a aprendizagem cultural como casos especiais da "ontogênese extensa" enquanto estratégia evolucionária. Portanto, não faz sentido opor natureza e educação; a educação é apenas uma das muitas formas que a natureza pode adotar. Para os desenvolvimentistas, pois, a questão se resume a como o processo ocorre, como os diferentes fatores desempenham seus diferentes papéis em diferentes pontos do desenvolvimento. Ao nascer, os bebês humanos possuem os elementos para virem a se tornar seres humanos adultos completos: têm os genes de que precisam e vivem num mundo cultural pré-estruturado pronto para facilitar seu desenvolvimento e também para ensinar-lhes ativamente coisas. Mas ainda não são adultos; há muito trabalho pela frente.

É importante notar que a ontogênese cognitiva humana não é uma repetição da ontogênese dos chimpanzés com uma "adição terminal" no fim. Como argumentei no Capítulo 3, a ontogênese cognitiva humana é única desde muito cedo, talvez desde o nascimento, quando os neonatos humanos fazem várias coisas que demonstram uma forma especial de identificação com co-específicos (por exemplo, a mímica neonatal e protoconversas). É dessa singularidade que todo o resto decorre, pois permite que os bebês explorem uma nova fonte de informação sobre outras pessoas: a analogia consigo mesmos. Por volta dos nove meses de idade, fazer analogias entre si e os outros possibilita aos bebês atribuir a outras pessoas os mesmos tipos de intencionalidade em que eles mesmos estão começando a se envolver (e podem também fazer analogias consigo mesmos, de maneira um tanto inapropriada, em seu raciocínio causal sobre o porquê do comportamento dos objetos inanimados). As novas e poderosas formas de cognição social que disso resultam inauguram a linha cultural de desenvolvimento humano no sentido de que, agora, as crianças têm condições de participar com outras pessoas de atividades de atenção conjunta e assim entender e tentar reproduzir suas ações intencionais que envolvem vários tipos de artefatos materiais e simbólicos. E, com efeito, a tendência a aprender por imitação as ações dos outros é muito forte, e às vezes vemos as crianças imitarem ações adultas com objetos, mesmo quando seria melhor que as ignorassem, e na aquisição da linguagem passam por um longo período em que basicamente reproduzem exatamente a estrutura relacional das enunciações adultas que estão escutando. É aí onde a linha cultural de desenvolvimento chega ao seu auge, e é por isso que crianças de quatro anos em diferentes culturas são tão diferentes umas das outras quanto aos comportamentos específicos que realizam. Mas, ao longo desse primeiro período, e de forma ainda mais intensa posteriormente, as crianças também fazem juízos individuais, tomam decisões, fazem categorizações, analogias e avaliações – em maior ou menor medida, dependendo da linha individual de desenvolvimento – e tudo isso interage de modo interessante com as tendências das crianças, na linha cultural de desenvolvimento, de fazer o que as outras pessoas em torno delas estão fazendo.

O domínio por parte das crianças de um artefato cultural muito especial – a linguagem – opera efeitos transformadores sobre sua cognição. A linguagem não cria novos processos cognitivos do nada, é claro, mas, quando as crianças interagem com outras pessoas intersubjetivamente e adotam suas convenções comunicativas, esse processo social cria uma nova forma de representação cognitiva – uma forma que não encontra contrapartida em outra espécie animal. A novidade é que os símbolos lingüísticos são ao mesmo tempo intersubjetivos e perspectivos. A natureza intersubjetiva dos símbolos lingüísticos humanos implica que eles são socialmente "compartilhados" de uma maneira que os sinais animais não são, e isso forma a matriz pragmática na qual muitas inferências sobre as intenções comunicativas dos outros podem ser feitas – por que eles escolhem um símbolo e não outro que eles também compartilham com o ouvinte, por exemplo. A natureza perspectiva dos símbolos lingüísticos implica que, quando as crianças aprendem a usar palavras e construções lingüísticas da maneira dos adultos, acabam percebendo que exatamente o mesmo fenômeno pode ser interpretado de muitos modos diferentes para diferentes propósitos comunicativos, dependendo de muitos fatores no contexto comunicativo. As representações lingüísticas assim formadas estão livres do contexto perceptual imediato não só no sentido de que com esses símbolos as crianças podem falar de coisas afastadas no espaço e no tempo, mas também no sentido de que até mesmo exatamente a mesma entidade perceptivamente presente pode ser simbolizada lingüisticamente de inúmeras maneiras diferentes. Talvez seja paradoxal, nessa era de computadores e nessa "década do cérebro", que essa forma radicalmente nova e poderosa de representação cognitiva emane não de quaisquer novos recursos de armazenamento ou faculdades de computação dentro do cérebro humano, mas das novas formas de interação social, propiciadas por novas formas de cognição social, que ocorrem entre indivíduos dentro das culturas humanas.

A linguagem também está estruturada para simbolizar de maneira complexa e variada eventos e seus participantes, o que é instrumental para que as crianças "esmiucem" sua experiência dos eventos de muitas maneiras complexas. Construções lingüísticas abstratas podem então ser usadas para pensar e intercambiar cenas experienciais de modo analógico e metafórico. As narrativas agregam ainda mais complexidade ao ligarem entre si eventos simples de uma maneira que incita à análise causal e intencional, e que, na verdade, exige marcadores explicitamente causais ou intencionais para torná-las coerentes. E conversas prolongadas bem como outros tipos de interações sociais com adultos levam as crianças para espaços cognitivos ainda mais esotéricos, ao possibilitarem que elas compreendam perspectivas conflituosas sobre coisas que têm de ser conciliadas de alguma forma. Por fim, aquele tipo de interação na qual o adulto comenta as atividades cognitivas da criança, ou a instrui explicitamente, a leva a adotar uma perspectiva externa sobre sua própria cognição em atos de metacognição, auto-regulação e redescrição representacional, o que resulta em estruturas cognitivas mais sistemáticas em formatos dialógicos. Quer as diferentes línguas façam essas coisas de modo diferente umas das outras ou não, como nos clássicos argumentos sobre o "determinismo lingüístico", aprender uma língua ou outra forma comparável de comunicação simbólica – em contraposição a não aprender nenhuma – parece ser um ingrediente essencial da intersubjetividade humana e da cognição perspectiva, da representação de eventos e da metacognição.

Creio que era isso que todos os pensadores citados no começo deste capítulo, cada qual à sua maneira e com elementos específicos diferentes dos de nosso argumento, tentavam articular quando fizeram suas afirmações no sentido de que o pensamento humano opera essencialmente com símbolos. É claro que os seres humanos podem pensar sem símbolos se por pensar entendermos perceber, lembrar, categorizar e agir de modo inteligente no mundo de maneira semelhante a outros primatas (Piaget, 1970; Tomasello e Call, 1997). Mas as formas exclusivamente humanas de pensar – por exemplo, aquelas de que faço uso ao formular este argumento e tentar antecipar as respostas dialógicas que ele suscitará em outros pensadores (e talvez minha resposta a essas respostas) – não dependem apenas do discurso interativo que ocorre por meio de símbolos lingüísticos, construções e padrões de discurso intersubjetivos e perspectivos, mas na verdade derivam deles e talvez até sejam constituídos por eles. E não se deve negligenciar o fato de que um indivíduo só domina plenamente o uso desses símbolos e suas concomitantes maneiras de pensar depois de um período de vários anos de interação praticamente contínua com usuários maduros de símbolos.

Assim, pois, tanto quanto a evolução e a história, a ontogênese realmente importa. Os seres humanos evoluíram de tal maneira que sua ontogênese cognitiva normal depende de certo tipo de ambiente cultural para sua realização. A importância da herança biológica no processo ontogenético evidencia-se pelos problemas das crianças autistas, que não têm, em sua forma plenamente desenvolvida, a adaptação biológica humana para se identificar com as outras pessoas, e portanto não se constituem em agentes culturais com funcionamento normal. A importância da herança cultural no processo ontogenético evidencia-se pelas inúmeras diferenças cognitivas existentes entre os povos de diferentes culturas e pelos lamentáveis casos de crianças abandonadas ou que sofreram abusos, criadas em circunstâncias culturalmente deficientes, mas destaca-se ainda mais se imaginarmos o desenvolvimento cognitivo de crianças que cresçam sem nenhuma cultura ou linguagem. Uma criança criada numa ilha deserta sem companheiros humanos não se tornaria, como imaginou Rousseau, um ser humano "natural" livre das coerções da sociedade, mas, como Geertz imaginou, viria a se tornar algo semelhante a um monstro, algo diferente de um agente intencional e moral plenamente humano.

Enfoque no processo

Nós somos, como Wittgenstein (1953) e Vigotski (1978) entenderam com tanta clareza, peixes na água da cultura. Enquanto adultos investigando e refletindo sobre a existência humana, não podemos tirar nossos óculos culturais para ver o mundo de modo acultural – e então compará-lo com o mundo percebido culturalmente. Os seres humanos vivem num mundo de linguagem, matemática, dinheiro, governo, educação, ciência e religião – instituições culturais compostas de convenções culturais. O som "árvore" representa o que representa porque, e somente porque, achamos que representa; homens e mulheres estão casados porque, e somente porque, achamos que estão; podemos obter um carro em troca de um pedaço de papel porque, e somente porque, achamos que o papel vale tanto quanto o carro (Searle, 1996). Esses tipos de instituições sociais e convenções são criados e mantidos por certos modos de interagir e pensar entre grupos de seres humanos. Outras espécies animais simplesmente não interagem e pensam desse modo.

Mas o mundo cultural humano nem por isso está livre do mundo biológico, e, na verdade, a cultura humana é um produto evolucionário muito recente, só tendo passado a existir, ao que tudo indica, há algumas centenas de milhares de anos. O fato de a cultura ser um produto da evolução não significa que cada um de seus aspectos específicos tenha um suporte genético especializado; não houve tempo suficiente para isso. Um cenário mais plausível é que todas as instituições culturais humanas estão assentadas sobre a capacidade sociocognitiva biologicamente herdada por todos os homens de criar e utilizar convenções e símbolos sociais. Contudo, essas convenções e esses símbolos sociais não são uma varinha mágica que transforma a cognição primata não-humana em cognição humana instantaneamente. A cognição adulta moderna do gênero humano é o produto não só de eventos genéticos que ocorreram ao longo de muitos milhões de anos no tempo evolucionário, mas também de eventos culturais que ocorreram ao longo de dezenas de milhares de anos no tempo histórico, e eventos pessoais que ocorreram ao longo de muitas dezenas de milhares de horas no tempo ontogenético. O desejo de evitar o árduo trabalho empírico necessário para comprovar esses processos intermediários que ocorrem entre o genótipo e o fenótipo humanos é muito forte, e provoca esse tipo de determinismo genético fácil que impregna boa parte das ciências sociais, comportamentais e cognitivas dos tempos atuais. Os genes são uma parte essencial da história da evolução cognitiva humana, talvez, de certos pontos de vista, até a parte mais importante da história já que são o que manteve a bola rolando. Mas não são a história toda, e desde que começou a rolar, a bola já percorreu um longo caminho. De modo geral, as desgastadas velhas categorias filosóficas de natureza *versus* educação, inato *versus* adquirido, e até genes *versus* ambiente simplesmente não dão conta da tarefa – são estáticas e categóricas demais – se nossa meta for uma explicação darwiniana dinâmica da cognição humana em suas dimensões evolucionária, histórica e ontogenética.

REFERÊNCIAS BIBLIOGRÁFICAS

ACREDOLO, L. P. e GOODWYN, S. W. 1988. "Symbolic gesturing in normal infants", *Child Development 59*, 450-466.

AKHTAR, N., CARPENTER, M. e TOMASELLO, M. 1996. "The role of discourse novelty in children's early word learning", *Child Development 67*, 635-645.

——, DUNHAM, F. e DUNHAM, P. 1991. "Directive interactions and early vocabulary development: the role of joint attentional focus", *Journal of Child Language 18*, 41-50.

—— e TOMASELLO, M. 1996. "Twenty-four month old children learn words for absent objects and actions", *British Journal of Developmental Psychology 14*, 79-93.

——. 1997. "Young children's productivity with word order and verb morphology", *Developmental Psychology 33*, 952-965.

ANSELMI, D., TOMASELLO, M. e ACUNZO, M. 1986. "Young children's responses to neutral and specific contingent queries", *Journal of Child Language 13*, 135-144.

APPLETON, M. e REDDY, V. 1996. "Teaching three-year-olds to pass false belief tests: A conversational approach", *Social Development 5*, 275-291.

ASHLEY, J. e TOMASELLO, M. 1998. "Cooperative problem solving and teaching in preschoolers", *Social Development 17*, 143-163.

BAILLARGEON, R. 1995. "Physical reasoning in infancy", in M. Gazzaniga, ed., *The Cognitive Neurosciences*, 181-204. Cambridge, MA: MIT Press.

BAKHTIN, M. 1981. *The Dialogic Imagination*. Austin: University of Texas Press.

BALDWIN, D. 1991. "Infants' contributions to the achievement of joint reference", *Child Development 62*, 875-890.

———. 1993. "Infants' ability to consult the speaker for clues to word reference", *Journal of Child Language 20*, 395-418.

——— e MOSES, L. 1994. "The mindreading engine: Evaluating the evidence for modularity", *Current Psychology of Cognition 13*, 553-560.

———. 1996. "The ontogeny of social information gathering", *Child Development 67*, 1915-39.

BARON-COHEN, S. 1988. "Social and pragmatic deficits in autism: Cognitive or affective?", *Journal of Autism and Developmental Disorders 18*, 379-401.

———. 1993. "From attention-goal psychology to belief-desire psychology: The development of a theory of mind and its dysfunction", in S. Baron-Cohen, H. Tager-Flusberg e D. J. Cohen, eds., *Understanding other Minds: Perspectives from Autism*. Nova York: Oxford University Press.

———. 1995. *Mindblindness: An Essay on Autism and Theory of Mind*. Cambridge, MA: MIT Press.

BARRESI, J. e MOORE, C. 1996. "Intentional relations and social understanding", *Behavioral and Brain Sciences 19*, 107-154.

BARSALOU, L. 1992. *Cognitive Psychology: An Overview for Cognitive Scientists*. Hillsdale, NJ: Erlbaum.

BARTSCH, K. e WELLMAN, H, 1995. *Children Talk About the Mind*. Nova York: Oxford University Press.

BASALLA, G. 1988. *The Evolution of Technology*. Cambridge: Cambridge University Press.

BATES, E. 1979. *The Emergence of Symbols: Cognition and Communication in Infancy*. Nova York: Academic Press.

———. "Modularity, domain specificity and the development of language", *Journal of Cognitive Neuroscience*.

BAUER, P. e FIVUSH, R. 1992. "Constructing event representations: Building on a foundation of variation and enabling relations", *Cognitive Development 7*, 381-401.

———, HESTERGAARD, L. e DOW, G. 1994. "After 8 months have passed: Long term recall of events by 1- to 2-year-old children", *Memory 2*, 353-382.

BERMAN, R. e ARMON-LOTEM, S. 1995. "How grammatical are early verbs?" Artigo apresentado no *Colloque International de Besançon sur l'Acquisition de la Syntaxe*, Besançon, França.
——— e SLOBIN, D. 1995. *Relating Events in Narrative*. Mahwah, NJ: Erlbaum.
BISHOP, D. 1997. *Uncommon Understanding: Development and Disorders of Language Comprehension in Children*. Londres: Psychology Press.
——— e CAPATIDES, J. 1987. "Sources of meaning in the acquisition of complex syntax: The sample case of causality", *Journal of Experimental Child Psychology 43*, 112-128.
———, TINKER, E. e MARGULIS, C. 1993. "The words children learn: Evidence for a verb bias in early vocabularies", *Cognitive Development 8*, 431-450.
BOESCH, C. 1991. "Teaching among wild chimpanzees", *Animal Behavior 41*, 530-532.
———. 1993. "Towards a new image of culture in wild chimpanzees?", *Behavioral and Brain Sciences 16*, 514-515.
———. 1996. "The emergence of cultures among wild chimpanzees", in W. Runciman, J. Maynard-Smith e R. Dunbar, eds., *Evolution of Social Behaviour Patterns in Primates and Man*, 251-268. Oxford: Oxford University Press.
———. *The Chimpanzees of the Taï Forest*. Oxford: Oxford University Press.
———, MARCHESI, P., MARCHESI, N., FRUTH, B. e JOULIAN, F. 1994. "Is nut cracking in wild chimpanzees a cultural behavior?", *Journal of Human Evolution 26*, 325-338.
——— e TOMASELLO, M. 1998. "Chimpanzee and human culture", *Current Anthropology 39*, 591-614.
BOLINGER, D. 1977. *Meaning and Form*. Nova York: Longmans.
BOURDIEU, P. 1977. *Outline of a Theory of Practice*. Cambridge: Cambridge University Press.
BOWERMAN, M. 1982. "Reorganizational processes in lexical and syntactic development", in L. Gleitman e E. Wanner, eds., *Language Acquisition: The State of the Art*. Cambridge: Cambridge University Press.
BOYD, R. e RICHERSON, P. 1985. *Culture and the Evolutionary Process*. Chicago: University of Chicago Press.

———. 1996. "Why culture is common but cultural evolution is rare", *Proceedings of the British Academy 88*, 77-93.
BRAINE, M. 1963. "The ontogeny of English phrase structure", *Language 39*, 1-14.
———. 1976. "Children's first word combinations", *Monographs of the Society for Research in Child Development 41* (1).
BROOKS, P. e TOMASELLO, M. "Young children learn to produce passives with nonce verbs", *Developmental Psychology*.
BROWN, A. e KANE, M. 1988. "Preschool children can learn to transfer: Learning to learn and learning from example", *Cognitive Psychology 20*, 493-523.
BROWN, P. "The conversational context for language acquisition: A Tzeltal (Mayan) case study", in M. Bowerman e S. Levinson, eds., *Language Acquisition and Conceptual Development*. Cambridge: Cambridge University Press.
BROWN, R. 1973. *A First Language: The Early Stages*. Cambridge, MA: Harvard University Press.
BRUNER, J. 1972. "The nature and uses of immaturity", *American Psychologist 27*, 687-708.
———. 1975. "From communication to language", *Cognition 3*, 255-287.
———. 1983. *Child's Talk*. Nova York: Norton.
———. 1986. *Actual Minds, Possible Worlds*. Cambridge, MA: Harvard University Press.
———. 1990. *Acts of Meaning*. Cambridge, MA: Harvard University Press.
———. 1993. "Commentary on Tomasello *et al.*, 'Cultural Learning'", *Behavioral and Brain Sciences 16*, 515-516.
———. 1996. *The Culture of Education*. Cambridge, MA: Harvard University Press.
BULLOCK, D. 1987. "Socializing the theory of intellectual development", in M. Chapman e R. Dixon, eds., *Meaning and the Growth of Understanding*. Berlim: Springer-Verlag.
BUSS, D. 1994. *The Evolution of Desire*. Nova York: Basic Books.
BYRNE, R. W. 1995. *The Thinking Ape*. Oxford: Oxford University Press.
——— e WHITEN, A. 1988. *Machiavellian Intelligence: Social Expertise and the Evolution of Intellect in Monkeys, Apes, and Humans*. Nova York: Oxford University Press.

CALL, J. e TOMASELLO, M. 1996. "The role of humans in the cognitive development of apes", in A. Russon, ed., *Reaching into Thought: The Minds of the Great Apes*. Cambridge: Cambridge University Press.

———. 1998. "Distinguishing intentional from accidental actions in orangutans, chimpanzees, and human children", *Journal of Comparative Psychology 112*, 192-206.

———. 1999. "A nonverbal false belief task: The performance of chimpanzees and human children", *Child Development 70*, 381-395.

CALLANAN, M. e OAKES, L. 1992. "Preschoolers' questions and parents' explanations: Causal thinking in everyday activity", *Cognitive Development 7*, 213-233.

CAREY, S. 1978. "The child as word learner", in M. Halle, J. Bresnan e G. Mater, eds., *Linguistic Theory and Psychological Reality*. Cambridge, MA: MIT Press.

——— e SPELKE, E. 1994. "Domain-specific knowledge and conceptual change", in L. Hirschfeld e S. Gelman, eds., *Mapping the Mind: Domain Specificity in Cognition and Culture*. Nova York: Cambridge University Press.

CARPENTER, M., AKHTAR, N. e TOMASELLO, M. 1998. "Fourteen-through 18-month-old infants differentially imitate intentional and accidental actions", *Infant Behavior and Development 21* (2), 315-330.

———, NAGELL, K. e TOMASELLO, M. 1998. "Social cognition, joint attention and communicative competence from 9 to 15 months of age", *Monographs of the Society for Research in Child Development 63*.

——— e TOMASELLO, M. "Joint attention, cultural learning, and language acquisition: Implications for children with autism", in A. Wetherby e B. Prizant, eds., *Communication and Language Issues in Autism*. Nova York: Brooks.

———, TOMASELLO, M. e SAVAGE-RUMBAUGH, E. S. 1995. "Joint attention and imitative learning in children, chimpanzees, and enculturated chimpanzees", *Social Development 4*, 217-237.

CHARMAN, T. e SHMUELI-GOETZ, Y. 1998. "The relationship between theory of mind, language, and narrative discourse: An experimental study", *Cahiers de Psychologie Cognitive 17*, 245-271.

CHOMSKY, N. 1980. "Rules and representations", *Behavioral and Brain Sciences 3*, 1-61.

CLARK, E. 1987. "The principle of contrast: A constraint on language acquisition", in B. MacWhinney, ed., *Mechanisms of Language Acquisition*, 1-33. Hillsdale, NJ: Erlbaum.

———. 1988. "On the logic of contrast", *Journal of Child Language 15*, 317-336.

———. 1997. "Conceptual perspective and lexical choice in acquisition", *Cognition 64*, 1-37.

CLARK, H. 1996. *Uses of Language*. Cambridge: Cambridge University Press.

COLE, M. 1996. *Cultural Psychology: A Once and Future Discipline*. Cambridge, MA: Harvard University Press.

——— e COLE, S. 1996. *The Development of Children*. São Francisco: Freeman.

COMRIE, B., ed. 1990. *The World's Major Languages*. Oxford: Oxford University Press.

CROFT, W. 1998. "Syntax in perspective: Typology and cognition", Presentation at DGFS, Mainz, Alemanha.

CSIBRA, G., GERGELEY, G., BIRÓ, S. e KOOS, O. "The perception of pure reason in infancy", *Cognition*.

CUSTANCE, D., WHITEN, A. e BARD, K. 1995. "Can young chimpanzees imitate arbitrary actions?", *Behaviour 132*, 839-858.

DAMEROW, P. 1998. "Prehistory and cognitive development", in J. Langer e M. Killen, eds., *Piaget, Evolution and Development*. Mahwah, NJ: Erlbaum.

DAMON, W. 1983. *Social and Personality Development*. Nova York: Norton.

DANZIG, T. 1954. *Number: The Language of Science*. Nova York: Free Press.

DASSER, V. 1988a. "A social concept in Java monkeys", *Animal Behaviour 36*, 225-230.

———. 1988b. "Mapping social concepts in monkeys", in R. W. Byrne e A. Whiten, eds., *Machiavellian Intelligence: Social Expertise and the Evolution of Intellect in Monkeys, Apes, and Humans*, 85-93. Nova York: Oxford University Press.

DAVIS, H. e PERUSSE, R. 1988. "Numerical competence in animals: Definitional issues, current evidence, and a new research agenda", *Behavioral and Brain Sciences 11*, 561-615.

DECASPER, A. J. e FIFER, W. P. 1980. "Of human bonding: Newborns prefer their mothers' voices", *Science 208*, 1174-76.

DELOACHE, J. S. 1995. "Early understanding and use of symbols: The model model", *Current Directions in Psychological Science 4*, 109-l13.

DE WAAL, F. B. M. 1986. "Deception in the natural communication of chimpanzees", in R. W. Mitchell e N. S. Thompson, eds., *Deception: Perspectives on Human and Nonhuman Deceit*, 221-244. Albany: SUNY Press.

DOISE, W. e MUGNY, G. 1979. "Individual and collective conflicts of centrations in cognitive development", *European Journal of Psychology 9*, 105-108.

DONALD, M. 1991. *Origins of the Modern Mind*. Cambridge, MA: Harvard University Press.

DRYER, M. 1997. "Are grammatical relations universal?", in J. Bybee, J. Haiman e S. Thompson, eds., *Essays on Language Function and Language Type*. Amsterdam: John Benjamins.

DUNHAM, P., DUNHAM, F. e CURWIN, A. 1993. "Joint attentional states and lexical acquisition at 18 months", *Developmental Psychology 29*, 827-831.

DUNN, J. 1988. *The Beginnings of Social Understanding*. Oxford: Blackwell.

———, BROWN, J. e BEARDSALL, L. 1991. "Family talk about feeling states and children's later understanding about others' emotions", *Developmental Psychology 27*, 448-455.

DURHAM, W. 1991. *Coevolution: Genes, Culture, and Human Diversity*. Stanford: Stanford University Press.

ELMAN, J., BATES, E., KARMILOFF-SMITH, A., PARISI, D., JOHNSON, M. e PLUNKETT, K. 1997. *Rethinking Innateness*. Cambridge, MA: MIT Press.

EVANS-PRITCHARD, E. 1937. *Witchcraft, Oracles, and Magic among the Azande*. Oxford: Clarendon Press.

EVES, H. 1961. *An Introduction to the History of Mathematics*. Nova York: Holt, Rinehart and Winston.

FANTZ, R. L. 1963. "Pattern vision in newborn infants", *Science 140*, 296-297.

FERNYHOUGH, C. 1996. "The dialogic mind: A dialogic approach to the higher mental functions", *New Ideas in Psychology 14*, 47-62.

FILLMORE, C. 1985. "Syntactic intrusions and the notion of grammatical construction", *Berkeley Linguistic Society 11*, 73-86.

―――. 1988. "Toward a frame-based lexicon", in A. Lehrer e E. Kittay, eds., *Frames, Fields, and Contrast*. Hillsdale, NJ: Erlbaum.

FILLMORE, C. J., KAY, P. e O'CONNER, M. C. 1988. "Regularity and idiomaticity in grammatical constructions: The case of let alone", *Language 64*, 501-538.

FISHER, C. 1996. "Structural limits on verb mapping: The role of analogy in children's interpretations of sentences", *Cognitive Psychology 31*, 41-81.

―――, GLEITMAN, H. e GLEITMAN, L. R. 1991. "On the semantic content of subcategorization frames", *Cognitive Psychology 23*, 331-392.

FODOR, J. 1983. *The Modularity of Mind*. Cambridge, MA: MIT Press.

FOLEY, M. e RATNER, H. 1997. "Children's recoding in memory for collaboration: A way of learning from others", *Cognitive Development 13*, 91-108.

FOLEY, R. e LAHR, M. 1997. "Mode 3 technologies and the evolution of modern humans". *Cambridge Archeological Journal 7*, 3-36.

FRANCO, F. e BUTTERWORTH, G. 1996. "Pointing and social awareness: declaring and requesting in the second year", *Journal of Child Language 23*, 307-336.

FRYE, D. 1991. "The origins of intention in infancy", in D. Frye e C. Moore, eds., *Children's Theories of Mind*, 101-132. Hillsdale, NJ: Erlbaum.

GALEF, B. 1992. "The question of animal culture", *Human Nature 3*, 157-178.

GAUVAIN, M. 1995. "Thinking in niches: Sociocultural influences on cognitive development", *Human Development 38*, 25-45.

――― e ROGOFF, B. 1989. "Collaborative problem solving and children's planning skills", *Developmental Psychology 25*, 139-151.

GELMAN, R. e BAILLARGEON, R. 1983. "A review of some Piagetian concepts", in P. Mussen, ed., *Carmichael's Manual of Child Psychology*, 167-230. Nova York: Wiley.

GENTNER, D. e MARKMAN, A. 1997. "Structure mapping in analogy and similarity", *American Psychologist 52*, 45-56.

―――― e MEDINA, J. 1997. "Comparison and the development of cognition and language", *Cognitive Studies* 4, 112-149.

―――― , RATTERMANN, M. J., MARKMAN, A. e KOTOVSKY, L. 1995. "Two forces in the development of relational similarity", in T. J. Simon e G. S. Halford, eds., *Developing Cognitive Competence: New Approaches to Process Modeling*, 263-313. Hillsdale, NJ: Erlbaum.

GERGELY, G., NÁDASDY, Z., CSIBRA, G. e BIRÓ, S. 1995. "Taking the intentional stance at 12 months of age", *Cognition* 56, 165-193.

GIBBS, R. 1995. *The Poetics of Mind: Figurative Thought, Language, and Understanding*. Cambridge: Cambridge University Press.

GIBSON, E. e RADER, N. 1979. "Attention: The perceiver as performer", in G. Hale e M. Lewis, eds., *Attention and Cognitive Development*, 6-36. Nova York: Plenum.

GIBSON, J. J. 1979. *The Ecological Approach to Visual Perception*. Boston: Houghton Mifflin.

GIVÓN, T. 1979. *On Understanding Grammar*. Nova York: Academic Press.

―――― . 1995. *Functionalism and Grammar*. Amsterdam: John Benjamins.

GLEITMAN, L. 1990. "The structural sources of verb meaning", *Language Acquisition* 1, 3-55.

GOLDBERG, A. 1995. *Constructions: A Construction Grammar Approach to Argument Structure*. Chicago: University of Chicago Press.

GOLDIN-MEADOW, S. 1997. "The resilience of language in humans", in C. Snowdon e M. Hausberger, eds., *Social Influences on Vocal Development*, 293-311. Nova York: Cambridge University Press.

GOLINKOFF, R. 1993. "When is communication a meeting of the minds?", *Journal of Child Language* 20, 199-208.

GÓMEZ, J. C., SARRIÁ, E. e TAMARIT, J. 1993. "The comparative study of early communication and theories of mind: Ontogeny, phylogeny e pathology", in S. Baron-Cohen, H. Tager-Flusberg e D. J. Cohen, eds., *Understanding Other Minds: Perspectives from Autism*, 397-426. Nova York: Oxford University Press.

GOODALL, J. 1986. *The Chimpanzees of Gombe: Patterns of Behavior*. Cambridge, MA: Harvard University Press.

GOODMAN, J., MCDONOUGH, L. e BROWN, N. 1998. "The role of semantic context and memory in the acquisition of novel nouns", *Child Development 69*, 1330-44.

GOODMAN, S. 1984. "The integration of verbal and motor behavior in preschool children", *Child Development 52*, 280-289.

GOPNIK, A. 1993. "How we know our minds: The illusion of first-person knowledge about intentionality", *Behavioral and Brain Sciences 16*, 1-14.

―――― e CHOI, S. 1995. "Names, relational words, and cognitive development in English and Korean speakers: Nouns are not always learned before verbs", in M. Tomasello e W. E. Merriman, eds., *Beyond Names for Things: Young Children's Acquisition of Verbs*, 63-80. Hillsdale, NJ: Erlbaum.

―――― e MELTZOFF, A. 1997. *Words, Thoughts, and Theories*. Cambridge, MA: MIT Press.

GOUDENA, P. P. 1987. "The social nature of private speech of preschoolers during problem solving", *International Journal of Behavioral Development 10*, 187-206.

GOULD, S. J. 1982. "Changes in developmental timing as a mechanism of macroevolution", in J. Bonner, ed., *Evolution and Development*. Berlim: Springer-Verlag.

GREENFIELD, P. "Culture and universals: Integrating social and cognitive development", in L. Nucci, G. Saxe e E. Turiel, eds., *Culture, Thought, and Development*. Mahwah, NJ: Erlbaum.

―――― e LAVE, J. 1982. "Cognitive aspects of informal education", in D. Wagner e H. Stevenson, eds., *Cultural Perspectives on Child Development*. São Francisco: Freeman.

GRICE, P. 1975. "Logic and conversation", in P. Cole e J. Morgan, eds., *Speech Acts, Syntax, and Semantics*. Nova York: Academic Press.

HAITH, M. e BENSON, J. 1997. "Infant cognition", in D. Kuhn e R. Siegler, eds., *Handbook of Child Psychology*, vol. 2. Nova York: Wiley.

HAPPÉ, F. 1995. *Autism: An Introduction to Psychological Theory*. Cambridge, MA: Harvard University Press.

HARRIS, P. 1991. "The work of the imagination", in A. Whiten, ed., *Natural Theories of Mind*, 283-304. Oxford: Blackwell.

――――. 1996. "Desires, beliefs, and language", in P. Carruthers e P. Smith, eds., *Theories of Theories of Mind*, 200-222. Cambridge: Cambridge University Press.

HARTER, S. 1983. "Developmental perspectives on the self system", in P. Mussen, ed., *Carmichael's Manual of Child Psychology*, vol. 4, 285-386. Nova York: Wiley.
HAYES, K. e Hayes, C. 1952. "Imitation in a home-raised chimpanzee", *Journal of Comparative and Physiological Psychology* 45, 450-459.
HEYES, C. M. 1993. "Anecdotes, training, trapping and triangulating: Do animals attribute mental states?", *Animal Behaviour* 46, 177-188.
——— e GALEF, B. G. Jr., eds. 1996. *Social Learning in Animals: The Roots of Culture*. Nova York: Academic Press.
HIRSCHFIELD, L. e GELMAN, S., eds. 1994. *Mapping the Mind: Domain Specificity in Cognition and Culture*. Cambridge: Cambridge University Press.
HOBSON, P. 1993. *Autism and the Development of Mind*. Hillsdale, NJ: Erlbaum.
HOCKETT, C. 1960. "Logical considerations in the study of animal communication", in W. Lanyon e W. Tavolga, eds., *Animal sounds and communication*. Washington: American Institute of Biological Sciences, n.º 7.
HOOD, L., FIESS, K. e ARON, J. 1982. "Growing up explained: Vygotskians look at the language of causality", in C. Brainerd e M. Pressley, eds., *Verbal Processes in Children*. Berlim: Springer-Verlag.
HOPPER, P. e THOMPSON, S. 1980. "Transitivity in grammar and discourse", *Language* 56, 251-291.
———. 1984. "The discourse basis for lexical categories in universal grammar", *Language* 60, 703-752.
——— e TRAUGOTT, E. 1993. *Grammaticalization*. Cambridge: Cambridge University Press.
HUMPHREY, N. 1976. "The social function of intellect", in P. Bateson e R. A. Hinde, eds., *Growing Points in Ethology*, 303-321. Cambridge: Cambridge University Press.
———. 1983. *Consciousness Regained*. Oxford: Oxford University Press.
HUTCHINS, E. 1995. *Cognition in the Wild*. Cambridge, MA: MIT Press.
JAMES, W. 1890. *The Principles of Psychology*. Nova York: Holt.

JARROLD, C., BOUCHER, J. e SMITH, P. 1993. "Symbolic play in autism: A review", *Journal of Autism and Developmental Disorders 23*, 281-308.

JENKINS, J. e ASTINGTON, J. 1996. "Cognitive factors and family structure associated with theory of mind development in children", *Developmental Psychology 32*, 70-78.

JOHNSON, M. 1987. *The Body in the Mind*. Chicago: University of Chicago Press.

KARMILOFF-SMITH, A. 1992. *Beyond Modularity: A Developmental Perspective on Cognitive Science*. Cambridge, MA: MIT Press.

KAWAI, M. 1965. "Newly-acquired pre-cultural behavior of the natural troop of Japanese monkeys on Koshima Islet", *Primates 6*, 1-30.

KAWAMURA, S. 1959. "The process of sub-culture propagation among Japanese macaques", *Primates 2*, 43-60.

KELEMEN, D. 1998. "Beliefs about purpose: On the origins of teleological thought", in M. Corballis e S. Lea, eds., *The Evolution of the Hominid Mind*. Oxford: Oxford University Press.

KELLER, H., SCHÖLMERICH, A. e EIBL-EIBESFELDT, I. 1988. "Communication patterns in adult-infant interactions in western and non-western cultures", *Journal of Cross-Cultural Psychology 19*, 427-445.

KILLEN, M. e UZGIRIS, I. C. 1981. "Imitation of actions with objects: The role of social meaning", *Journal of Genetic Psychology 138*, 219-229.

KING, B. J. 1991. "Social information transfer in monkeys, apes, and hominids", *Yearbook of Physical Anthropology 34*, 97-115.

KING, M. e WILSON, A. 1975. "Evolution at two levels in humans and chimpanzees", *Science 188*, 107-116.

KLEIN, R. 1989. *The Human Career: Human Biological and Cultural Origins*. Chicago: University of Chicago Press.

KONTOS, S. 1983. "Adult-child interaction and the origins of metacognition", *Journal of Educational Research 77*, 43-54.

KRUGER, A. 1992. "The effect of peer and adult-child transactive discussions on moral reasoning", *Merrill-Palmer Quarterly 38*, 191-211.

――― e TOMASELLO, M. 1986. "Transactive discussions with peers and adults", *Developmental Psychology 22*, 681-685.

———. 1996. "Cultural learning and learning culture", in D. Olson, ed., *Handbook of Education and Human Development: New Models of Teaching, Learning, and Schooling*, 169-187. Oxford: Blackwell.
KUMMER, H. e GOODALL, J. 1985. "Conditions of innovative behaviour in primates", *Philosophical Transactions of the Royal Society of London B308*, 203-214.
LAKOFF, G. 1987. *Women, Fire, and Dangerous Things: What Categories Reveal About the Mind*. Chicago: University of Chicago Press.
——— e JOHNSON, M. 1980. *Metaphors We Live By*. Chicago: University of Chicago Press.
LANGACKER, R. 1987a. *Foundations of Cognitive Grammar*, vol. 1. Stanford: Stanford University Press.
———. 1987b. "Nouns and verbs", *Language 63*, 53-94.
———. 1991. *Foundations of Cognitive Grammar*, vol. 2. Stanford: Stanford University Press.
LAVE, J. 1988. *Cognition in Practice*. Cambridge: Cambridge University Press.
LEGERSTEE, M. 1991. "The role of person and object in eliciting early imitation", *Journal of Experimental Child Psychology 51*, 423-433.
LEONARD, L. 1998. *Children with Specific Language Impairment*. Cambridge, MA: MIT Press.
LESLIE, A. 1984. "Infant perception of a manual pick up event", *British Journal of Developmental Psychology 2*, 19-32.
LEVINSON, S. 1983. *Pragmatics*. Cambridge: Cambridge University Press.
LEWIS, M. e BROOKS-GUNN, J. 1979. *Social Cognition and the Acquisition of Self*. Nova York: Plenum.
———, SULLIVAN, M., STANGER, C. e WEISS, M. 1989. "Self-development and self-conscious emotions", *Child Development 60*, 146-156.
LIEVEN, E., PINE, J. e BALDWIN, G. 1997. "Lexically-based learning and early grammatical development", *Journal of Child Language 24*, 187-220.
LILLARD, A. 1997. "Other folks' theories of mind and behavior", *Psychological Science 8*, 268-274.

LOCK, A. 1978. "The emergence of language", in A. Lock, ed., *Action, Gesture, and Symbol: The Emergence of Language*. Nova York: Academic Press.

LOVELAND, K, 1993. "Autism, affordances, and the self", in U. Neisser, ed., *The Perceived Self*, 237-253. Cambridge: Cambridge University Press.

——— e LANDRY, S. 1986. "Joint attention in autism and developmental language delay", *Journal of Autism and Developmental Disorders 16*, 335-349.

———, TUNALI, B., JAEDICKE, N. e BRELSFORD, A, 1991. "Rudimentary perspective taking in lower functioning children with autism and Down syndrome". Artigo apresentado à Society for Research in Child Development, Seattle.

LUCY, J. 1992. *Grammatical Categories and Cognition*. Nova York: Cambridge University Press.

LURIA, A. 1961. *The Role of Speech in the Regulation of Normal and Abnormal Behavior*. Nova York: Boni and Liveright.

MANDLER, J. 1992. "How to build a baby, II: Conceptual primitives", *Psychological Review 99*, 587-604.

MARCHMAN, V. e BATES, E. 1994. "Continuity in lexical and morphological development: A test of the critical mass hypothesis", *Journal of Child Language 21*, 339-366.

MARKMAN, E. 1989. *Categorization and Naming in Children*. Cambridge, MA: MIT Press.

———. 1992. "Constraints on word learning: Speculations about their nature, origins, and word specificity", in M. Gunnar e M. Maratsos, eds., *Modularity and Constraints in Language and Cognition*. Hillsdale, NJ: Erlbaum.

MAYBERRY, R. 1995. "The cognitive development of deaf children: Recent insights", in S. Segalowitz e I. Rapin, eds., *Handbook of Neuropsychology*, vol. 7, 51-68. Amsterdam: Elsevier.

MCCRAE, K., FERRETTI, T. e AMYOTE, L. 1997. "Thematic roles as verbspecific concepts", *Language and Cognitive Processes 12*, 137-176.

MCGREW, W. 1992. *Chimpanzee Material Culture*. Cambridge: Cambridge University Press.

———. 1998. "Culture in nonhuman primates?", *Annual Review of Anthropology 27*, 301-328.

MELTZOFF, A. 1988. "Infant imitation after a one-week delay: Long-term memory for novel acts and multiple stimuli", *Developmental Psychology* 24, 470-476.
———. 1995. "Understanding the intentions of others: Re-enactment of intended acts by 18-month-old children", *Developmental Psychology* 31, 838-850.
——— e GOPNIK, A. 1993. "The role of imitation in understanding persons and developing a theory of mind", in S. Baron-Cohen, H. Tager-Flusberg e D. J. Cohen, eds., *Understanding Other Minds: Perspectives from Autism*, 335-366. Nova York: Oxford University Press.
——— e MOORE, K. 1977. "Imitation of facial and manual gestures by newborn infants", *Science* 198, 75-78.
———. 1989. "Imitation in newborn infants: Exploring the range of gestures imitated and the underlying mechanisms", *Developmental Psychology* 25, 954-962.
———. 1994. "Imitation, memory, and the representation of persons", *Infant Behavior and Development* 17, 83-99.
MERVIS, C. 1987. "Child basic categories and early lexical development", in U. Neisser, ed., *Concepts and Conceptual Development*. Cambridge: Cambridge University Press.
MOORE, C. 1996. "Theories of mind in infancy", *British Journal of Developmental Psychology* 14, 19-40.
——— e DUNHAM, P., eds. 1995. *Joint Attention: Its Origins and Role in Development*. Hillsdale, NJ: Erlbaum.
MUGNY, G. e DOISE, W. 1978. "Sociocognitive conflict and the structure of individual and collective performances", *European Journal of Social Psychology* 8, 181-192.
MUIR, D. e HAINS, S. 1999. "Young infants' perception of adult intentionality: Adult contingency and eye direction", in P. Rochat, ed., *Early Social Cognition*. Mahwah, NJ: Erlbaum.
MUNDINGER, P. 1980. "Animal cultures and a general theory of cultural evolution", *Ethology and Sociobiology* 1, 183-223.
MUNDY, P., SIGMAN, M. e KASARI, C. 1990. "A longitudinal study of joint attention and language development in autistic children", *Journal of Autism and Developmental Disorders* 20, 115-128.
MURRAY, L. e TREVARTHEN, C. 1985. "Emotional regulation of interactions between two-month-olds and their mothers", in T.

M. Field e N. A. Fox, eds., *Social Perception in Infants*, 177-197. Norwood, NJ: Ablex.

MYOWA, M. 1996. "Imitation of facial gestures by an infant chimpanzee", *Primates 37*, 207-213.

NADEL, J. e TREMBLAY-LEVEAU, H. 1999. "Early perception of social contingencies and interpersonal intentionality: dyadic and triadic paradigms", in P. Rochat, ed., *Early Social Cognition*. Mahwah, NJ: Erlbaum.

NAGELL, K., OLGUIN, K. e TOMASELLO, M. 1993. "Processes of social learning in the tool use of chimpanzees (*Pan troglodytes*) and human children (*Homo sapiens*)", *Journal of Comparative Psychology 107*, 174-186.

NEISSER, U. 1988. "Five kinds of self-knowledge", *Philosophical Psychology 1*, 35-59.

———. 1995. "Criteria for an ecological self", in P. Rochat, ed., *The Self in Infancy: Theory and Research*. Amsterdam: Elsevier.

NELSON, K, 1985. *Making Sense: The Acquisition of Shared Meaning*. Nova York: Academic Press.

———. 1986. *Event knowledge: Structure and Function in Development*. Hillsdale, NJ: Erlbaum.

———, ed. 1989. *Narratives from the Crib*. Cambridge, MA: Harvard University Press.

———. 1996. *Language in Cognitive Development*. Nova York: Cambridge University Press.

NELSON, K. E. 1986. "A rare event cognitive comparison theory of Language acquisition", in K. E. Nelson e A. van Kleeck, eds., *Children's language*, vol. 6. Hillsdale, NJ: Erlbaum.

NISHIDA, T. 1980. "The leaf-clipping display: A newly discovered expressive gesture in wild chimpanzees", *Journal of Human Evolution 9*, 117-128.

NUCKOLLS, C. 1991. "Culture and causal thinking", *Ethos 17*, 3-51.

PALINCSAR, A. e BROWN, A. 1984. "Reciprocal teaching of comprehension-fostering and monitoring activities", *Cognition and Instruction 1*, 117-175.

PERNER, J. 1988. "Higher order beliefs and intentions in children's understanding of social interaction", in J. Astington, P. Harris e D. Olson, eds., *Developing Theories of Mind*. Cambridge: Cambridge University Press.

———— e LOPEZ, A. 1997. "Children's understanding of belief and disconfirming visual evidence", *Cognitive Development 12*, 367-380.

————, RUFFMAN, T. e LEEKHAM, S. 1994. "Theory of mind is contagious: You catch it from your sibs", *Child Development 65*, 1228-38.

PERRET-CLERMONT, A.-N. e BROSSARD, A. 1985. "On the interdigitation of social and cognitive processes", in R. A. Hinde, A.-N. Perret-Clermont e J. Stevenson-Hinde, eds., *Social Relationships and Cognitive Development*. Oxford: Clarendon Press.

PETERS, A. 1983. *The Units of Language Acquisition*. Cambridge: Cambridge University Press.

PETERSON, C. e SIEGAL, M. 1995. "Deafness, conversation, and theory of mind", *Journal of Child Psychology and Psychiatry 36*, 459-474.

————. 1997. "Domain specificity and everyday thinking in normal, autistic, and deaf children", in H. Wellman e K. Inagaki, eds., *New Directions in Child Development*, n.º 75. São Francisco: Jossey-Bass.

PIAGET, J. 1928. *The Development of Logical Thinking in Childhood*. Londres: Kegan Paul.

————. 1932. *The Moral Judgment of the Child*. Londres: Kegan Paul.

————. 1952. *The Origins of Intelligence in Children*. Nova York: Basic Books.

————. 1954. *The Construction of Reality in the Child*. Nova York: Basic Books.

————. 1970. "Piaget's theory", in P. Mussen, ed., *Manual of Child Development*, 703-732. Nova York: Wiley.

———— e GARCIA, R. 1974. *Understanding Causality*. Nova York: Norton.

PINE, J. M. e LIEVEN, E. V. M. 1993. "Reanalysing rote-learned phrases: Individual differences in the transition to multi-word speech", *Journal of Child Language 20*, 551-571.

PINKER, S. 1989. *Learnability and Cognition: The Acquisition of Verb-argument Structure*. Cambridge, MA: Harvard University Press.

————. 1994. *The Language Instinct: How the Mind Creates Language*. Nova York: Morrow.

———. 1997. *How the Mind Works*. Londres: Penguin.

PIZUTTO, E. e CASELLI, C., 1992. "The acquisition of Italian morphology", *Journal of Child Language 19*, 491-557.

POVINELLI, D. 1994. "Comparative studies of animal mental state attribution: A reply to Heyes", *Animal Behaviour 48*, 239-241.

——— e CANT, J. 1996. "Arboreal clambering and the evolutionary origins of self-conception", *Quarterly Review of Biology 70*, 393-421.

———, NELSON, K. e BOYSEN, S. 1990. "Inferences about guessing and knowing by chimpanzees (*Pan troglodytes*)", *Journal of Comparative Psychology 104*, 203-210.

———, PERILLOUX, H., REAUX, J. e BIERSCHWALE, D. 1998. "Young chimpanzees' reactions to intentional versus accidental and inadvertent actions", *Behavioural Processes 42*, 205-218.

PREMACK, D. 1983. "The codes of man and beasts", *Behavioral and Brain Sciences 6*, 125-167.

———. 1986. *Gavagai!* Cambridge, MA: MIT Press.

———. 1990. "The infant's theory of self-propelled objects", *Cognition 36*, 1-16.

——— e WOODRUFF, G. 1978. "Does the chimpanzee have a theory of mind?", *Behavioral and Brain Sciences 4*, 515-526.

QUINE, W. 1960. *Word and Object*. Cambridge, MA: Harvard University Press.

RATNER, H. e HILL, L. 1991. "Regulation and representation in the development of children's memory", Artigo apresentado à Society for Research in Child Development, Seattle.

REAUX, J. 1995. "Explorations of young chimpanzees' (*Pan troglodytes*) comprehension of cause-effect relationships in tool use", Tese de mestrado, University of Southwestern Louisiana.

ROCHAT, P. e BARRY, L. 1998. "Infants reaching for out-of-reach objects", Artigo apresentado na International Conference for Infant Studies, Atlanta.

——— e MORGAN, R. 1995. "Spatial determinants of leg movements by 3-to-5-month-old infants", *Developmental Psychology 31*, 626-636.

———, MORGAN, R. e CARPENTER, M. 1997. "The perception of social causality in infancy", *Cognitive Development 12*, 537-562.

——— e STRIANO, T. 1999. "Social cognitive development in the first year", in P. Rochat, ed., *Early Social Cognition*. Mahwah, NJ: Erlbaum.

ROGOFF, B. 1990. *Apprenticeship in Thinking*. Oxford: Oxford University Press.

———, CHAVAJAY, P. e MUTUSOV, E. 1993. "Questioning assumptions about culture and individuals", *Behavioral and Brain Sciences 16*, 533-534.

ROLLINS, P. e SNOW, C. 1999. "Shared attention and grammatical development in typical children and children with autism", *Journal of Child Language 25*, 653-674.

RUBINO, R. e PINE, J. 1998. "Subject-verb agreement in Brazilian Portuguese: What low error rates hide", *Journal of Child Language 25*, 35-60.

RUSSELL, J. 1997. *Agency: Its Role in Mental Development*. Cambridge, MA: MIT Press.

RUSSELL, P., HOSIE, J., GRAY, C., SCOTT, C., HUNTER, N., BANKS, J. e MACAULAY, D. 1998. "The development theory of mind in deaf children", *Journal of Child Psychology and Psychiatry 39*, 905-910.

RUSSON, A. e GALDIKAS, B. 1993. "Imitation in ex-captive orangutans", *Journal of Comparative Psychology 107*, 147-161.

SAMUELSON, L. e SMITH, L. 1998. "Memory and attention make smart word learning: An alternative account of Akhtar, Carpenter, and Tomasello", *Child Development 69*, 94-104.

SAVAGE-RUMBAUGH, E. S., MCDONALD, K., SEVCIK, R. A., HOPKINS, W. D. e RUBERT, E. 1986. "Spontaneous symbol acquisition and communicative use by pygmy chimpanzees (*Pan paniscus*)", *Journal of Experimental Psychology: General 115*, 211-235.

———, RUMBAUGH, D. M. e BOYSEN, S. T. 1978. "Sarah's problems in comprehension", *Behavioral and Brain Sciences 1*, 555-557.

SAXE, G. 1981. "Body parts as numerals: A developmental analysis of numeration among a village population in Papua New Guinea", *Child Development 52*, 306-316.

SCARR, S. e MCCARTHY, K. 1983. "How people make their own environments: A theory of genotype-environment effects", *Child Development 54*, 424-435.

SCHIEFFELIN, B. e OCHS, E. 1986. *Language Socialization Across Cultures*. Cambridge: Cambridge University Press.

SCHNEIDER, W. e BJORKLAND, D. 1997. "Memory", in D. Kuhn e R. Siegler, eds., *Handbook of Child Psychology*, vol. 2. Nova York: Wiley.

SCHULTZ, T. 1982. "Rules of causal attribution", *Monographs of the Society for Research in Child Development 47*.

SCOLLON, R. 1973. *Conversations with a One Year old*. Honolulu: University of Hawaii Press.

SEARLE, J. 1996. *The Social Construction of Reality*. Nova York: Pergamon.

SIEGLER, R. 1995. "How does change occur: A microgenetic study of number conservation", *Cognitive Psychology 28*, 225-273.

SIGMAN, M. e CAPPS, L. 1997. *Children with Autism: A Developmental Perspective*. Cambridge, MA: Harvard University Press.

SLOBIN, D. 1985. "The language making capacity", in D. Slobin, ed., *The Cross-Linguistic study of Language Acquisition*, 1157-1256. Hillsdale, NJ: Erlbaum.

———. 1991. "Learning to think for speaking: Native language, cognition, and rhetorical style", *Pragmatics 1*, 7-26.

———. 1997. "The origins of grammaticalizable notions: Beyond the individual mind", in D. Slobin, ed., *The Cross-Linguistic Study of Language Acquisition*. Mahwah, NJ: Erlbaum.

SMITH, C. B., ADAMSON, L. B. e BAKEMAN, R. 1988. "Interactional predictors of early language", *First Language 8*, 143-156.

SMITH, D. e WASHBURN, D. 1997. "The uncertainty response in humans and animals", *Cognition 62*, 75-97.

SMITH, L. 1995. "Self-organizing processes in learning to use words: Development is not induction", *Minnesota Symposium on Child Psychology*, vol. 28. Mahwah, NJ: Erlbaum.

SNOW, C. e NINIO, A. 1986. "The contracts of literacy: What children learn from learning to read books", in W. Teale e E. Sulzby, eds., *Emergent Literacy: Writing and Reading*. Norwood, NJ: Ablex.

SPELKE, E. 1990. "Principles of object perception", *Cognitive Science 14*, 29-56.

———, BREINLIGER, K., MACOMBER, J. e JACOBSON, K. 1992. "Origins of knowledge", *Psychological Review 99*, 605-632.

——— e NEWPORT, E. 1997. "Nativism, empiricism, and the development of knowledge", in R. Lerner, ed., *Handbook of Child Psychology*, vol. 1. Nova York: Wiley.
SPERBER, D. e WILSON, D. 1986. *Relevance: Communication and Cognition*. Cambridge, MA: Harvard University Press.
STARKEY, P., SPELKE, E. S. e GELMAN, R. 1990. "Numerical abstraction by human infants", *Cognition 36*, 97-128.
STERN, D. 1985. *The Interpersonal World of the Infant*. Nova York: Basic Books.
STRIANO, T., TOMASELLO, M. e ROCHAT, P. 1999. "Social and object support for early symbolic play", Manuscrito.
STRINGER, C. e MCKIE, R. 1996. *African Exodus: The Origins of Modern Humanity*. Londres: Jonathon Cape.
TALMY, L. 1996. "The windowing of attention in language", in M. Shibatani e S. Thompson, eds., *Grammatical Constructions: Their Form and Meaning*. Oxford: Oxford University Press.
THOMAS, R. K. 1986. "Vertebrate intelligence: A review of the laboratory research", in R. J. Hoage e L. Goldman, eds., *Animal Intelligence: Insights into the Animal Mind*, 37-56. Washington: Smithsonian Institution Press.
TOMASELLO, M. 1987. "Learning to use prepositions: A case study", *Journal of Child Language 14*, 79-98.
———. 1988. "The role of joint attentional process in early language development", *Language Sciences 10*, 69-88.
———. 1990. "Cultural transmission in the tool use and communicatory signaling of chimpanzees?, in S. Parker e K. Gibson, eds., *Language and Intelligence in Monkeys and Apes: Comparative Developmental Perspectives*. Cambridge: Cambridge University Press.
———. 1992a. "The social bases of language acquisition", *Social Development 1* (1), 67-87.
———. 1992b. *First Verbs: A Case Study in Early Grammatical Development*. Cambridge: Cambridge University Press.
———. 1993. "The interpersonal origins of self concept", in U. Neisser, ed., *The Perceived Self: Ecological and Interpersonal Sources of Set Knowledge*, 174-184. Cambridge: Cambridge University Press.
———. 1994. "The question of chimpanzee culture", in R. W. Wrangham, W. C. McGrew, F. B. M. de Waal e P. G. Heltne, eds.,

Chimpanzee Cultures, 301-317. Cambridge, MA: Harvard University Press.

―――. 1995a. "Joint attention as social cognition", in C. Moore e P. Dunham, eds., *Joint Attention: Its Origins and Role in Development*, 103-130. Hillsdale, NJ: Erlbaum.

―――. 1995b. "Understanding the self as social agent", in P. Rochat, ed., *The Self in Early Infancy: Theory and Research*, 449-460. Amsterdam: North Holland-Elsevier.

―――. 1995c. "Pragmatic contexts for early verb learning", in M. Tomasello e W. Merriman, eds., *Beyond Names for Things: Young Children's Acquisition of Verbs*. Mahwah, NJ: Erlbaum.

―――. 1995d. "Language is not an instinct", *Cognitive Development 10*, 131-156.

―――. 1996a. "Do apes ape?", in B. G. Galef Jr. e C. M. Heyes, eds., *Social Learning in Animals: The Roots of Culture*, 319-346. Nova York: Academic Press.

―――. 1996b. "Chimpanzee social cognition", Comentário para *Monographs of the Society for Research in Child Development 61* (3).

―――. 1998. "One child's early talk about possession", in J. Newman, ed., *The Linguistics of Giving*. Amsterdam: John Benjamins.

―――. 1999a. "The cultural ecology of young children's interactions with objects and artifacts", in E. Winograd, R. Fivush e W. Hirst, eds., *Ecological Approaches to Cognition: Essays in Honor of Ulric Neisser*. Mahwah, NJ: Erlbaum.

―――. 1999b. "Do young children operate with adult syntactic categories?", Manuscrito.

―――. "Perceiving intentions and learning words in the second year of life", in M. Bowerman e S. Levinson, eds., *Language Acquisition and Conceptual Development*. Cambridge: Cambridge University Press.

――― e AKHTAR, N. 1995. "Two-year-olds use pragmatic cues to differentiate reference to objects and actions", *Cognitive Development 10*, 201-224.

―――, AKHTAR, N., DODSON, K. e REKAU, L. 1997. "Differential productivity in young children's use of nouns and verbs", *Journal of Child Language 24*, 373-387.

――― e BARTON, M. 1994. "Learning words in non-ostensive contexts", *Developmental Psychology 30*, 639-650.

—— e BROOKS, P. 1998. "Young children's earliest transitive and intransitive constructions", *Cognitive Linguistics 9*, 379-395.

——. 1999. "Early syntactic development", in M. Barrett, ed., *The Development of Language*. Londres: Psychology Press.

—— e CALL, J. 1994. "Social cognition of monkeys and apes", *Yearbook of Physical Anthropology 37*, 273-305.

——. 1997. *Primate Cognition*. Nova York: Oxford University Press.

——, CALL, J. e GLUCKMAN, A. 1997. "The comprehension of novel communicative signs by apes and human children", *Child Development 68*, 1067-81.

——, CALL, J., NAGELL, K., OLGUIN, K. e CARPENTER, M. 1994. "The learning and use of gestural signals by young chimpanzees: A trans-generational study", *Primates 35*, 137-154.

——, CALL, J., WARREN, J., FROST, T., CARPENTER, M. e NAGELL, K. 1997. "The ontogeny of chimpanzee gestural signals: A comparison across groups and generations", *Evolution of Communication 1*, 223-253.

—— e FARRAR, J. 1986. "Joint attention and early language", *Child Development 57*, 1454-63.

——, FARRAR, J. e DINES, J. 1983. "Young children's speech revisions for a familiar and an unfamiliar adult", *Journal of Speech and Hearing Research 27*, 359-363.

——, GEORGE, B., KRUGER, A., FARRAR, J. e EVANS, E. 1985. "The development of gestural communication in young chimpanzees", *Journal of Human Evolution 14*, 175-186.

——, GUST, D. e FROST, G. T. 1989. "The development of gestural communication in young chimpanzees: A follow up", *Primates 30*, 35-50.

—— e KRUGER, A. 1992. "Joint attention on actions: Acquiring verbs in ostensive and non-ostensive contexts", *Journal of Child Language 19*, 311-334.

——, KRUGER, A. C. e RATNER, H. H. 1993. "Cultural learning", *Behavioral and Brain Sciences 16*, 495-552.

——, MANNLE, S. e KRUGER, A. C. 1986. "Linguistic environment of 1- to 2-year-old twins", *Developmental Psychology 22*, 169-176.

—, MANNLE, S. e WERDENSCHLAG, L. 1988. "The effect of previously learned words on the child's acquisition of words for similar referents", *Journal of Child Language* 15, 505-515.

——— e MERRIMAN, W., eds., 1995. *Beyond Names for Things: Young Children's Acquisition of Verbs*. Mahwah, NJ: Erlbaum.

—, SAVAGE-RUMBAUGH, E. S. e KRUGER, A. C. 1993. "Imitative learning of actions on objects by children, chimpanzees, and enculturated chimpanzees", *Child Development* 64, 1688-1705.

—, STRIANO, T. e ROCHAT, P. "Do young children use objects as symbols?", *British Journal of Developmental Psychology*.

—, STROSBERG, R. e AKHTAR, N. 1996. "Eighteen-month-old children learn words in non-ostensive contexts", *Journal of Child Language* 22, 1-20.

——— e TODD, J. 1983. "Joint attention and lexical acquisition style", *First Language* 4, 197-212.

TOOBY, J. e COSMIDES, L. 1989. "Evolutionary psychology and the generation of culture", parte I, *Ethology and Sociobiology* 10, 29-49.

TRABASSO, T. e STEIN, N. 1981. "Children's knowledge of events: A causal analysis of story structure", *Psychology of Learning and Motivation* 15, 237-282.

TRAUGOTT, E. e HEINE, B. 1991a, 1991b. *Approaches to Grammaticalization*, vols. 1 e 2. Amsterdam: John Benjamins.

TREVARTHEN, C. 1979. "Instincts for human understanding and for cultural cooperation: Their development in infancy", in M. von Cranach, K. Foppa, W. Lepenies e D. Ploog, eds., *Human Ethology: Claims and Limits of a New Discipline*. Cambridge: Cambridge University Press.

———. 1993a. "Predispositions to cultural learning in young infants", *Behavioral and Brain Sciences* 16, 534-535

———. 1993b. "The function of emotions in early communication and development", in J. Nadel e L. Camaioni, eds., *New Perspectives in Early Communicative Development*, 48-81. Nova York: Routledge.

TRUESWELL, J., TANENHAUS, M. e KELLO, C. 1993. "Verb-specific constraints in sentence processing", *Journal of Experimental Psychology: Learning, Memory, and Cognition* 19, 528-553.

VAN VALIN, R. e LAPOLLA, R. 1996. *Syntax: Structure, Meaning, and Function*. Cambridge: Cambridge University Press.
VISALBERGHI, E. e FRAGASZY, D. M. 1990. "Food-washing behaviour in tufted capuchin monkeys, *Cebus apella*, and crab-eating macaques, *Macaca fascicularis*", *Animal Behaviour* 40, 829-836.
―――― e LIMONGELLI, L. 1996. "Acting and understanding: Tool use revisited through the minds of capuchin monkeys", in A. E. Russon, K. A. Bard e S. T. Parker, eds., *Reaching into Thought*, 57-79. Cambridge: Cambridge University Press.
VON GLASERSFELD, E. 1982. "Subitizing: The role of figural patterns in the development of numerical concepts", *Archives de Psychologie 50*, 191-218.
VIGOTSKI, L. 1978. *Mind in society: The Development of Higher Psychological Processes*. Ed. M. Cole. Cambridge, MA: Harvard University Press.
WALLACH, L. 1969. "On the bases of conservation", in D. Elkind e J. Flavell, eds., *Studies in Cognitive Development*. Oxford: Oxford University Press.
WANT, S. e HARRIS, P. 1999. "Learning from other people's mistakes", Manuscrito.
WELLMAN, H. 1990. *The Child's Theory of Mind*. Cambridge, MA: MIT Press.
―――― e GELMAN, S. 1997. "Knowledge acquisition in foundational domains", in D. Kuhn e R. Siegler, eds., *Handbook of Child Psychology*, vol. 2. Nova York: Wiley.
WERTSCH, J. 1991. *Voices of the Mind: A Sociocultural Approach to Mediated Action*. Cambridge, MA: Harvard University Press.
WHITEN, A., CUSTANCE, D. M., GÓMEZ, J. C., TEIXIDOR, P. e BARD, K. A. 1996. "Imitative learning of artificial fruit processing in children (*Homo sapiens*) and chimpanzees (*Pan troglodytes*)", *Journal of Comparative Psychology 110*, 3-14.
WILCOX, J. e WEBSTER, E. 1980. "Early discourse behaviors: Children's response to listener feedback", *Child Development 51*, 1120-25.
WINNER, E. 1988. *The point of words: Children's Understanding of Metaphor and Irony*. Cambridge, MA: Harvard University Press.
WITTGENSTEIN, L. 1953. *Philosophical Investigations*. Nova York: Macmillan.

WOLFBERG, P. e SCHULER, A. 1993. "Integrated play groups: A model for promoting the social and cognitive dimensions of play in children with autism", *Journal of Autism and Developmental Disorders 23*, 467-489.

WOOD, D., BRUNER, J. e ROSS, G. 1976. "The role of tutoring in problem solving", *Journal of Child Psychology and Psychiatry 17*, 89-100.

WOODRUFF, G. e PREMACK, D. 1979. "Intencional communication in the chimpanzee: The development of deception", *Cognition 7*, 333-362.

WOODWARD, A. 1998. "Infants selectively encode the goal object of an actor's reach", *Cognition 69*, 1-34.

WRANGHAM, R. W., MCGREW, W. C., de Waal, F. B. M. e Heltne, P. G. 1994. *Chimpanzee Cultures*. Cambridge, MA: Harvard University Press.

ZELAZO, P. "Self-reflection and the development of consciously controlled processing", in P. Mitchell e K. Riggs, eds., *Children's Reasoning and the Mind*. Londres: Psychology Press.

ÍNDICE ANALÍTICO

Acompanhamento do ato de apontar, 87, 89
Acompanhamento do olhar, 85-92, 158, 251
Acredolo, L. P., 148
Acunzo, M., 239
Adaptação cognitiva, 281-282
Adaptações, 281-283, 286-289
África, 1, 33, 38-39, 61, 257
Agentes intencionais, 245, 249-255, 282
Agentes mentais, 243-244, 245-251, 254, 282
Akhtar, N., 116, 153, 159-162, 201
Algarismos arábicos, 61-63, 259
Algarismos, 63, 183, 259
Amyote, L., 198
Análise distributiva funcional, 205-208
Analogias, 233-237, 299
Andaimaria, 111
Anselmi, D., 239
Antecedente-conseqüente, relações, 30-33

Apontar, 87-89, 122-124, 142
Appleton, M., 246
Aprendizagem cultural precoce, habilidades cognitivas durante, 108-126
Aprendizagem cultural. *Ver* Aprendizagem sociocultural
Aprendizagem por imitação, 7, 35-37, 41-48, 54-55, 87, 89, 112-117, 128, 144, 179, 200-202, 222-223, 278, 297. *Ver também* Aprendizagem por emulação; Mímica
Aprendizagem por instrução, 7
Aprendizagem/invenção em colaboração, 7, 49, 56-57, 293
Aquisição da linguagem, 298; símbolos, 131-186; construções, 187-224
Aristóteles, 77, 230
Armon-Lotem, S., 195
Aron, J., 257
Artefatos, potencialidades de, 117-121

Ashley, J., 270, 294
Asperger, Síndrome de, 128
Astington, J., 246
Atenção, foco de, 157-158, 163-164, 177, 251
Atenção, manipulação da, 183-186
Atitude "como eu", 97-101
Australopitecus, 1, 3
Autismo, 8-11, 87, 106-108, 128, 186, 294
Auto-regulação, 268-269
Azande, 257

Baillargeon, R., 69, 79, 260
Bakhtin, Mikhail, 225, 270
Baldwin, D., 93, 157, 240
Baldwin, G., 195
Bard, B., 47
Baron-Cohen, S., 8, 87, 92, 107, 128, 244, 284
Barresi, J., 93, 99, 139
Barry, L., 84
Barsalou, L., 199-200, 234
Barton, M., 159-160
Bartsch, K., 105, 246
Basalla, G., 51
Batata, lavagem de, por macacos, 36-38
Bates, E., 168, 190, 207, 285
Bauer, P., 174, 207
Beardsall, L., 247
Benson, J., 80, 174
Berman, R., 195, 199
Biologia desenvolvimental, 67-70, 296
Bishop, D., 186
Bjorkland, D., 268
Bloom, L., 192, 257
Boesch, C., 38-39, 46, 53
Bolinger, D., 196
Bonobos, 3, 50
Boucher, J., 186
Bourdieu, P., 110
Bowerman, M., 208
Boyd, R., 18, 55
Boysen, S. T., 26
Braine, M., 193, 202
Brooks, P., 195, 201, 274
Brooks-Gunn, J., 126
Brossard, A., 261
Brown, A., 267
Brown, J., 247
Brown, N., 170
Brown, P., 147, 156
Brown, R., 170, 190
Bruner, J., 18, 111, 135, 139, 151, 155, 190, 220, 271
Bullock, D., 112
Buss, D., 288
Butterworth, G., 122
Byrne, R. W., 20, 27

Call, J., 8, 14, 20, 23, 25-27, 49, 121, 142, 233, 247, 300
Callanan, M., 257
Cant, J., 84
Capacidades de atenção conjunta, 84-99, 128, 155, 184
Capatides, J., 257-8
Capps, L., 8, 128
Caráter animado dos seres, 249-252, 287
Cardinalização, 261-262
Carey, S., 148, 242
Carpenter, M., 8, 49, 87-90, 93-94, 115-116, 153, 155, 161
Caselli, C., 195
Categorias verbais específicas/gerais, 188, 194, 212

Categorias, 23-24, 30-33, 100-101, 171-174, 188, 194, 197-198, 200, 208-209, 212, 218, 232-234, 236-237, 261-262
Causalidade, 19-20, 23-34, 54-55, 77, 84, 94-105, 127, 191, 199, 255-258, 263-265
Cenas categorizadas, 212
Cenas de atenção conjunta, 134-141, 144, 146-147, 151-156, 162-164, 184 196, 212, 215
Cenas experienciais, 212
Cenas separadas, 209
Cenas simbolizadas, 212
Cenas sintáticas, 212
Charman, T., 246
Chavajay, P., 278
Chimpanzés, 3-5, 25-30, 38-53, 55, 74, 83, 86, 106-108, 111, 121, 144, 147, 288, 236
Chinês mandarim, 192
Chinês, 192
Choi, S., 192
Chomsky, N., 62, 69, 131, 284
Clark, E., 166-169
Clark, H., 135, 142
Classificação, 261-262
Cognição cultural. *Ver* Cognição sociocultural
Cole, M., 117, 267
Cole, S., 267
Coletividade cognitiva, 8-10
Coletividade cognitiva, 8-10
Compartilhamento, na aquisição da linguagem, 145, 147, 153, 177
Complexidade da linguagem, 217
Comportamentos adquiridos, 91-93

Compreender: intencionalidade/causalidade, 19, 25-34, 54, 77, 85, 94-105, 127, 191, 244, 250-258, 263-265, 287; objetos, 78-80, 97, 117-121, 243-264; outras pessoas, 80-83, 95-105, 243-255; a si mesmo, 83-84, 95, 97-103, 105, 124-126, 145; cenas de atenção conjunta, 134-141; intenções comunicativas, 141-145, 146; para conhecimento social/físico, 242-255
Comrie, B., 188
Comunicação lingüística. *Ver* Discurso
Comunicação, 10-13, 291-293; gestual, 41-45, 85-91, 121-124; protoconversas, 81-82, 95-96; discurso/conversas, 202-206, 228-279, 299-300. *Ver também* Linguagem
Conhecimento, 284; transmissão do, 229-230, 243, 264; social/físico, 242-265; redescrição representacional do, 271-275
Construções abstratas, 188, 196-202, 206-209, 218-221, 236-237
Construções concretas, 186, 196, 198-201
Construções lingüísticas, 57-60, 187-224, 241, 299-300
Construções lingüísticas, 58-60, 187-224, 241, 299-300
Construções verbais insuladas, 193-196, 199-202, 206-208, 212
Contraste, 168-169

Cooley, Charles Horton, 97
Coreano, 192
Cosmides, L., 75, 284
Crenças, 243-255
Criança selvagem, 10, 294
Crianças com deficiência auditiva, 185, 247
Criatividade, 6-8, 53-55, 72-74, 202, 218, 222-223, 236-237
Croft, W., 188
Csibra, G., 90
Cultura: como nicho ontogenético, 109-112; origens ontogenéticas da, 126-129
Curwin, A., 153
Custance, D., 47

Damerow, P., 63
Damon, W., 239, 252
Danzig, T., 63
Darwin, Charles, 67-69, 303
Dasser, V., 23
Davis, H., 259
De Waal, F. B. M., 27
Decasper, A. J., 81
DeLeon, L., 164
DeLoache, J. S., 181
Derivações, 218-221
Descartes, René, 63
Determinismo lingüístico, 229, 300
Diálogos reflexivos, 238, 240-241, 254
Dilthey, Wilhelm, 97
Dines, J., 240
Discordâncias, 237-239, 241, 247-248, 254,
Discurso/conversa, 202-206, 225-279, 300
Doise, W., 261
Donald, M., 289

Dow, G., 174
Dryer, M., 188
Dunham, F., 153
Dunham, P., 86, 153
Dunn, J., 239, 246-247
Durham, W., 18

Efeito catraca, 6, 51-55, 74, 260, 282
Eibl-Eibesfeldt, I., 81
Elman, J., 66, 285
Embrião, desenvolvimento do, 68-70
Emulação, aprendizagem por, 40-41, 45-46, 53, 113-114
Ensinar: chimpanzés, 45-47, 49; instrução ativa, 47, 49, 54, 110-112
Envolvimento conjunto, 85-93
Esclarecimentos, 238-242, 248, 254-255
Escrita alfabética, 61
Esquemas, 188, 193-194, 197-198, 206-209, 211, 218, 233, 236
Estruturas contextuais, 165
Eu intencional, 100-102
Evans-Pritchard, E., 257
Eventos, 199, 210-215, 234, 237, 255-258
Eves, H., 63
Evolução cultural cumulativa, 5-6, 9, 50-55, 65, 74
Evolução humana, 1-7, 9, 14, 17-20, 31-34, 73-76, 131, 283-288, 209, 296, 302-303
Exposição, 35

Fantz, R. L., 81
Farrar, J., 153, 240
Feretti, T., 198

Fernyhough, C., 270
Ferramentas, 5-7, 29-30, 51, 283; usadas por chimpanzés, 38-42; aprender a usar, 113, 117-121
Fiess, K., 257
Fifer, W. P., 81
Fillmore, C. J., 165, 188, 196
Filogênese humana, 14, 66-70, 131, 284-289
Fisher, C., 170, 204, 216
Físico, conhecimento, 242-243, 258-264
Fivush, R., 207
Fodor, J., 69, 173, 242, 284
Foley, R., 4, 253, 269
Forças mediadoras, 30-34
Fragaszy, D. M., 37
Franco, F., 123
Frases, 193-195, 208
Frye, D., 101

Galdikas, B., 41
Galef, B. G., 5, 18, 37
Garcia, R., 255
Gauvain, M., 109, 267
Geertz, Clifford, 301
Gelman, R., 259-260
Gelman, S., 226, 277
Generalizações excessivas, 208
Genética, 68-69, 75-76, 282, 289, 296, 302-303
Gentner, D., 12, 207, 234-235
Gergely, G., 90, 92, 95
Gestos declarativos, 87, 89, 190
Gestos imperativos, 86, 89, 190
Gestos/expressão gestual: chimpanzés, 42-45, 86, 121-123, 144-145; bebês humanos, 86-87, 144-145, 147, 190; aprendizagem para se comunicar por meio de, 121-124, 190; simbólicos, 123, 147
Gibbs, R., 235
Gibson, E., 95
Gibson, J. J., 117, 176
Givón, T., 60, 188
Gleitman, H., 216-217
Gleitman, L. R., 150, 158, 170
Gluckman, A., 142
Goldberg, A., 188, 198
Goldin-Meadow, S., 185
Golinkoff, R., 240, 248
Gómez, J. C., 87
Goodall, J., 6, 42, 43, 53
Goodman, J., 170
Goodman, S., 270
Goodwyn, S. W., 148
Gopnik, A., 82, 99, 105, 192, 244
Goudena, P. P., 269
Gould, S. J., 275
Gráficos, 183
Gramatização, 58-60, 170, 294
Greenfield, P., 111, 278
Grice, P., 143, 148

Habilidades cognitivas: desenvolvimento evolucionário, 2, 4-9, 32-34, 73-76; qualidades exclusivas da espécie, 5, 14-15, 20, 64-65, 74; desenvolvimento ontogenético, 9-14; de primatas não-humanos, 20-24, 30-31, 49, 64; intencionalidade/causalidade, 25-34; aprendizagem social por primatas não-humanos, 35-50; e evolução cultural

cumulativa, 51-55;
sociogênese da
linguagem/matemática,
56-66; inatas, 67-70; linhas
individuais/culturais de
desenvolvimento, 70-73;
durante início da infância,
77-84; durante a revolução
dos nove meses, 84-108;
durante aprendizagem
cultural precoce, 108-126;
símbolos lingüísticos,
131-186; construções
lingüísticas, 187-224; no
discurso/em conversas,
228-279; e cognição cultural,
281-303
Habilidades motoras, 92
Habitus cognitivo, 109-112
Habitus cognitivo, 110-112
Hains, S., 92
Haith, M., 80, 174
Happé, F., 128-246
Harris, P., 222, 244-245
Harter, S., 125, 268
Hayes, C., 47
Hayes, K., 47
Heine, B., 58
Herder, Johann Gottfried von, 229
Hestergaard, L., 174
Heyes, C. M., 5, 18, 26
Hill, L., 269
Hirschfield, L., 226, 277
História humana, 9, 14-15, 19,
51, 58, 65-66, 75, 175, 189,
283, 285-286, 289-295, 303
Histórias, 199, 218-221
Hobson, P., 8, 118, 128
Hockett, C., 12, 184
Holófrases, 190-193, 211-212

Hominídeos, 1-6, 34, 74
Homo sapiens, 1-4, 15, 33, 74, 126
Hood, L., 257
Hopper, P., 58, 211, 213, 256
Humboldt, Wilhelm von, 229
Humphrey, N., 24, 275
Hutchins, E., 57

Identificação com co-específicos,
19-20, 29, 106-107, 202
Imagens, 173-175
Imitação: mímica, 35, 82-83, 96,
112-117; inversão de papéis,
144, 146-149, 163
"Imo", 36
Inatismo, 68-70, 75, 91, 188, 284
Índia, 257
Infância, habilidades cognitivas
durante, 77-84
Inglês, 58-59, 178, 188, 191-192,
197-199, 208, 211, 216, 219
Inovação. *Ver* Criatividade
Instrução ativa, 46, 49, 53,
110-112
Instrução direta. *Ver* Instrução
ativa
Instrução. *Ver* Ensino
Intencionalidade, 19, 25-34, 54,
77, 85, 94-105, 127, 191, 199,
245, 249-254, 288
Intenções comunicativas,
141-145, 147, 161-164, 179,
183-186, 211, 298
Intensificação de estímulo, 35,
53, 113
Interações didáticas, 238,
240-241, 254
Intermediários, 100-102
Internalização, 179, 183,
270-271, 275-279, 283

Interrogações, 190
Intersubjetividade, 144, 146-149, 172, 178, 183-184, 270, 279, 284
Inventividade. *Ver* Criatividade
Inversão de papéis, imitação por, 144, 146-149, 163, 184

Jalaris, 257
James, William, 78, 125
Jarrold, C., 186
Jenkins, J., 246
Jogos de achar, 159-160, 203
Jogos de carrossel, 161
Jogos de nomear, 156-157, 190
Jogos, 156-162, 186, 203
Johnson, M., 235-236

Kane, M., 267
Karmiloff-Smith, A., 13, 242, 271-273
Kasari, C., 107
Kawai, M., 36-37
Kawamura, S., 36
Kay, P., 196
Keleman, D., 258
Keller, H., 81
Kello, C., 198
Killen, M., 113
King, B. J., 112
King, M., 4
Klein, R., 4
Kontos, S., 269
Kruger, A. C., 6, 25, 46-47, 71, 111, 153, 156, 231, 253, 278
Kummer, H., 6, 53

Lahr, M., 4
Lakoff, G., 12, 235-236
Landry, S., 107
Langacker, R., 165, 188, 209-210, 213, 215

Langdell, T., 107
LaPolla, R., 188
Lave, J., 111, 278
Leekham, S., 248
Legerstee, M., 81
Leonard, L., 186
Leslie, A., 103
Levinson, S., 142, 173, 229
Lewis, M., 126
Lieven, E. V. M., 192, 195
Lillard, A., 244, 254
Limongelli, L., 30
Linguagem, 131-133; línguas naturais, 12, 61, 164, 173, 185, 212, 217, 229, 232, 249, 262, 209, 295; sociogênese da, 57-66, 75; referencial, 89, 153; simbólica, 123, 206-209; bases sociocognitivas de aquisição da, 133-149; bases socio-interativas da aquisição da, 149-172; representações sensório-motoras/simbólicas, 172-183; e manipulação da atenção, 183-186; complexidade da, 217; e cognição, 221-224; função estruturante da, 232-237; e redescrição representacional, 271-275; e cognição cultural, 290-294, 298-300. *Ver também* Comunicação
Linguagens privadas, 185
Línguas de sinais, 185
Línguas esquimós, 192
Lingüística cognitiva, 165
Lingüística funcional, 165
Linha cultural de desenvolvimento, 70-73, 226-228

Linha individual de
  desenvolvimento, 70-73,
  226-227
Lock, A., 43, 121
Lopez, A., 245
Loveland, K., 107, 128
Lucy, J., 173, 229
Luria, A. 268

Macacos aculturados, 47-50
Macacos de Gibraltar, 178
Macacos japoneses, 36-38
Macacos, 35-38, 178
Mal-entendidos, 248-249, 254
Mandler, J., 174
Manipulação da atenção, 183-186
Mannle, S., 153, 170
Marcadores 196
Marcadores de caso, 194-195
Marchman, V., 207
Margulis, C., 192
Markman, A., 12, 150, 155, 158,
  169, 207, 234, 236
Matemática, 290, 294;
  sociogênese da, 62-65, 75;
  relações quantitativas, 259-264;
  e redescrição representacional,
  272-274
Mayberry, R., 262
McCarthy, K., 67
McCrae, K., 198
McDonough, L., 170
McGrew, W., 38
McKie, R., 4
Mead, George Herbert, 17, 97,
  125, 281
Medina, J., 235
Meltzoff, A., 82, 98-99, 114-115
Memória, 173-175
Merriman, W., 135
Mervis, C., 264

Metacognição, 266-271
Metadiscurso, 237, 240-241,
  266-271
Metáforas, 218-221, 234-237, 299
Mímica, 35, 82, 96, 112-117
Modelagem ambiental, 39-42
Modelos em escala, 182-183
Modificações acumuladas, 50-53,
  54-55
Modificações acumuladas,
  51-52, 54
Moore, C., 86, 93, 99, 139
Moore, K., 82
Morgan, R., 84, 90
Moses, L., 93, 240
Mugny, G., 261
Muir, D., 92
Mundinger, P., 5, 18
Mundy, P., 107
Murray, L., 91
Mutusov, E., 278
Myowa, M., 83

Nadel, J., 92
Nagell, K., 40, 87, 93-94, 115,
  153, 155, 222
Narrativas, 199, 221, 299
Nativismo, 67-70, 92-93
Naturais, potencialidades, 117-118
Neisser, U., 83
Nelson, K. E., 204
Nelson, K., 26, 138, 155, 199, 207
Newport, E., 284
Newton, Isaac, 10
Ninio, A., 268
Nishida, T., 42
Nove meses, revolução dos,
  habilidades cognitivas
  durante, 84-108
Nuckolls, C., 257
Número, conceito de, 260-263

ORIGENS CULTURAIS DA AQUISIÇÃO DO CONHECIMENTO

O'Conner, M. C., 196
Oakes, L., 257
Objetos: compreender, 78-80, 98; potencialidades de, 117-121; como símbolos, 118-121, 132; e aprendizagem de palavras, 156-164; e eventos, 236; sociais/físicos, 242-265
Ochs, E., 164
Olguin, K., 40
Ontogênese humana, 9, 14-15, 17-20, 65-73, 77, 126-129, 188, 225-226, 236, 242, 251, 273, 277, 284-287, 291, 296-301
Ontogenética, ritualização, 42-45, 53, 85, 121-124
Ontogenéticos, nichos, 109-112
Operações aritméticas, 63, 259, 262-3
Ordem de palavras, 194, 196
Ordenação, 261-262
Outras pessoas, compreender, 80-83, 94-105, 243-255

Palavras, 58-59, 151-172, 187-188, 197-198, 200-201, 216. *Ver também* Símbolos lingüísticos
Palinscar, A., 267
Paradigmas, 171
Participantes, 199, 210-213, 216
Peirce, Charles Sanders, 1, 281
Perner, J., 245, 248, 268
Perret-Clermont, A.-N., 261
Perspectivação, 164-168, 172, 178, 184-186, 210, 213-218, 228, 232-242, 246, 254, 261-264, 275-279, 298
Perusse, R., 259
Peters, A., 192

Peterson, C., 247
Piaget, J., 21, 69, 78, 100-104, 173, 226, 239, 252, 255, 261, 274, 287, 300
Pine, J. M., 192, 195
Pinker, S., 65, 75, 188, 208, 284
Pizutto, E., 195
Platão, 230
Potencialidades de artefatos, 117-121
Potencialidades intencionais, 117-121
Povinelli, D., 26, 84
Premack, D., 26, 173, 287
Pronomes, 214
Proposições, 173
Protoconversas, 83, 96

Quantitativas, relações, 258-265, 291
Quine, W., 135, 150, 156

Raciocínio moral, 250-253
Rader, N., 95
Ratner, H. H., 6, 25, 253, 269, 278
Reaux, J., 30
Reddy, V., 246
Redescrição representacional, 241, 271-275
Referencial, linguagem, 89, 154
Relacionais, categorias, 22-23, 30-32, 100-101, 233-234, 261-262
Relações ação-resultado, 100-102
Réplicas, 142
Richerson, P., 18, 55
Ritualização, 42-45, 53, 86, 121-124
Rochat, P., 84, 90, 92, 119, 121, 181, 222

Rogoff, B., 267, 278
Rollins, P., 154
Romanos, algarismos, 63
Ross, G., 111
Rousseau, Jean-Jacques, 301
Rubino, R., 195
Ruffman, T., 248
Rumbaugh, D. M., 26
Russell, J., 83
Russell, P., 247
Russo, 194
Russon, A., 41

Sajus-capuchinhos, 29, 288
Samuelson, L., 162
"Sarah", 26
Sarriá, E., 87
Savage-Rumbaugh, E. S., 26, 47, 49
Saxe, G., 62, 259
Scarr, S., 67
Schieffelin, B., 164
Schneider, W., 268
Schölmerich, A., 81
Schuler, A., 186
Schultz, T., 255
Scollon, R., 205
Searle, J., 302
Seleção natural, 17, 76, 282
Self ecológico, 83-84
Sensório-motoras, representações, 172-183
Sentenças, 188-193
Shmueli-Goetz, Y., 246
Si mesmo, compreender a, 83-84, 94, 97-103, 105, 124-126, 145
Siegal, M., 247-248
Siegler, R., 261
Sigman, M., 8, 107, 128

Simbólica, linguagem, 123, 206, 209
Simbólico, jogo, 118-119, 128, 180-181, 186, 222
Simbólicos, gestos, 123, 148
Símbolos gráficos, 63, 183, 260
Símbolos lingüísticos, 11-13, 58-61, 64, 131-186, 190, 214, 224, 228, 241, 298-300
Símbolos, 2,6-7, 283; lingüísticos, 11-13, 52-60, 64, 131-186, 190, 214, 224, 228, 241, 298-300; gráficos, 63, 183, 259; matemáticos, 63-66, 183, 259; objetos como, 119-121, 133, 180-183
Sintagmas, 171
Sintatização 58-60, 170
Sistema decimal, 63, 259
Slobin, D., 188, 191, 199, 209, 229
Smith, C. B., 153
Smith, D., 84
Smith, L., 155, 162
Smith, P., 186
Snow, C., 154, 268
Social, conhecimento, 242-255
Social, organização, 2, 6-7
Social, referência, 86-89, 279
Sociocognitivas, bases, da aquisição da linguagem, 133-149
Sociocultural, aprendizagem, 7-9, 34-50, 52-55, 72, 74, 108-126, 146, 200-202, 278
Sociocultural, cognição, 281-303
Sociocultural, transmissão, 5-9, 19-20, 34-38, 46, 54, 227, 229-230, 242, 251, 256, 260, 264, 275

Sociogênese, 56-66, 75-76, 293-295
Sociointerativas, bases, da aquisição da linguagem, 149-172
Spelke, E. S., 69, 79, 242, 259, 284
Sperber, D., 138
Starkey, P., 259
Stein, N., 258
Stern, D., 82
Striano, T., 92, 119, 121, 181, 222
Stringer, C., 4
Strosberg, R., 159
Subjetiva, causalidade, 257
Subsídio, 164
Substantivos, 211, 214-215

Talmy, L., 216
Tamarit, J., 87
Tanenhaus, M., 198
Teoria da herança dual, 18, 73-76
"Teorias da mente", 249-250, 254, 287
Teoria da modularidade, 92, 243-244, 284-285, 289
Teoria da Simulação, 97-108, 244-245
Testes de falsas crenças, 246-247
Thomas, R. K., 24
Thompson, S., 211, 213, 256
Tinker, E., 192
Todd, J., 153
Tomasello, M., 5-8, 14, 20, 23, 25-27, 40, 42-44, 46, 49, 53, 71, 87, 89-90, 93-94, 111, 115-116, 118-119, 121, 135-136, 142, 146, 150, 155-162, 167, 170, 181, 189, 195, 201-203, 205, 208, 222, 231, 233, 239, 247, 253, 270, 274, 278, 294, 300
Tooby, J., 75, 284
Trabasso, T., 258
Transmissão cultural. *Ver* Transmissão sociocultural
Transmissão. *Ver* Sociocultural, transmissão
Transtornos específicos da linguagem, 186
Traugott, E., 58
Tremblay-Leveau, H., 92
Trevarthen, C., 81, 91
Trueswell, J., 198
Turco, 194

Uzgiris, I. C., 113

Van Valin, R., 188
Verbos, 58, 156-157, 160, 154, 198, 201, 211
Vico, Giambattista, 97
"Vicki", 47
Vigotski, Lev, 13, 66, 71, 127, 175, 179, 227, 241, 266, 270, 281, 301
Visalberghi, E., 29, 30, 37
Vocabulários, 153
Von Glasersfeld, E., 262

Wallach, L., 260
Want, S., 222
Washburn, D., 84
Webster, E., 239
Wellman, H., 105, 226, 244, 246
Werdenschlag, L., 170
Wertsch, J., 270
Whiten, A., 27, 41

Wilcox, J., 239
Wilson, A., 4
Wilson, D., 138
Wittgenstein, Ludwig, 69, 131, 135, 150-151, 156, 185, 187, 220, 281, 301
Wolfberg, P., 186

Wood, D., 111
Woodruff, G., 25-26
Woodward, A., 103
Wrangham, R. W., 38

Zelazo, P., 267
Zero, 63, 259